セールスにはびこる
ムダな努力・
根拠なき指導を一掃する

営業の科学

The science
of sales

高橋浩一

TORiX株式会社代表取締役

かんき出版

はじめに

いくらがんばってもチームの売上が伸びない！
どうする？

「がんばっているのに売れない。なぜ？」

　そんな思いが頭をよぎったことのある方に、ぜひ読んでいただきたいのが、本書『営業の科学』です。

　いわゆる「営業本」の多くは、「私はこんな努力をして売れるようになった」というストーリーが書かれています。一方、「自分もそれなりにがんばっているのに、結果が出ない。努力が足りないのだろうか？」と悩む方もいらっしゃるのではないでしょうか。

　本書は、４万人以上の営業を支援してきた筆者が、営業１万人＋お客様１万人（合計２万人）にわたる調査を踏まえ、営業における「急所」を科学的に解き明かした本です。

「急所」を外してしまうと、残念ながら、どんなに努力をしても報われません。しかし、「急所」を押さえたアクション（＝「武器」）が身につくと、**努力の効率が驚くほど上がり**、アポイントや受注が増えていきます。

営業における「急所」とは何なのか？
「武器」によって努力の効率がどう上がるのか？

　失敗を通して大きな発見をした私自身の経験を、さかのぼってお話しさせてください。

　かつて私は、25歳のときに3人で社員研修の会社を起業しました。数年が経ち営業メンバーが増えてくると、私は毎日のように「営業なんて、当たり前のことを徹底的にやるだけだ」と口にしていました。

　会社の創業時は、営業担当役員の私が売上の大半を稼いでいましたが、そのままでは成長の限界にぶつかることが目に見えていました。一刻も早くメンバーを戦力化し、「みんなが売れる営業組織」へと変わる必要に迫られていたのです。

　新卒で外資系の戦略コンサルティング会社へ入社し、人から営業を教わることなく起業した私は、営業職の友人からのアドバイスや書籍の内容をもとに、自己流で営業をやっていました。
「ヒアリング」や「提案」の場面を見たことがなかったので、拙い営業スキルを頼りに勝負せざるを得ませんでした。足りない営業スキルは、行動量でカバーするしかありません。

　たくさん行動し、お客様と関係構築して、お客様のことを考えて提案書を書く……これらの「基本」を、寝る間も惜しんで毎日繰り返しました。毎日100件のテレアポをやり、お客様には何回も断られながら、夜中まで提案書を書き直し、粘りに粘って再提案し続けることで、受注が増えてきました。

　それによって私は、「営業に特別なスキルは必要ない。努力で何とかなるものだ」と考えるようになりました。「他のメンバーも基本を徹底的にやれば売れるようになるはず」と信じて、毎日の朝礼と夕礼でメンバーを叱咤激励していました。

　しかし、時間が経っても、なかなかメンバーが売れるようにはなりません。現場からは「価格が高いと断られる」「見込み顧客のリストが足りない」といった声があがってきました。私は「言い訳していたら売れるようになれないよ」とメンバーの不満を一蹴していました。

　なにしろ、創業時はノウハウも実績もない状態から、1件1件の受注を手探りで獲得してきたのです。その頃に比べれば、数年を経て大手企業への導入実績もでき、会社が用意したターゲットリストもあり、提案書のひな形もそろえたので、だいぶ営業がやりやすくなっているはず。

　私はメンバーに対して「まだまだできる。努力が足りない」と思っており、売れない理由は「当たり前の基本をとことんやっていないことが原因だ」と決めつけていました。

お客様の言葉を信じると成果は出ない!?

　そんなとき、私より年上でビジネス経験豊富なAさんが、マネジャーとして大手企業から中途入社してきました。当時、私は営業担当役員を務めつつ、複数ある営業チームの一つでマネジャーも兼務していました。

他のマネジャーとチームの数字を競う形になっていたので、創業役員として恥ずかしい業績は見せられないという気負いが私にはありました。

　私のチームでは「基本がすべて」を合言葉に、行動量が圧倒的に多い（一部の）メンバーが大きな成果を出していました。しかし、毎日がんばっているにもかかわらず、売上が伸びないメンバーが大半でした。
　一方、Ａさんが率いるチームは、帰宅時間が全員早く、効率的に働きながら営業の成果が出始めていました。

　その頃、いちばん朝早く出社していたのも、最後までオフィスに残っていたのも私のチームのメンバーでした。誰よりもがんばっているはずの私のチームは数字が伸びない一方、Ａさんのチームが数字を伸ばしている現状に、私は複雑な思いでした。
　営業担当役員としてはありがたいのですが、兼務している１チームのマネジャーとしては「負けている」感じがしたのです。

　ある日、私のチームの朝礼が早めに終わったところで、隣でやっていたＡさんのチームミーティングの声が聞こえてきました。耳をそばだてると、Ａさんの「お客様の言葉をそのまま信じると、逆に成果は出ないんだ」というセリフが聞こえてきました。私は気がつくと、Ａさんの話に聞き入っていました。
　Ａさんの指導は、以下のように具体的なアドバイスが中心でした。

- 「今は忙しい」と言うお客様は、本当に時間がないわけではない。「商談する価値を示してほしいサイン」だと捉えてこのお役立ち資料を送りなさい
- 「検討しますのでお待ちください」と言うお客様は、言葉通り待ってはいけない。どうせ連絡は来ないから、小さな宿題をもらってこちらからのアプローチを途切れさせないように

　当時の私は、「お客様が『忙しい』と言って会ってくれない」「『検討しますのでお待ちください』とシャットアウトされた」とメンバーから相談されても、「そこを何とかするのが営業だ」と答えていました。実際、私自身、粘りに粘って何とかすることで、アポイントや受注を獲得していたからです。

　私が「成果が出ない＝努力が足りない」で片付けていたのに対して、Ａさんは「お客様が何と言っていたか？」を詳細に確認し、「セリフの裏にあるお客様の本音」をメンバーへ解説した後に、「具体的にやるべきこと」を教えていました。
　自分のやり方をこのまま続けても成果が出ないと感じた私は、悔しい気持ちがあったものの、Ａさんの方法を真似ることにしました。

　指導のやり方を変えていく中で実感したのは、お客様の言葉を素直に受け取りすぎると、なぜか思うように物事が進まないという不思議な構造です。たとえば、「高いですね」と言うお客様のセリフは、「安くしてほしい」という要望であるとは限りません。

7

セリフの裏側には「これが適正価格なのかわからない」だったり、「自分はいいと思うが社内に説明しづらいから助けてほしい」だったり、何かしらの「本音」があります。

ただ、お客様はその本音を的確な言葉で表せないので、営業の売り込みに対する防御反応として「高いですね」と言っているに過ぎないのです。

「とっさに出た防御反応」に振り回されていては、どんなにがんばっても成果は出ません。営業が対処すべきなのは、表面的なセリフの裏に隠された本音なのです。

苦しむ営業チームがハマっている「2つの落とし穴」

実は私自身、「隠された本音」の存在は以前からうすうす感じていました。「忙しい」と言っていたお客様に何とかアポイントをもらったとき、商談が好感触だと「時間を延長してもっと話を聞きたい」とお客様のほうから言ってくることがあったのです。
「あれ、忙しいんじゃなかったっけ？」という思いが一瞬よぎりましたが、「実際のところは、忙しいというのは建前で、時間を使う価値があるかどうかを見極めていたのだな」と考えれば、これまでのリアクションが納得できました。

しかし、隠された本音への対処法を教えず、「成果があがらないのは、基本的な努力が足りないからだ」で済ませていたことで、私のチームは思考停止してしまっていたのです。
そこで私は、「営業なんて、当たり前の基本を徹底的にやるだけ

だ」という言葉が脳裏をよぎってもグッとこらえ、「お客様の隠された本音にはパターンが存在する。表面的なセリフに振り回されず、適切なアクションを取れれば、商談は前に進むんだ」と言うようになりました。指導が具体的になったのです。

　このような指導が定着したことによって、メンバーの努力が実り始め、一定の業績を上げられるようになってきました。

　私は、Ａさんとたまたま一緒になったある日の帰り道で、「大事なことを教えてくれてありがとうございました」とお礼を伝えました。

　Ａさんは、私の目をじっと見て、こんなことを言いました。

「高橋さん、ベンチャーにおける創業役員というのは、言ってみれば『超人』なんです。みんながあなたと同じようにやるのは無理ですよ。それをもっと意識したほうがいいと思います」

　Ａさんは続けました。「会社をゼロから創業した人が言う『当たり前の基本』は、後から入社したメンバーにとっては基準が違いすぎて、その『基本』をこなすだけでも至難の業です。だから、もっと具体的に教えたほうが成果は出ますよ」

　それを言われた私の感情は複雑でした。頭では、Ａさんが言っていることはわかります。ただ、私自身、人から教えてもらうことなく、自分で工夫や努力を重ねたからこそ、結果を出せるようになったのです。メンバーへ安易に「こうすればいい」と答えを教えるのは、相手のためにならないのではないか、と思いました。

Ａさんにその懸念を伝えると「たしかに、『正解の行動』だけ教えて応用が利かなくなるのは心配ですね。だったら、『どう考えたらいいか』の思考回路を教えてあげればいいんじゃないですか」という返事が返ってきました。

　Ａさんの言葉を受けて、私は「チームで強い思考回路を作ることが必要だ」と考え、毎週の定例会議のやり方を変えることにしました。「思うように進まない案件」をピックアップし、こういった場合にどう考えるかというところからディスカッションするようにしたのです。そして、「同じ壁につまずかない」を合言葉に、お客様の隠れた本音をいくつかのパターンにまとめ、それに対するアクションプランをみんなで確認するようにしたところ、業績が飛躍的に上昇しました。

　私は、一連の変化を通して、営業チームが陥りやすい２つの落とし穴に気づきました。
　一つは、リーダーが「営業なんて当たり前のことをやるだけだ」と明言することで、チームは「がんばれば何とかなる」と思考停止しやすいことです。
　そしてもう一つは、「お客様の隠れた本音」の存在を教えないと、表面的なセリフに振り回されていることに気づかず、売れないメンバーが続出するということです。
　２つの落とし穴を乗り越えることで、私たちは「みんなが売れる営業チーム」へと変わっていきました。今振り返ると、これは非常に大きな転換点でした。

「急所」を押さえれば、驚くほどに成果があがる

　会社が業績回復し最高売上を更新したところで、それまでの役割をバトンタッチし、私は新しく営業支援のコンサルティング会社を経営するようになりました。

　私は「営業力は誰でも高められる技術である」という確信を深め、スキルの体系化を進めていきました。2019年に出版した『無敗営業「3つの質問」と「4つの力」』（日経BP。以下、本書では『無敗営業』と略します）は、営業カテゴリーのベストセラーとなり、今でも日々、多くの引き合いをいただいています。

　4万人以上の営業を支援する中で、かつて私がハマった「落とし穴」は、単なる個人的な経験に収まるものではなく、実は同じように苦しむ営業チームが多いのでは？　と感じるようになりました。

　私は、外資系の戦略コンサルティング会社で新卒時代に調査の設計や分析をやっていた経験を活かして、この仮説を検証すべく、「営業1万人」と「お客様1万人」合わせて約2万人に対する大規模な調査を2022年に行いました。
　『無敗営業』を書いたときは、300人ほどのお客様にリサーチをしたのですが、もっと対象者や設問の幅を広げて、「営業」を徹底的に科学しようと思ったのです。

　この調査では、法人営業10076人、購買経験のあるお客様10303

11

人に対して、それぞれ30〜40個の質問をしました。本書において
は前者を営業1万人調査、後者をお客様1万人調査と呼んでいます。

　営業1万人調査では、「営業スキルレベル」を5003人、「営業組
織の実態」を5073人に聞きながら、「売れる営業と売れない営業は
何が違うのか？」に重点を置いて分析しました。
　具体的には、目標達成度合いを5段階に分けて、目標達成が当た
り前の最上位集団（ハイパフォーマー）と、目標がいつも達成でき
ない最下位集団（ローパフォーマー）を比較しました。

　また、お客様1万人調査では、どのような営業にお客様は信頼を
寄せ、発注したくなるのか（あるいは、どのような営業を受けると、
お客様は心を閉ざしてしまうのか）をいろいろな角度から調べまし
た。その結果、お客様の本音が明確に浮かび上がりました。

　冒頭に、私は「営業に特別なスキルは必要ない。努力で何とかな
るものだ」と考えていた当時のエピソードをご紹介しました。
　2万人調査で営業を科学的に探究した今、改めて強く感じるのは、
「努力の方向性を間違ってしまうと、残念ながら、どれだけがんば
っても結果は出ない」ということです。

　営業で成果をあげるためには、ここを外してはいけないという
「急所」が存在します。
　その急所に対する「武器」を、本書では「ガンバリズムの罠」と
「購買者の仮面」というキーワードを用いて、できるだけわかりや
すく、すぐに実践しやすい形でまとめました（この2つのキーワー

ドは、第1章と第2章でそれぞれ解説します）。

　営業活動における「急所」とは、「購買者の仮面」の裏にある素顔（＝本音）であり、急所を捉えるためには、「ガンバリズムの罠」にハマらないよう注意しながら、お客様が自ら本音をさらけ出したくなる提案活動（＝「武器」）が必要です。

　本書では、この「武器」を効果的にお使いいただけるよう、結論だけお伝えするのではなく、2万人以上に尋ねたデータの中から、重要なものを抜粋して詳しく解説しています。割合としては、「購買者の仮面」について詳しく掘り下げるために、お客様1万人調査をメインに活用し、要所を営業1万人調査及び他の調査データで補足しています。

　そして、「よくあるお客様の表面的なセリフ」に振り回されず、裏にある本音を捉えるプロセスを一緒に考えながら解き進めるように書きました。

　「がんばり方を変えたら受注がこんなに増えた‼」こんな喜びの発見がたくさん生まれて、あなたのチームの努力が報われるようになったら、著者としてこの上ない喜びです。

本書に登場するグラフや図表は、
読者特典として PDF を無料プレゼントしております。
詳しくは帯の QR コードからアクセスしてください。

第 1 章

「ガンバリズムの罠」に
ハマってはいけない

営業における急所は
「購買者の仮面」の裏にある素顔

「はぐらかしの仮面」を外すには、質問の引き出しを増やすべし

「忙しさの仮面」を外すには、価値の根拠を示す必要がある

「とにかく安くの仮面」を外すには、判断基準を作りにいくべし

「検討しますの仮面」を外す鍵は
「助け舟」の出し方にあり

カバーデザイン　山之口正和（OKIKATA）
本文デザイン・図版・DTP　石澤義裕（Albania）
イラスト　髙柳浩太郎

第 1 章

「ガンバリズムの罠」に
ハマってはいけない

1

「ガンバリズムの罠」は
いかにして生まれるか

「がんばり方」を間違えると悲劇になる

　営業の皆さん、売れる営業になりたかったら、まずはがんばることをやめましょう。

　……「いきなり何を言い出すんだ!?」と思われたかもしれません。「売れる営業になるためには、がんばらなくてはいけないに決まっているじゃないか」と思うのが自然でしょう。

　もちろん、何の努力もなしに「売れる営業」にはなれません。ただ、注意すべきことが一つあります。成果が出ない営業の多くは「がんばっていない」わけではなく、「がんばり方を間違えている」ために、売れない方向に向かってどんどん加速してしまっているのです。

　しかもこれは、営業一個人の問題ではなく、営業チームという組織で、あたかも集団催眠のごとく起こる現象です。「がんばれ‼」というかけ声だけが飛び交う営業チームは、いっときは成果を出すことができても、一定期間が経った後に売れなくなっていくのです。

　私は2022年、「営業1万人」と「お客様1万人」の合計2万人に

対する大規模な調査を行いました。

その分析を通して、見えてきたことがあります。

「目標を達成できないローパフォーマー」の傾向として、「サボっている営業」や「お客様を軽視する営業」より、お客様の言うことへ丁寧に耳を傾ける、いわゆる「マジメな営業」タイプが顕著に多かったのです。

冒頭に申し上げた「まずはがんばることをやめましょう」という言葉の真意をお伝えします。

「まずは『がんばる』ことをやめましょう」ではなく「『まずはがんばる』ことをやめましょう」というのが本当に言いたかったことです。

私自身、努力が不要だとは思っていませんし、大切なことだと確信しています。ただ、思い込みに基づく「誤った努力」は大変危険であり、落とし穴に気がつかないと、せっかくの努力がムダになってしまうのです。

注意すべきは「ガンバリズムの罠」

私は、営業の研修やコンサルティングを営む TORiX 株式会社を経営しており、これまで 4 万人以上の営業を支援してきました。

支援の現場でマネジャーからよく聞くのは「あのメンバーが売れないのは、スタンスが悪いからだ」というセリフです。

一般的に、「売れない営業」とは、営業に臨む姿勢（スタンス）が悪く、努力を怠っている人物と見られがちです。それゆえ、多く

のマネジャーはメンバーをがんばらせようとします。

　しかし、目標未達の常連者であるローパフォーマーは、「マジメにがんばる」以外の武器に乏しいのが現実です。売れない営業は「がんばっていないから売れない」のではなく、「がんばる以外のやり方が思い浮かばず、そのうえ、がんばり方を間違えているために、結果として追い詰められている」のです。

「がんばり方を間違えている状態」とはどういうことでしょうか？
　それは、お客様が本当に求めていることをつかめず、「表面的なセリフ」に振り回されたまま、労働時間だけ増える一方で商談が前進しないということです。

　たとえば、新規のテレアポを例に説明します。
「30分、お打ち合わせの時間をいただけませんか？」という営業からの打診に対して「今は忙しいので難しい」というお客様のリアクション、これはよくある風景です。
「では、いつ頃ならよろしいですか？」と営業が尋ねると、お客様から「そうですね、最近は別件でかなり忙しくて」という反応があったとします。

　そんなとき、営業のほうから「では、1ヶ月後にまたお電話させていただいてもよろしいでしょうか？」と持ちかけ、お客様が「ああ、はい……」と返してくると、この営業は社内に「今は忙しい様子なので、1ヶ月後にまたコールする」のように今後のアクションを報告します。
　たいがいの場合、1ヶ月後にコールしてもまた「今は忙しい」と

言われ、「ではまた1ヶ月後に……」のように、同じことの繰り返しです。

　この営業がやるべきは、「ニーズはあるが忙しい（＝実際に多忙）」なのか、「ニーズはないが、とりあえず『忙しい』と答えているだけ（＝単なるはぐらかし）」なのかの見極めです。

　それには、たとえば電話口で「今取り組まれている別件について、差し支えない範囲で伺ってもよろしいでしょうか？」のように尋ねるのが一つのやり方です。

　この質問に対して、具体的に返ってくる場合は実際に多忙なのでしょうし、あいまいな答えの場合は、単にはぐらかしている可能性が高いです。この返答次第で、ニーズはあるが忙しいのか、ただのはぐらかしなのかを確認できます。

　たとえば当社（TORiX）のインサイドセールスでは、「忙しい」と言われたときは相手の様子を見て、聞けそうな雰囲気なら「どんな別件に取り組まれているのか」ヒアリングすることを推奨しています。実際、何割かのお客様はその質問に答えてくれるので、所定の欄に記入した後、然るべきタイミングに再アプローチします。

　これでつながったお客様からは「当社の事情を把握したうえでのご連絡、ありがとうございます」といった反応が来ることもあり、受注に至ったりします。

「ニーズはあるものの、今は別件で忙しいことを正直に詳しく話してくれる」ようなお客様は、その場の忙しささえ解消されれば、有望な提案先になりえるのです。

　しかし、このような具体的なアドバイスがされている営業現場は、ごくわずかです。ほとんどのOJTでは「お客様へのコール数を増

やせ」とは言うものの、「具体的にどうやったら成果が出るのか？」を誰も説明しません。

　すなわち、「がんばれ」という号令が飛び交っているのに、本来やるべき大切な努力（＝武器を増やすこと）を皆が見落としている状態です。

　先ほどのテレアポの例で言えば、お客様のニーズを確認せず空振りし続けていることに気づかず、「ひたすらたくさん電話をかけること」が目的化しているのはとても危険です。
「電話の件数が多い」（＝がんばっている）にしか目が向かないと、結果が出ず、そのうち疲弊してしまいます。

　これが「ガンバリズムの罠」です。

「ガンバリズムの罠」が生まれるきっかけは「超人」にあり

「ガンバリズムの罠」とは、営業が思考停止したまま行動し続け、的外れな「がんばり」によって苦境に陥っているのに、武器（＝的確な提案活動）を増やすことが見落とされている現象です。

　これまで私が多くの営業を支援する中で、「ガンバリズムの罠」に陥る営業チームには、わかりやすい特徴がありました。
　営業組織には、それを束ねる責任者（トップ）がいます。本書の「はじめに」でも、創業役員だった私がAさんからアドバイスされたエピソードについて書きましたが、この責任者（トップ）が、神懸かり的に売る力を持った「超人」だと危険なサインです。

「超人」は、商品がお客様のニーズに合っていなくても圧倒的な販売力で売ってしまいますし、他社に比べて競争力がない商品でもコンペでは当たり前のように連戦連勝です。

会社の営業戦略がなくても、すさまじい努力によって受注を積み重ねていき、卓越した営業成績を残します。

また、努力しても成果が出ない時期が続くと、多くの営業は心が折れんばかりに悩み苦しみますが、超人は苦しい時期でも平常心で努力を続け、乗り越えることで、むしろ営業力をパワーアップしていきます。

この「超人」は、世にいる営業全体で見れば、飛び抜けた能力を持つ希有な存在です。そのためにどんどん昇進していき、やがては組織のトップに昇り詰めるのですが、ここで問題が生まれます。

いったん「超人」になると、「普通の人」とは、努力に対する感覚が離れすぎてしまうのです。普通の人にとっては尋常ならざる努力でも、超人にかかれば「当たり前の基本」になってしまいます。

私は、営業支援の現場でよく「ハイパフォーマー営業へのインタビュー」を行うのですが、以前は一定の割合で「超人」に出会いました。

超人たちは「私はそんな特別なことはやっていませんよ。ごく当たり前のことをちゃんとやれば、結果が出るんです」と言います。

それゆえ、コンサルタントである私は、今では「まだ超人には届かないものの、皆のお手本になるレベルの方」をあえてインタビュー対象にリクエストしています。なぜなら、「皆が売れる営業組織」にするうえで、全員が超人の真似をするのは不可能だからです。

さて、組織のトップになった「超人」は、なかなか成果が出ない営業現場を見て、首をかしげます。
「なぜ、みんな、当たり前の簡単なことができないんだろう？」

　超人はあまりにも実力が飛び抜けているため、営業はシンプルなものだと思いやすいのです。
　実際に私は「そんなに難しいことを要求しているわけじゃないのに、なぜみんなできないんですかね……」という営業トップの〝ぼやき〟を何度となく聞いてきました。

　確かに、超人の手にかかれば、営業なんてそんなに難しいものではないのかもしれません。しかし、営業組織を統括するトップが「営業なんて簡単だ」と公言してしまうと、いろいろな問題が起こってきます。

超人のトップが「営業なんて簡単だ」と言い出すと危険

「営業なんて簡単だ」と言うトップは、現場の営業が困っていても「難しいことをやらせているわけではない。要は、本人の努力が足りないのだ」と考えます。
　そうすると、営業メンバーに対して、武器を増やすための支援は手薄になりがちです。

「私は、助けてもらわなくても、当たり前の努力をすることで成果が出せた。だから、皆だって（支援せずとも）できるはずだ」こうなってしまうと、危険な兆候です。

「超人」であるトップの下にいるミドルのマネジャーは、「売るのが難しいから成果が出ない」とは、口が裂けても言えません。努力不足とみなされてしまうからです。

したがって、マネジャーの指導も「ごく当たり前のことをちゃんとやれば、結果が出るはず」となります。

マネジャーも、トップにいる超人ほどではないにせよ、一定の成果をあげているからこそ、管理職のポジションに就いています。すると、彼（彼女）の指導は「私はこうやってうまくいった。そんなに難しいことではないよ」という経験談がベースになります。

トップが「営業なんて簡単だ」と言っている組織では、営業の難しさが具体的に紐解かれることはなく、「当たり前のことを当たり前にやればうまくいく」「努力すれば成功する」というトーンで文化が作られていきます。

ミドルのマネジャーも、存在意義を証明するためには、「自分は努力した」と強調しなければなりません。その結果、「自分はこうやってうまくいった。だからあなたもこのように努力しなさい」という、自分がやってきたことに基づく指導になりがちなのです。

冷静に考えれば、「マネジャーが過去にこうやってうまくいったから、同じように行動すればうまくいくはずだ」という理屈は、必ずしも通用するとは限りません。

マネジャーが成果を出したときと、今、メンバーが直面している営業活動とでは、時代背景も異なりますし、担当するお客様の状況も違います。場合によっては扱っている商品すらも違っていること

があります。

　そうすると、マネジャーのアドバイスは抽象化された精神論になっていきます。すなわち「目標達成を意識せよ」「行動量を増やせ」「お客様と関係構築せよ」です。
「ガンバリズムの罠」における難しさは、これらのアドバイス自体が「間違っているわけではない」ことにあります。ネックなのは、先にもお伝えした通り、「武器を増やすためのアクションが足りない」ことなのです。
　真面目なメンバーとしては、マネジャーの個人的な体験談に基づく抽象的なアドバイスをもとに、「とりあえずがんばる」ことになりますが、なかなか苦戦からは逃れられません。なぜかというと、「がんばる」以外の武器が増えていかないからです。

「ガンバリズムの罠」の恐ろしさ

営業のプロセスがブラックボックス化する本当の理由

トップが「営業なんて簡単だ」と言う組織では、「成果を左右する鍵は当たり前のことをやるかどうか」という世界観でマネジメントされています。

一方、実際には「当たり前のことをやっているはずなのに成果が出ない」営業メンバーが存在します。本来であれば、ここで営業プロセスを見える化することで、メンバーが行き詰まっている原因を把握し、成果が出ているメンバーのやり方と比較分析して手を打てば、苦しむメンバーは助かるはずです。

最近では、高機能な SFA（Sales Force Automation：営業支援システム）も普及してきており、きちんと使いこなせば、見える化や情報共有を効果的に行えるようになっています。あなたの周りでも、SFA を導入している会社は増えているのではないでしょうか。

ところが、SFA を導入したのはよいものの、現場では使われない……という組織が多いのです。

トップが「営業なんて簡単だ」と言う組織では、営業プロセスを見える化して情報を共有する施策は停滞し、SFA の活用が進みません。いわゆる「ブラックボックス化」です。

プロセスを見える化したほうが成果は出ることは（頭では）わかっているはずなのに、なぜ見える化の施策は進まないのでしょうか？

　多くの人は、「SFAは入力が大変だから」という言葉で片付けてしまいますが、入力負担があることなどは導入前からわかっていたはずです。SFAが使われず、営業プロセスがブラックボックス化しやすい本当の理由は別のところにあります。

　人間には、自分にとって都合の悪い情報を無視したり過小評価したりする「自己正当化バイアス」があります。これは一種の思い込みです。

　トップに昇り詰める超人が、尋常ならざる「努力」によってそのポジションを獲得していることに疑いの余地はありません。

　しかし、ミドルのマネジャーはどうでしょうか。「たまたま楽なエリアを担当していた」「既存のお客様に恵まれていた」「ラッキーな大型案件があった」「商品開発やマーケティングの追い風があった」など、実は「努力以外の要因」で成果をあげ、昇進したマネジャーもいるはずです。

　ここで、マネジャーにとって都合の悪い「努力以外の要因で成果をあげた」という現実は、自己正当化バイアスによって薄まっていきます。マネジャーは、努力以外の要因で成果があがったことを都合よく忘れ、「自分の努力が正しかったから成果が出た」という脳内イメージになります。

　なぜなら、「努力をすれば成果が出る」という価値観が浸透していると、「努力以外で成果をあげた」ということは（組織にとって

も、マネジャー本人にとっても）望ましくないからです。

　たとえば、マネジャーが「自分が成果をあげられたのは、競合が
まだ弱かったからだ」「私はたまたま担当したお客様で大型案件の
受注をして目標達成できた」などと言おうものなら、どんなことが
起こるでしょうか。

　売れないメンバーから「このエリアは競合が強いから売れませ
ん」「私のお客様は予算規模が小さいので売上が増えません」など
の「言い訳」がたくさん生まれます。

　もし「努力以外で成果があがる」というルートができてしまうと、
マネジメントがやりづらくなります。単に「がんばれ。自分もがん
ばったから成果が出たのだ」というほうが、マネジャーにとっては
指導が楽なのです。

　しかし、SFAによって各メンバーが努力しているプロセスが詳
しく見えるようになると、がんばっているメンバーに成果を出させ
られないマネジャーの指導力不足が露呈してしまうのです。

　努力していることが「見えている」のに、売上が上がらないメン
バーにどう指導したらよいか？　がわからないマネジャーにとって、
「見える化」はメリットになりません。

　したがって、そんなマネジャーはSFAを「使いにくい」などと
言い、積極的に活用しようとしないのです。

　ここまでは、マネジャー側の要因から解説しましたが、現場の
メンバーにも「プロセスが見える化されると都合の悪い人」がい
ます。

　それは、努力をしていなくとも、今はラッキーで成果があがって

いる営業メンバーです。そのようなメンバーにとって、「努力していないのに売れている」実態が明らかになるのは、避けたいところです。また、（自分に関しては）楽して成果があがっているのに、SFAの入力負担が増えるというのは、面倒くさく感じられるでしょう。

　このようにして、「プロセスが見えると都合が悪い人たち」の「共同戦線」により、「ガンバリズムの罠」にハマった組織の営業プロセスは「ブラックボックス化」するのです。

「真面目にがんばるローパフォーマー」は どんな商談をしているか

　営業プロセスが見えなければ、成果を出すための分析は不可能です。

　成果を出すための分析がなければ、「目標達成を意識せよ。行動量を増やせ。お客様と関係構築すればうまくいく」以上に指導のレベルが上がることはありません。「達成意識を持ってお客様にたくさん接触していれば関係が構築できるし、そのうち成果が出る」という、ふんわりとしたアドバイスで終わってしまいます。

　ごく一部の「超人」を除けば、成果に結びつく確信が持てない状況でがんばり続けられる人はいません。「普通」の営業メンバーは、次第に心が折れそうになります。

　しかし、行動量が落ちると、マネジャーからは「がんばっていない」ように見えてしまうので、行動量を落とすことはできません。

　そのため多くの営業は、サボっているとみなされないように、傍

から見て「がんばっている」と見えるような努力をすることになります。

　本来、成果をあげるために行われるべき努力が、「努力している自分をアピールするための努力」に置き換わっていくのです。

　たとえば、コール件数や訪問件数を行動目標に置いている組織において、「サボっていると見られてはいけない」と焦る営業は、「(ニーズの有無はさておき) とりあえず接触しやすいお客様」へアプローチし、それを業務報告します。

　マネジャーは「報告を見ると、行動量はまあそれなりにやっているのだが……なぜ、成果が出ないんだろう?」と感じながらも、「がんばっていれば (そのうち) 成果が出るよ」とアドバイスします。

　そんなところに、商品開発やマーケティングから新商品の発売などの「助け舟」が入ることがあります。ここぞとばかり、「新しい商品が出たぞ!　今広告を積極的にやっているから、戦略商品として新商品を必ず案内してこい!」のようにマネジャーは指示を出すでしょう。

　すると、会社から言われた通りに戦略商品を案内してくることが、優先順位の高いキーアクションとなります。

　以前、私は支援先のお客様から「成果が出ているメンバーとそうでないメンバーの商談を見て、どこが違うかをアドバイスしてほしい」と依頼されたことがあります。

　実際に商談を見てみると、成果が出ているメンバーは、戦略商品をお客様の文脈に合わせて紹介していました。必要そうなお客様に

は戦略商品を案内するものの、「このお客様は違うな」と思ったら、案内をせずお客様の真のニーズを探っていました。

　ところが、成果が出ずに苦しんでいるメンバーは違いました。
　商談が始まると、ソワソワしていて、気もそぞろです。お客様との会話もかみ合っていません。そして、商談終了10分前になると、それまでの文脈を無視し、「話は変わりますが、当社は最近、新しい商品を出したんです！」と勢い込んで戦略商品をプレゼンします。
　これを、"すべて"の商談でやっていたのです。

　さて、「言われたことを真面目にがんばっている」のはどちらのメンバーでしょうか？　このケースで言えば、「成果が出ないメンバーのほうが、言われた通り真面目に努力している」ことになってしまいます。

「目標達成プレッシャー」「大量行動」「関係構築」という三種の神器

　仮に戦略商品がすごいものだとしても、お客様が求めていることとピッタリ合わない場合はもちろんあります。
　言われたことを真面目にがんばる営業は、会社が「売ってこい」とプレッシャーをかける商品を売るために、（商談がどんな展開になろうと）機械的に戦略商品を紹介する行動を取ります。

　当然のことながら、こんな商談のやり方をしていては成果が出ま

せん。そして、悩んだメンバーがマネジャーに相談すると、「お客様と関係が築けていないんじゃないか？」「もっと行動量を増やせば、戦略商品がフィットするお客様と出会えるよ」「つべこべ言い訳せず、今は未達なんだから、目標達成意識を持ちなさい」とアドバイスされます。

というのも、その戦略商品や広告は、昔には存在しなかったので、マネジャーも抽象的な正論しか言いようがないのです。

具体的な指導方法がわからないマネジャーが頼れるのは「目標達成プレッシャー」「大量行動」「関係構築」という三種の神器です。

しかし、これら三種の神器に依存し、努力以外の武器を増やさない指導が「ガンバリズムの罠」を生んでいきます。

多くの売れない営業は、「頭で考えるより、考えることを止めてがんばるほうが、マネジャーから叱られない」というほうに向かうのです。こんな状況が続けば、営業メンバーは追い詰められ、いずれ壊れていってしまいます。

がんばっているのにうまくいかない、いやむしろ、がんばればがんばるほど思考停止に陥り、視野が狭くなる仕組みがおわかりいただけたでしょうか。

もちろん、うまくいかなくてもそこでへこたれず、尋常ではない努力によって成果を上げる、ごく一部のメンバーもいます。すなわち、将来の営業トップになるような超人候補です。

しかし逆に言えば、ごく限られた資質に恵まれた営業メンバー以外（＝大半を占める"普通の人"）は、マネジャーの言葉を真に受けて努力する一方、視野が狭くなり、思考がストップしていきます。

そんなメンバーに対して、「なぜこんな簡単なことができないんだ！　もっとがんばれ‼」と叱咤激励が飛ぶ……これが「ガンバリズムの罠」の恐ろしさです。

「ガンバリズムの罠」から
抜け出す勇気

時代の変化によって「ガンバリズム一辺倒」だけでは難しくなった

「ガンバリズムの罠」に陥っていることが頭ではわかっていても、「がんばる」以外の方法が思い浮かばなければ、なかなか抜け出すことはできません。

「がんばっている」というのは、成果があがらない営業組織にとって、何よりの免罪符になっているからこそ、組織風土として残ってしまうのです。

しかし、昨今では、時代の変化もあり、「ガンバリズム」だけで組織を運営していくことが難しくなりました。

働き方改革以来、労働時間に焦点が当たり、「ブラック企業」「やりがい搾取」などのキーワードが広まりました。その影響もあり、若者が就職先を選ぶ際に、残業時間やワークライフバランスを重視するようになりました。

人手不足に苦しむ企業は、長時間労働の解消に手を打たざるを得なくなり、「ガンバリズムでなんとかする」という組織は生き残りづらくなっています。

また、今よりゆとりがあった時代では、上司や先輩とオフィスで

一緒に過ごす時間が長くありました。そのような中で、「具体的な
アドバイス」がやりとりされるチャンスも多少はありました。

　しかし、コロナ禍をきっかけにリモートワークが登場し、会社で
顔を合わせる機会は減少しています。

　さらに、若手社員は自分の時間を大切にする傾向が強まり、職場
での飲み会も少なくなりました。「タイムパフォーマンス（タイ
パ）」という言葉も広く知られるようになり、「とりあえず長時間が
んばる」ことに対する抵抗感は強くなっています。

「ガンバリズムの罠」の弊害

　時代背景の変化という観点から「ガンバリズムを維持する難し
さ」の話をしましたが、また別の側面として、「ガンバリズムへの
過度な依存がもたらす副作用」を書いておきます。

　まず一つ目は「若手の営業離れ」です。

　報われない努力はとてもつらいものです。がんばっても報われな
い営業には「つらくて苦しい」というイメージがつきまとってしま
い、営業を「やりたくない仕事」と考える若手が増えています。

　私がクライアントの人事担当者からよく聞く話があります。「採
用面接のときは『何でもやります』と言っていた若手が、いざ営業
に配属されて数年経つと、早く営業以外の仕事をさせてほしいと異
動の希望を出してきたり、あっさり退職したりしてしまうケースが
増えている」ということです。

　2つ目の問題は、「がんばりすぎて心身が壊れる」ことです。

　成果を出すためにはたしかに努力が必要です。しかし、それが行き過ぎたレベルになってしまうと、それに耐えられるタフな人もいますが、健康を損なう可能性も上がります。過労やストレスによって、将来の人生に悪影響を及ぼすリスクは見過ごせません。

　3つ目の問題は、「会社のブランド価値低下」です。
「ガンバリズムの罠」にハマった営業組織では、「あきらめないこと」が何よりの美徳とされます。しかし、「あきらめないこと」が、お客様のためというベクトルではなく、「社内にがんばっているアピールをするため」となると、おかしなことになってきます。お客様にとって望ましくない、単にしつこいだけの営業が増えるのです。
　それによって、会社の評判が悪化し、お客様からの信頼を失う可能性があります。これは会社のブランドに対するリスクとなります。

　4つ目の問題は、「将来のマネジャー候補への影響」です。
　ガンバリズムによる成功体験が強すぎると、そのメンバーはマネジャーへ昇進したとき、メンバーに対しても同じことを求めるようになります。「がんばれば何とかなる」という指導しかできないマネジャーは、メンバーを思考停止に追い込んでしまいます。

　では、「ガンバリズムの罠」を脱するためにはどうしたらいいのでしょうか?
　それには、「武器」を増やしていかなければなりません。そのうえで「営業の難しさ」を正しく理解し、壁を乗り越えることが必要です。次章からは、営業で成果を出すための武器である、「購買者の仮面を外す」提案活動について説明していきます。

第 1 章 ま と め

　成果が出ない営業の多くは、がんばっていないわけではなく、がんばり方を間違えています。これは、営業一個人の問題ではなく、営業チームという組織で集団催眠のごとく起こる現象です。

　ローパフォーマー営業は「マジメにがんばる」以外の武器に乏しい傾向があります。お客様が本当に求めていることをつかめず、「表面的なセリフ」に振り回されているのです。

　「ガンバリズムの罠」に陥った組織では、営業が思考停止したまま行動し続け、的外れな「がんばり」で苦しむ一方、武器（＝的確な提案活動）を増やすことが見落とされがちです。

　組織のトップになった「超人」が「営業なんて簡単だ」と言い始めると、「ガンバリズムの罠」にハマりやすくなり、指導方法がわからないマネジャーは「目標達成プレッシャー」「大量行動」「関係構築」に頼って抽象的なアドバイスをするようになります。

　「若手の営業離れ」「心身の健康不安」「会社のブランド価値低下」「将来のマネジャー候補への影響」など、時代が「ガンバリズム一辺倒」だけでは難しくなりました。

　「ガンバリズムの罠」を脱するためには、「武器」を増やしていかなければなりません。「営業の難しさ」を正しく理解し、壁を乗り越えることが必要です。

第 2 章

営業における急所は
「購買者の仮面」の裏にある素顔

お客様との距離が縮まらないのは
「購買者の仮面」が原因

「お客様との関係構築」はそもそもハードルが高い

　成果をあげるために「がんばること」は必要ですが、方向性を間違えてしまわないよう注意しましょう、ということを前章で説明してきました。

　ここでは、「ガンバリズムの罠」から抜け出すための「誤った努力」「正しい努力」について考えていきたいと思います。

　まず、がんばらないといけない状況がなぜ生まれるか？　それは営業が「難しくて、すぐに成果が出ない」からです。

　では、営業の難しさとはいったい何でしょうか？

　私が特に注目している点は、「目標達成を意識せよ」「行動量を増やせ」「お客様と関係構築せよ」というアドバイスが、（言っていることは正しいのに）それだけでは機能しないということです。

　もし、こういったアドバイスを実践するだけで成果が出るなら、話はシンプルです。

　しかし、「お客様と関係構築する」ことのハードルが特に高く、ここでつまずくいてしまうと先に進めません。逆に、お客様と関係構築するコツさえつかめれば、行動量を増やすほどに結果は出やす

くなり、目標達成が現実的に見えてきます。そうなると、目標達成を意識する意味が出てきます。

　成果が出せない営業のほとんどは、「お客様と関係構築する」壁を越えられず、入口段階でつまずいています。そもそも、関係構築できていないお客様とのコミュニケーションでは、「連絡がつながらない」「高圧的／冷淡な態度を取られる」といったことが多く、関係構築をするチャンスが極めて少ないのです。

　その状態で行動量を増やしても、空振りの多さに心が折れそうになり、目標達成までの果てしなさに気が遠くなるでしょう。せめて「がんばっている雰囲気だけ作っておこう」となるのは自然な流れです。

　入り口段階の壁が越えられないと、努力しても実を結ばないのが営業のシビアなところです。そこで悩むメンバーに対して多くのマネジャーは「行動の量を増やせ。そうすれば関係構築できるよ」とアドバイスします。しかし、この助言では「どうすれば関係が構築できるかのメカニズム」が解明されていません。

　このようなアドバイスでは、がんばること以外に武器を持たない営業メンバーは「とにかくお客様の言うことに従う」という行動くらいしかできません。ただでさえチャンスが少ないため、お客様の言葉に耳を傾け、言われたことへ素直に応えようとするからです。

　営業の世界には、「正解はお客様が持っている」という暗黙の了解があります。

　確かに、購買を判断するのはお客様なので、「正解はお客様が持

っている」ことは間違いないのですが、思考停止してがんばる営業はここでつまずきます。お客様から出てくる「表面的なセリフ」と「裏側にある本音」のギャップがつかめず、表面的なセリフにそのまま対応し、結果として翻弄されてしまうのです。

このままだと、いくら努力しても、成果にはつながりません。

「購買者の仮面」が営業を惑わせる

たとえば、営業が誰しも遭遇する場面として、見積もり提案を出した後に「いかがでしょうか？」と判断を迫ったとき、「社内で検討しますのでお待ちください」と返されることがあります。

売れない営業は、不穏な空気を感じながらも、「お待ちください」という言葉を真に受け取って、そのまま待ってしまいます。

ところが、「社内で検討しますのでお待ちください」と言うお客様は、提案に対して100％満足しているわけではありません。営業が追加のアクションをしなければ受注率は上がるはずがないのです。

一方、売れる営業は、ここで「追加のアクションが必要である」と心得ているので、「社内で検討しますのでお待ちください」と言われても、何かしらお客様と接点を作る工夫をします。

たとえば「いったんお待ちしますが、もしお役に立てる情報があれば、お邪魔にならないようメールでお送りしますね」などと返しておき、タイミングを見てお役立ち情報をメールで送るのです。そこで返信が来るようなら脈アリと読んで、コンタクトをし、追加の説明機会や再提案によって受注を勝ち取ります。

当社が実施したお客様1万人調査によると、「検討しますのでお

待ちください」と言うお客様が「もうこの営業からは追加で話を聞かない」と本気で思っているケースはわずか13.7％です。残りの86.3％は、実は追加で話を聞いてもいいと思っているものの、その場しのぎで「検討しますのでお待ちください」と言ったにすぎません。

　次ページのグラフをご覧ください。

　最も多かった回答は「提案内容に不満があったので、そこを改善してくれれば話を聞いたと思う」というものです。
　注目していただきたいポイントは、「本当は追加説明のチャンスがあるのに、お客様は営業に対してチャンスがあるとは伝えていない」という事実です。

　表面的なセリフとして「検討しますのでお待ちください」と言ってくるお客様のうち86.3％は、心の中では（特定の条件が満たされれば）話を聞いてもよいと思っています。「お待ちください」と言われてそのまま待っていても、受注は増えないのです。
　この、「表面的なセリフ」と「裏側にある本音」のギャップを理解しないと、残念ながら、営業の成果は出ません。なぜかというと、お客様は、とっさの防御反応でこのようなセリフを口にすることが多いからです。
「とりあえず、予算は決まっていなくて」
「とりあえず、今は忙しいです」
「とりあえず、すぐに見積もりをくれませんか」
「とりあえず、もっと安くなりませんか」
「とりあえず、社内で検討しますのでお待ちください」

「検討しますのでお待ちください」に
何のアクションもしないのはただの損

Q 「見積もり提示後にさらなる説明をしたいと言ってきた営業担当者に『検討しますので
お待ちください』とシャットアウトしたことが「ある」と回答された方にお伺いします。
営業担当者からの追加説明にOKを出すためには、何が必要でしたか。

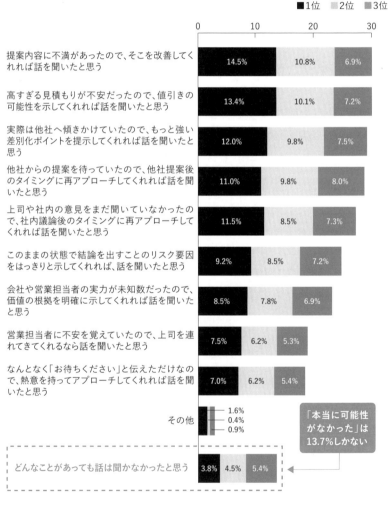

■1位　□2位　■3位

	0	10	20	30

提案内容に不満があったので、そこを改善してく
れれば話を聞いたと思う　14.5%　10.8%　6.9%

高すぎる見積もりが不安だったので、値引きの
可能性を示してくれれば話を聞いたと思う　13.4%　10.1%　7.2%

実際は他社へ傾きかけていたので、もっと強い
差別化ポイントを提示してくれれば話を聞いたと
思う　12.0%　9.8%　7.5%

他社からの提案を待っていたので、他社提案後
のタイミングに再アプローチしてくれれば話を聞
いたと思う　11.0%　9.8%　8.0%

上司や社内の意見をまだ聞いていなかったの
で、社内議論後のタイミングに再アプローチして
くれれば話を聞いたと思う　11.5%　8.5%　7.3%

このままの状態で結論を出すことのリスク要因
をはっきりと示してくれれば、話を聞いたと思う　9.2%　8.5%　7.2%

会社や営業担当者の実力が未知数だったので、
価値の根拠を明確に示してくれれば話を聞いた
と思う　8.5%　7.8%　6.9%

営業担当者に不安を覚えていたので、上司を連
れてきてくれるなら話を聞いたと思う　7.5%　6.2%　5.3%

なんとなく「お待ちください」と伝えただけなの
で、熱意を持ってアプローチしてくれれば話を聞
いたと思う　7.0%　6.2%　5.4%

その他　1.6%　0.4%　0.9%

**「本当に可能性
がなかった」は
13.7%しかない**

どんなことがあっても話は聞かなかったと思う　3.8%　4.5%　5.4%

出所：TORiX株式会社実施、マクロミルパネル利用のインターネット調査（2022年5月）
「会社の予算で何かを購買したことがある」経験者による回答

(n=7339)

購買者の仮面

とりあえず社内で
検討しますので
お待ちください

いったんこう言って
おいてシャットアウ
トしないと、仕事が
進まないからね……

　この「とっさの防御反応」を、本書では「購買者の仮面」と定義
します。

「お客様と関係構築しよう」といくら努力しても、「購買者の仮面」
を外すことができなければ、営業はズレた努力をしてしまうことに
なります。

　しかし、「ガンバリズムの罠」にハマった営業は、「言われた通り
真面目にがんばる」という世界観で行動しているため、仮面をつけ
たお客様のセリフにそのまま反応しがちです。

　営業がまずやるべきなのは、「『購買者の仮面』を外すこと」です。
これが、お客様と関係構築するうえでの欠かせない一歩であり、マ
ネジャーが教えるべき「武器」なのです。

「購買者の仮面」を正しく理解せよ

「購買者の仮面」には5つのパターンがある

「購買者の仮面」をつけたお客様は、「心の中で本当に思っていること（＝本音)」を言わず、「とっさの防御反応」としてのセリフを口にします。

「購買者の仮面」には、主に次ページから記す5パターンがあります。

ケース①：ヒアリングしてくる営業に、どこまで情報を出してよい
**　　　　　か判断がつかない**

　昔はお客様の言うことへ耳を傾けず、ゴリゴリに押しまくる営業
も多くいました。

　しかし、時代が変わった今、ほとんどの営業は強引なトークでお
客様をねじ伏せようとはせず、「ヒアリング」をするよう社内で指
導されます。

　ニーズ、予算、意思決定者、競合情報……こういった情報を営業
からヒアリングされたお客様は、心の中で「リスクやデメリットを
避けたい」と思ったら、「とりあえず、まだハッキリと決まってい
なくて……」というように、質問に対して明言することを避けます。

　これは、いわば「はぐらかしの仮面」です。

「はぐらかしの仮面」

とりあえず、まだハッキリと決まっていなくて……

ケース②：レベルが高い営業なら会いたいが、レベルの低い営業とは会いたくない

　私が『無敗営業』執筆時にお客様309人へ調査したデータがあるのですが、「（お客様が）もう一度会いたいと思うような営業に遭遇する確率」は6人に1人程度でした。

　裏を返すと、お客様からすれば6人のうち5人は、もう一度会いたいとは思わない「ガッカリ営業」ということになります。この傾向は、本書執筆時のお客様1万人調査でも変わっていません。

　まだよく知らない営業から「会ってください」とアプローチが来た瞬間、お客様はまず、確率が高い「6分の5」のほうのガッカリ営業を思い浮かべます。

　本音のところで「ハズレの営業に時間を使いたくない」と思っているお客様は「今は忙しいので、まずは資料をメールで送ってください」と対応します。これは、「忙しさの仮面」によるものです。

「忙しさの仮面」
今は忙しいので……

ケース③：社内で検討するため、複数の会社から急いで見積もりを取る必要がある

　現場の担当者があなたの競合企業から提案を受けたとします。担当者から上司に「こんな提案をもらったのですが……」とあげたところ、決裁者である上司から「他の会社からも見積もりはもらったの？」というコメントが入りました。

　そこで担当者は、慌てて他の会社（＝あなた）に「今週中に提案をいただけませんか」と連絡します。

　この場合、あなたには「突発的な依頼」として映ります。

　こういうときのお客様は「話が早くて頼りになる会社にお願いしたい」と心の中で思っています。すると、後から見積もりを依頼する会社（あなた）へのコミュニケーションはぞんざいになります。

　これが「いきなりの仮面」です。

「いきなりの仮面」
すぐに見積もりを下さい！

ケース④：判断基準がわからないので、まずは「安い価格」で最低限の安心を得ておきたい

　ビジネス環境がスピーディーに変化する中、意思決定の難易度も上がっています。発注先について確信を持って選定するのは簡単ではありません。

　お客様の本音は「判断基準がよくわからない」なのですが、そんなことを営業には言えないので、「価格を安く抑えておけば、最悪の失敗はしないだろう」という気持ちから「安くしてほしい」と言いがちです。

　それが「とにかく安くの仮面」です。

「とにかく安くの仮面」

もっと安くなりませんか？

ケース⑤：詳細な状況を伝えるのが面倒くさいので、とりあえず返答を先延ばしにしたい

　営業からのクロージングに対して、「イエス」あるいは「ノー」の返事をはっきりと返せるお客様は多くありません。「ぜひご決断いただきたいのですが、いかがでしょうか？」このように迫られたとき、概ね不満ではないが、もう少し慎重に考えたいという場合、即座に買う／買わないの返答をするのは難しいでしょう。

　これらのニュアンスを正確に営業へ伝えるのは面倒です。本音のところは「一時しのぎの現実逃避をしたい」なのですが、お客様は取り急ぎ「社内で検討しますので、お待ちください」と返します。

　これが「検討しますの仮面」です。

「検討しますの仮面」

社内で検討いたします……

お客様が「購買者の仮面」をつける理由

なぜ、お客様は「購買者の仮面」をつけるのでしょうか。

それは、一言で言うと「楽だから」です。営業と一定の距離を置いたリアクションをすることで、負担やリスクから（その場は）解放されます。

たとえば、予算を聞かれて、はぐらかすお客様の心理を考えてみましょう。営業から質問されたとき、お客様は「たとえざっくりでも、目安を教える」ことができるとします。

ただ、いざ教えるとなると、

- 今この場で伝えても、正確な金額は後で変わるかもしれない
- 本来の見積もり以上に「金額を盛った」提案が来るかもしれない
- 予算金額ありきで、ベストではない提案が来るかもしれない

……のように、後々、「面倒なこと」が起こる可能性があります。

もちろん、予算が変わったら変わったでそう伝えればいいですし、提案に不満があるなら再提案してもらえばよいのですが、お客様からすれば、それらのコミュニケーションには負担がかかります。

それより、「まだ予算は決まっていないので、とりあえず、御社がいくらでできそうかを教えていただけますか」と言っておくほうが、ずっと楽だし、何のリスクもありません。

また、別の場面でも考えてみましょう。

会ったこともない営業からテレアポで面会の依頼が来たとき、お客様には、優秀な営業だったら会いたいが、優秀でない営業とは会いたくないという気持ちがあります。

　ここで、お客様としては「優秀な営業なら会いたい」と思っていても、営業の実力を測ることは、難易度が高くて面倒な行為です。「あなたの実力はどのぐらいですか？」と聞くのは、あからさまで嫌味な感じがしますし、「当社の業界で実績はおありですか？」と聞いて「はい、あります」と答えてきたからといって、そのまま信用できるとは限りません。何とか電話でアポイントを取ろうと営業は必死に食い下がってきますから、都合のいいことをその場で取り繕っている可能性もあります。

　そこで、お客様にとって楽な選択肢は「とりあえず、今は忙しいので、資料だけいただけますか？」と頼んでおき、資料を見てから営業のレベルをじっくり見定めることです。

　２つほど例を出しましたが、要するに、お客様は負担やリスクを避けたいのです。

　一方、はぐらかしたり、そっけない対応をしたりするのは、人間、誰しもチクリと良心が痛むものです。

　そこで、役割としての「仮面」をつけることによって、「本来の自分はもっと誠実で親切な人間だが、購買者だから仕方なくドライに行動しているのだ」という形で自分を納得させます。営業からの売り込みに対して、すべて正直に丁寧な対応をしていたら、時間がいくらあっても足りないので、仮面をつけた行動を心の中で正当化するわけです。

この「正当化」は、心理学の用語で「認知的不協和の解消」と呼ばれるものです。

たとえば「ダイエットは明日から」という言葉があります。これは、「ダイエットしないといけないのに、目の前の誘惑に負けてしまったモヤモヤ（認知的不協和）」に対して、「挫折したわけではなく、明日からは節制するのだ」と自分を正当化するという心の動きです。

「購買者の仮面」は、言い換えると、「負担やリスクを抱えた購買者が、楽になるための逃げ道」なのです。

お客様の「仮面」に対するアプローチは実らない

「購買者の仮面」をつけたお客様のセリフは、あくまでも一時的な逃げ道であり、購買者としての本来の目的（＝課題を解決する）を達成するためのものではありません。

したがって、表面的なセリフへそのまま対応しても、なかなか成果にはつながりにくいのが現実です。

- 「とりあえず、予算は決まっていなくて」→予算も把握せずに出した提案は、金額感や内容がズレてしまい、失注しやすい
- 「とりあえず、今は忙しいので資料をください」→あたりさわりのない資料を送っても価値が伝わらず、アポイントにつながらない
- 「とりあえず、すぐに見積もりをくれませんか」→言われるままに見積もりを出すだけでは、「当て馬」の状態から抜けられない

- 「とりあえず、もっと安くなりませんか」→目先の受注のために値引きをしても、「安さ」目当てのお客様が増えリピート率が下がる
- 「とりあえず、社内で検討しますのでお待ちください」→そのまま待っているうちに、気がついたら失注している

　……営業であれば誰しも、こういった状況は経験したことがあるでしょう。
「購買者の仮面」をつけたお客様のセリフは、真のニーズや正確な状況を表しているわけではありません。鵜呑みにしてはいけないのです。
　悲しいことに、いくらがんばっても、お客様の「仮面」に対する営業の努力は実を結びません。「購買者の仮面」の裏側にある素顔（＝本音）が、営業で成果をあげるための急所なのです。

「購買者の仮面」を外せるハイパフォーマー営業

　では、売れる営業（ハイパフォーマー）は、「購買者の仮面」をどうやって外し、成果をあげているのでしょうか？
　当社が実施した営業１万人調査において、ローパフォーマー営業は「言われたことへそのまま対応する」傾向があったのに対し、目標を安定的に達成するハイパフォーマー営業は「お客様の裏にある目的や背景を考えて行動する」傾向がありました。
　たとえば、このようなイメージです。

- 「とりあえず、予算は決まっていなくて」→「提案がズレないよ

う、『この金額を超えたら NG』のラインを教えていただけますか？」と聞いて予算感をつかんでから提案する

- 「とりあえず、今は忙しいので資料をください」→事例提示をお客様に合わせて工夫した資料をお送りし、アポイントにつなげる
- 「とりあえず、すぐに見積もりをくれませんか」→見積もりを早く送るだけでなく、お客様との高速ラリーで「話が早い営業」と思わせ、信頼を勝ち取る
- 「とりあえず、もっと安くなりませんか」→お客様と判断基準を議論して整理することで、費用対効果を感じられる提案をする
- 「とりあえず、社内で検討しますのでお待ちください」→お役立ち情報の提供を続けてチャンスを探り、反応があったら再アプローチする

さて、これを 1 枚の図にして次のページにまとめてみました。

　目標がなかなか達成できず困っているローパフォーマー営業は、「購買者の仮面」をかぶったお客様の表面的なセリフにそのまま対応しようとし、壁にぶつかって悩みます。
　一方、目標を当たり前に達成するハイパフォーマー営業は、仮面の裏にある素顔（＝本音）を想像します。そのうえで、必ずしも表面的なセリフに応えることがお客様のためではないと心得て、「お客様が実は求めていること」に対して行動するのです。

　そもそも、お客様が「購買者の仮面」をつけている理由は、とっさの防御反応に過ぎません。そして、営業をはぐらかしたり、そっけない対応をしたりすることには多少、良心が痛みます。

「購買者の仮面」の裏にある素顔（本音）が営業の"急所"

仮面の種類	表面的なセリフ	ありがちなこと	仮面の裏にある素顔(本音)	仮面を外す方法
はぐらかしの仮面	「とりあえず、予算は決まっていなくて」	聞いてはいけないと思いこみ、質問を控える →ズレた提案	教えることで不利益があったらいやだ（メリットの問題）	教えたほうが得だと示して質問する →フィットした提案
忙しさの仮面	「とりあえず、今は忙しいので、資料だけ送ってください」	ただ資料を送って待つだけ →読まれず連絡来ない	レベルの低い営業に時間を使いたくない（提供価値の問題）	時間を使う価値があるという根拠を示す →提案機会の獲得
いきなりの仮面	「とりあえず、すぐに見積もりをください」	言われたままに見積もりを送るだけ →当て馬で失注	話が早い営業と話を進めたい（頼れる存在の問題）	スピード勝負で高速ラリーに持ち込む →頼られ、相談される
とにかく安くの仮面	「とりあえず、もっと安くなりませんか」	がんばってギリギリの値下げをする →ただ消耗するのみ	どう考えて買ったらよいかわからない（判断基準の問題）	価格以外の判断基準を作る →高くても売れる
検討しますの仮面	「とりあえず、もう少し社内で検討してみます」	そのまま待つ →不満や不安を払拭できず失注	一時しのぎの現実逃避をしたい（やり過ごしの問題）	助け舟としての小さな一歩を提示する →お客様が応じてくる

ロー
パフォーマー
の行動

ハイ
パフォーマー
の行動

目の前の営業が「本音で求めていること」を満たしてくれるなら、むしろ、さっさと仮面を外したほうが（良心が痛まないという意味で）楽になれます。

　その結果、営業と一緒に検討プロセスを進められるようになり、お客様は「仮面を外したほうが、購買者としての本来の目的を達成できる」ことに気づきます。

　この「仮面が外れた状態」が、世の中では「お客様と関係構築ができた状態」と言われているものです。

　ハイパフォーマーは、たしかに行動量が多いです。これは間違いありません。しかし、それで成果が出るのは、「試行錯誤する中で（無意識にでも）『購買者の仮面』を外すやり方を見つけている」ことが前提にあります。仮面をつけたままのお客様にいくらがんばっても、それは営業が疲弊してしまう「正しくない努力」なのです。

　営業現場のOJTではよく「お客様視点を持て」というアドバイスがされます。お客様視点を持った行動とは、本来、仮面をつけたお客様のセリフにただ従うことではなく、仮面の裏で何が求められているかを見抜くことです。

　そして、仮面が外れ、素顔になったお客様と一緒に検討活動を進めていくプロセスが、「お客様と関係構築する」ということです。

「購買者の仮面」を外せると、努力の効率が一気に上がる

確率論的アプローチで多くの営業が挫折する理由

　購買者の仮面を外してもらうことについてお話ししましたが、「いちいち、そんなことをするのは面倒くさい。とにかくたくさんのお客様にアプローチしていれば、はじめから正直な対応をしてくれる『素顔のお客様』もいるんじゃないですか？」このような疑問を持たれたかもしれません。

　たくさん行動するのは悪いことではないのですが、「数打てば当たる」と考え、質の低い営業活動を繰り返していては、結局、仮面をつけたお客様ばかりに会ううちに、途中で心が折れやすいのです。

　営業の世界でよく言われる「確率論的アプローチ」は、たとえば100人のお客様にアプローチすると、100人のうち5％のお客様はニーズが顕在化しており、その5人に提案して受注率が20％なら1件は受注できる。だから、1件の受注を獲得するためには、100人のお客様にアプローチする必要がある……といった考え方です。

　確率論的アプローチは、一見、正しいことを言っています。一つの受注を獲得するために、一定のアプローチ件数が必要であることは明白だからです。ただし、これには大事な前提があります。それ

は、1件1件の「質が一定以上のレベルである」というものです。

100人のお客様にアプローチするといっても、単なるテンプレ＆コピペの営業では、「購買者の仮面」をつけたお客様にスルーされてしまい、実際はどんどん確率が下がっていきます。この状態で、さらに大量の行動をやり続けられる人は多くありません。

確率論的アプローチを提唱するのは、通常、成功体験を持っている人たちです。彼ら・彼女らは大量行動によって成果をあげることへリアルな実感が湧いています。なぜなら、「購買者の仮面」を外せる、質の高い活動ができるようになっているからです。

100件のアプローチから1件の受注を獲得できる人は、さらに成功率を高める方法を見つけ、次の段階に進み、100件のアプローチから2件の受注を獲得できるようになります。

そして、効率が向上していくことで、仕事が楽しくなり、さらに成果があがるようになります。

このように、成功体験を持っている人々は、大量行動がプラスのスパイラルを生んでいくのです。

一方、まだ成功体験がないレベルの人は、確率論的なアプローチに頭では納得しながらも、無意識のうちに「もっと楽に成果が出る方法はないものか？」と探します。

しかし、そんなに都合のいいショートカットはできませんから（そんなものがあれば、多くの人が群がるので、あっという間に世の中に知られるはずです）、結局、行動の質が上がらない限り、成果が出ない現状から抜けられません。

成果をあげるフレームワークの盲点

　楽に成果が出る都合のいい方法はないにしても、「成果を出したい」営業が情報収集していくと、便利なフレームワークへと行き着きます。いくつかありますが、代表的なフレームワークは、「不信・不要・不適・不急の壁を越える」「Why you・Why me・Why now」というものです。

　この2つのフレームワークを簡単に整理しておきます。

1　不信の壁

　お客様が営業に対して基本的な信頼を置いていない状態です。お客様から不信の感情を抱かれたままでは、商談が前に進みません。自分や会社について信頼がおけることを示す根拠が必要です。

2　不要の壁

　お客様が「今は困っていない」「必要がない」と考えている場合です。ここでは、お客様の潜在的な課題に気づいていただくアプローチが求められます。「なぜ御社にコンタクトしたのか？（Why you）」を明確にするため、お客様の課題を深く理解し、解決策を提供することが鍵です。

3　不適の壁

　お客様には他に頼んでいる会社などの選択肢があり、アプローチしても「間に合っています」と返ってくる場合です。このようなときは、自社の競争優位性や差別化ポイントを「なぜ当社を選ぶべき

か？（Why me）」で示すコミュニケーションが求められます。

4 不急の壁

　お客様が商品やサービスを必要だと認識していても、まだそのタイミングではないと感じている場合です。ここでは、購買の緊急性・重要性を示す必要があります。「なぜ今、買うべきなのか？（Why now）」を理解いただくということです。

　さて、こうやって整理をしてみると、「不要・不適・不急の壁」についてはそれぞれ「Why you・Why me・Why now」が必要なアクションに相当します。

　一方、「不信の壁」については、「自社や自分についての紹介をきちんと行う」といった方策にとどまる場合がほとんどです。

　もし、あなたが誰もが知る有名企業に勤めているなら、自己紹介だけでも一定の安心感は感じていただけるかもしれません。ただ、そのような有名企業に勤めている人は、世の中で言えば一握りです。

　そうすると、「不信の壁」を越えるためには、「行動量を増やして関係構築しよう」という抽象的なアドバイスになるのが関の山です。

　結局、ここで「購買者の仮面」を外す方法がわからなければ、関係構築のスタートラインに立てず、手詰まりになってしまうのです。

「購買者の仮面を外すスキル」は、磨けば伸びる

　ちなみに、売れないローパフォーマー営業は「仮面の存在」に気づいてすらいないのでしょうか？

最初の難関であり、かつ重要な「不信の壁」には
有効なアドバイスが少ない

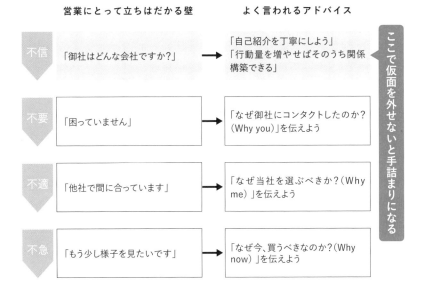

営業にとって立ちはだかる壁　　　**よく言われるアドバイス**

不信	「御社はどんな会社ですか?」	→	「自己紹介を丁寧にしよう」 「行動量を増やせばそのうち関係構築できる」
不要	「困っていません」	→	「なぜ御社にコンタクトしたのか?(Why you)」を伝えよう
不適	「他社で間に合っています」	→	「なぜ当社を選ぶべきか?(Why me)」を伝えよう
不急	「もう少し様子を見たいです」	→	「なぜ今、買うべきなのか?(Why now)」を伝えよう

ここで仮面を外せないと手詰まりになる

　経験値の少ない新卒1年目であれば、気づかないこともあり得ます。ただ、そこそこの経験を積んでいれば、「お客様の表面的な対応にこのままアプローチしてもおそらく先に進まないだろう」と、うすうす感じるはずです。

　すなわち、「購買者の仮面」という言葉は使っていないにしても、「お客様に距離を置かれている」ことは認識しているでしょう。

　しかし、「がんばる」以外の武器を持たない営業は、こういったことに気づいていても、「自分の頭で考えず、言われたことをそのままがんばる」ほうを選びがちです。お客様のセリフが表面的なもので、本音は違うかもしれないと思っていても、とりあえずそのまま従うほうが楽だからです。

「ガンバリズムの罠」にハマっている組織では、売れない営業メンバーが「購買者の仮面」をつけたお客様の表面的なセリフに一生懸命応えています。それでも結果が出ない現状に対して、マネジャーは「なぜ簡単なことができない。もっとがんばれ！」と発破をかけているのです。

　一方、成果をあげる営業組織では、「購買者の仮面」を外す行動が「勝ちパターン」として認識されています。そして、プロセスの見える化により「お客様の仮面を外せているかどうか」をチェックし、必要に応じて支援や介入を行っているのです。

　実際、営業1万人調査では、営業5073人に対して「組織の実態」を尋ねました。「勝ちパターンがうちのチームにはない」という回答が、目標達成チームの9.2％に対して目標未達チームは39.6％と4倍以上の開きがありました。

「購買者の仮面を外す」ことは、超人にしかできないミラクルプレーではありません。

「営業1万人」「お客様1万人」に対する調査と、私がこれまで4万人以上の営業を支援してきた経験をもとに、「ガンバリズムの罠」にハマらず、「購買者の仮面」を外すやり方を次章から解説していきます。

第 2 章 ま と め

　お客様から出てくる「表面的なセリフ」と「裏側にある本音」のギャップを理解しないと、営業の成果は出ません。

　お客様は、とっさの防御反応でこのようなセリフを口にします（＝「購買者の仮面」）。

- 「とりあえず、予算は決まっていなくて」（はぐらかしの仮面）
- 「とりあえず、今は忙しいです」（忙しさの仮面）
- 「とりあえず、すぐに見積もりをくれませんか」（いきなりの仮面）
- 「とりあえず、もっと安くなりませんか」（とにかく安くの仮面）
- 「とりあえず、社内で検討しますのでお待ちください」（検討しますの仮面）

　お客様が購買者の仮面をつける理由は「ラクだから」です。営業と一定の距離を置いたリアクションをすることで、**負担やリスクから**（その場は）**解放**されます。

　営業がまずやるべきなのは「購買者の仮面を外してもらうこと」です。これが、お客様と**関係構築**するうえでの欠かせない一歩であり、マネジャーが教えるべき「**武器**」となります。

　営業1万人調査の結果を分析すると、ハイパフォーマー営業は、購買者の仮面の裏側にある素顔（＝本音）を捉えてアプローチする傾向にありました。

- 「とりあえず、予算は決まっていなくて」→「提案がズレないよう、『この金額を超えたらNG』のラインを教えていただけますか?」と聞いて予算感をつかんでから提案する
- 「とりあえず、今は忙しいので資料をください」→事例提示をお客様に合わせて工夫した資料をお送りし、アポイントにつなげる
- 「とりあえず、すぐに見積もりをくれませんか」→見積もりを早く送るだけでなく、お客様との高速ラリーで「話が早い営業」と思わせ、信頼を勝ち取る
- 「とりあえず、もっと安くなりませんか」→お客様と判断基準を議論して整理することで、費用対効果を感じられる提案をする
- 「とりあえず、社内で検討しますのでお待ちください」→お役立ち情報の提供を続けてチャンスを探り、反応があったら再アプローチする

「購買者の仮面」さえ外れたら、営業とお客様は一緒に検討プロセスを進められるようになります。

　成果をあげる営業組織では、お客様の「購買者の仮面」を外す行動が「勝ちパターン」として認識されています。そして、プロセスの見える化により「お客様の仮面を外せているかどうか」をチェックし、必要に応じて支援や介入を行っているのです。

「はぐらかしの仮面」を外すには、
質問の引き出しを増やすべし

「関係構築の呪縛」にハマってはいけない

なぜ「はぐらかしの仮面」が存在するのか

　5つある「購買者の仮面」のうち一つ目に解説するのは「はぐらかしの仮面」です。たとえば、商談中のお客様に対して「目の前の人物が意思決定者かどうか」を知りたくなるときがありますね。

　そんなとき、「本件はどなたがお決めになるのですか？」あるいは「本件は●●様（目の前の方の名前）がお決めになるのですか？」と尋ねると、「そうですね、私のほうで基本的には判断します」のように返ってくることが多いでしょう。

　これは実にまぎらわしい回答です。目の前の●●様ご自身が本当に決めるのか、それともさらにその上司の方がイエスと言わないと決まらないのか……実質的な意思決定者の見極めが難しいところです。

　ここで、ヒアリングされるお客様の立場で考えてみると、「正直に答える」か、あるいは「正直に答えずはぐらかす」という選択肢があります。

　仮に自分の上司が意思決定する場合、正直に答えるとどんなことが予想されるでしょうか。もしかしたら、自分を通り越して頭ごな

しのトップアプローチをされることもあり得ます。また、「この人は意思決定者ではないのか」と、目の前の営業から軽く扱われたりするのも本意ではないでしょう。

こういった事態を避けるため、お客様は正直に答えるよりも、はぐらかすことを選ぶわけです。
「はぐらかしの仮面」とは、すなわち、「『正直に答える』と『はぐらかす』を天秤にかけた結果、リスクやデメリットを感じたお客様が『はぐらかす』を選ぶ」ということです。

お客様が「はぐらかしの仮面」をつけるのはどんなときか

では、どのようなことを聞かれると、お客様は「はぐらかしの仮面」をつけたくなるのでしょうか？
営業からの質問に答える際、リスクやデメリットが特に気になるのは、「意思決定に関わるデリケートな情報」について尋ねられたときです。
「意思決定に関わるデリケートな情報」の代表的なものは、いわゆるBANTCH（バントチャンネル）と呼ばれます。下記の要素の頭文字です。

Budget：予算

お客様の「購買予算」を指します。購買にあたって、どのくらいの金額を想定されているかです。あらかじめ前もって計画されていることもありますし、突発的に発生した稟議に対して「それを買うなら金額は●●万円以内が妥当ではないか」という目安が設定され

ることもあります。

Authority：決裁者／意思決定に関わる重要人物

　購買の意思決定を実質的に左右するキーパーソンです。この人物がノーと言ったら、もうその検討は先に進まないというような立ち位置にいる場合、そのキーパーソンに提案への合意をいただくことが必要です。

Needs：ニーズの詳細

　お客様が困っていることや悩んでいることを指します。望んでいること（理想）と現実のギャップのうち、お客様が解決したいことがすなわち「課題」となります。

Timeframe：検討スケジュール

　お客様がいつまでに導入をされたいのか（検討時期）に関する情報です。また、導入後に使用開始するまでのスケジュール感までを指して言うこともあります。

Competitor：競合

　お客様がどこと比較して購買を行っているか、すなわち当社にとってライバルとなる会社です。直接的にバッティングしている場合もあれば、「お客様自身が内製で対処するという選択肢」が競合になる場合もあります。

Human Resources：社内の組織体制

　購買に関わる担当者や決裁者だけでなく、サービスを現場で利用

するユーザーを含め、お客様の体制全体を指します。お客様の人間関係図をつかむことで、意思決定プロセスに対して、どの人がどんな動きをするか把握することができます。

BANTCHはお客様の内部事情に関わってきます。こういったデリケートな情報を営業からヒアリングされたとき、お客様は「はぐらかしの仮面」をつけやすくなります。

「関係構築できていないから聞けない」と考えるのは危険

デリケートな情報が聞き出せず悩む営業に対して、現場のOJTではよく「お客様と関係ができていないから教えてもらえないんだ。まずは関係構築してからだね」と教えられます。

このアドバイスがされてしまうと、残念ながら、成果が出ない方向へ一直線です。どういうことか、解説します。

成果をあげる営業はそもそも「質問することはお客様のためになる」と考えています。なぜなら、お客様を理解したうえでよりよい提案ができるからです。聞くべきことを質問し、お客様を理解してフィット感のある提案をすれば、お客様の反応は快いものになります。そうすると、成果をあげる営業は「やっぱり聞いてみてよかった。質問するのはお客様のためになるんだな」と実感し、さらに積極的にお客様へ質問するようになります。

一方、成果が出ずに苦戦する営業は「質問するのはお客様の迷惑になる」と考えてしまいがちです。ニーズや予算を聞いたとき、困惑気味にはぐらかすお客様のリアクションを見て「聞いてはいけな

関係構築の呪縛

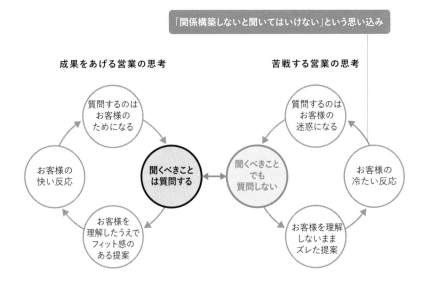

「関係構築しないと聞いてはいけない」という思い込み

成果をあげる営業の思考　　　　　苦戦する営業の思考

質問するのは
お客様の
ためになる

聞くべきこと
は質問する

お客様の
快い反応

お客様を
理解したうえで
フィット感の
ある提案

聞くべきこと
でも
質問しない

質問するのは
お客様の
迷惑になる

お客様の
冷たい反応

お客様を理解
しないまま
ズレた提案

いことを聞いてしまったのでは」と解釈します。

　ローパフォーマー営業は、「こんなことを聞いたら失礼なのでは」
ということがすぐ頭の中に浮かび、踏み込んで質問せず止めてしま
います。

　しかし、聞くべきことを質問しないままだと、結果としてズレた
提案になります。ズレた提案をされたお客様からすれば「この営業
は、当社のことをわかっていない」となりますから、冷淡な反応に
なるのが自然です。

　さて、ここが重要なポイントなのですが、「お客様の冷たい反応」
は、因果関係から言えば「お客様に聞くべきことを質問せず、ズレ
た提案をしたこと」が原因です。

　お客様の「（質問に対する）はぐらかし」と「（ズレた提案に対する）冷淡な反応」は、本来は別のものであり、一緒くたにしてはいけません。

　しかし、この営業が「お客様と関係ができていないから教えてもらえないんだ。まずは関係構築してからだ」とマネジャーからアドバイスされたらどうなるでしょうか。

　まだ関係構築できておらず、冷たい反応が想定されるお客様には質問することを避け、「関係が構築できてからデリケートなことを質問しよう」と思ってしまうでしょう。

　お客様のことがよくわからないままズレた提案を繰り返す営業には、お客様がずっと仮面をつけたままですから、関係構築の成功体験はなかなかつかめません。

　さらに輪をかけて、お客様に質問することが怖くなっていってしまうのです。

「はぐらかしの仮面」を外す３つのアプローチ

　お客様は、「関係構築ができていないから教えてくれない」のではありません。お客様がはぐらかす理由（裏側にある本音）は、リスクやデメリットを避けるためです。
「売り込まれる」と感じたお客様が防御反応を示すのは、不要な商品を買いたくないからですし、焦って不適切な金額で購入するのを避けたいと考えるからです。

　お客様は身を守るために「はぐらかしの仮面」をかぶることで、

いったんは営業からのアプローチをかわしたいと考えるわけです。

「はぐらかしの仮面」を外すアプローチとしては、主に次の3つがあります。

1　お客様の不安をやわらげる

お客様が質問に答える口実を営業から提供することで、お客様が感じるリスクやデメリットを軽減できることがあります。

たとえば、予算を聞いてもはぐらかされてしまう場合は「教えていただければ費用対効果の高いプランを提案できる」、あるいは「お客様が社内コミュニケーションをしやすくなる支援が可能」といったことを伝えるのが効果的です。

もちろん、明確なメリットまで伝えられると理想的ですが、「質問に答える不安」がお客様の中で小さくなればそれで十分です。

2　質問に答える負担を軽減する

お客様が質問に答える負担を減らすために、「答えるのが楽な」形で質問をします。

たとえば、ニーズを尋ねる際に、「お困りのことは何ですか？」と聞くと、お客様は「そもそも、どのぐらいのレベル感で答えたらいいのか」と考え、回答を面倒くさく感じることがあります。「お困りのこと」というのは範囲が広すぎますし、どこまで具体的に伝えるべきか、お客様は戸惑います。すると、「まあ、いろいろあります」のように、無難な回答ではぐらかしてくるのです。

そうならないよう、「お困りごとは、Aですか？　それともBですか？」のように選択肢を提示して聞くと、お客様の負担を軽減できます。選択肢を示せば、お客様は答えることが楽になるのです。

3 「売り込みの匂い」を消す

　お客様は「売り込み」の気配を感じると、瞬間的な防御反応が出やすくなります。無理に売り込まず、お客様のニーズや要望へ真摯に対応する姿勢は、お客様の警戒感を薄くします。

　また、提案内容を「営業からの押しつけ」だと感じさせないことも重要です。「お客様と一緒に課題解決したい」と示すことで、意に沿わないものを売りつけられる不安がなくなりなります。

　売り込みの匂いが消えれば、お客様は質問へ答えることに抵抗を感じなくなります。

　「はぐらかしの仮面」を外すうえで鍵になるのは「質問の引き出し」です。仮面をつけたお客様から出てくる「あいまいな情報」を頼りにがんばって提案しても、営業の成果は出ません。

　多くの営業は、お客様に突っ込んで聞くことをちゅうちょします。お客様の機嫌を損ねることが心配だからです。

　しかし、お客様のことがよくわからないまま、ズレた提案を考え続けるほうがむしろ「間違った努力」です。それよりも、質問の引き出しを増やす「正しい努力」をして、武器を身につけましょう。

　BANTCH を聞き出すために、質問をどう駆使すべきかについて、これから解説していきます。

「枕詞」があれば、
ちゅうちょせず質問できる

「勝手に寸止め」に要注意

「はぐらかしの仮面」に対しては、質問に答える口実を作るのが最も簡単なアクションです。そのために、「答えたほうがよい理由」を一言で作り出せる武器が、これからご紹介する「枕詞」です。

しかし私自身、かつては「はぐらかしの仮面」をつけたままのお客様に対して、何の武器も持たずにズレた提案をし続けてしまい、成果が出ず苦しんだ時期がありました。

25歳のときに起業した直後、経験に乏しい私は営業の世界というものがまったくわかっていませんでした。

当時は大手企業の人事に対して研修サービスを営業しており、提案内容を設計していました。そのために、お客様に課題や予算をヒアリングするのですが、稚拙な質問を繰り返してしまい、私は的を射た提案活動がなかなかできませんでした。

「御社の課題は何ですか？」「ご予算はいくらですか？」と尋ねても、返ってくる答えはこのような感じです。

「課題ですか……そうですね、いろいろありますので、まずは御社の得意な領域でご提案ください」

「予算は特に決まっていませんので、金額は気にせず、御社のベストな提案をください」

　私は、このセリフに対して、当初は踏み込んで聞く勇気を持てず、「得意な領域で金額を気にせずベストな提案なら……」と、盛り沢山な提案をしていました。「たぶん、これ以上は質問してほしくないのだろうな」と考え、勝手に寸止めしていたのです。
　当然ながら、重要なBANTCH情報が足りないままに出した提案は、箸にも棒にもかかりませんでした。

「予算は特に決まっていませんので、松・竹・梅でざっくりいただけますか」の言葉を真に受けて、意気込んで高い松プランを提案し、お客様から「高橋さん、これは、松・竹・梅のレベルを超えて、松阪牛ですよ（笑）」と言われたこともあります。
　だったら、課題や予算について、もう少し具体的な情報をもらえれば、それなりに現実感のある提案もできるのに……。
「はぐらかしの仮面」によって情報を教えていただけないことが、当時の自分にとっては何とも歯がゆい状況でした。

　そんなとき、ある大手企業との商談で転機が訪れました。
「御社の課題は何ですか？」というこちらからの質問に対して、「課題ですか……まあ、いろいろありますので……」と返ってきた瞬間、このまま終わりにしてはいけないと思った私は、「あくまでも個人的なご意見で構いませんので、特に重要度の高いものを教えていただけませんか？」と言葉を添えたのです。
　するとその担当者は、「そうですね、個人的な意見で言えば……」

と前置きをして、課題に関する彼自身の意見を話してくれたのです。

　続けて私は、「ありがとうございます。ぜひ、その課題へお役に立てる具体的な提案をしたいので、的外れにならないよう、ご予算の上限を教えていただけませんか?」と尋ねました。

　私のこの質問に、お客様は「●●万円ぐらいの金額感で、このキーワードを入れたご提案をいただけたら、社内でも話を通しやすいです」と、具体的に教えてくれました。

　そのときまで「御社の課題は何ですか?」「ご予算はいくらですか?」と聞くだけで何の工夫もしていなかった私でしたが、この体験を通じて、はぐらかされても一言添えるだけで答えが変わってくることを実感しました。

　「これ以上聞いたら気を悪くされるのでは」と勝手に寸止めしていたときとは、明らかにお客様の反応が違ったのです。

お客様がはぐらかすのに、大した理由はない

　さて、私の体験をお伝えしましたが、「はぐらかしの仮面」について少し掘り下げて考えてみたいと思います。

　まず、そもそも「はぐらかしの仮面」は、どのくらいの頻度で登場するのでしょうか。

　お客様1万人調査で「営業担当者が予算や検討状況を質問してきたとき、正直に答えずはぐらかしたことがありますか」と質問したところ、6.7%が「頻繁にある」、35.7%が「たまにある」という回答でした。合計すると、「はぐらかしたことがある」という割合は

42.4％となります。

予算や検討状況を聞こうとする営業にとって、「はぐらかしの仮面」の登場確率は4割以上ということです。

多くの営業組織では「お客様と関係を構築しないと、本音は教えてもらえない」と指導されます。しかし、先ほど「関係構築できていないから聞けない」という考え方は危険であると説明しました。

関係構築できていようがいまいが、必要なことは聞くべきなのです。

では、どうしたら聞けるのか？　そのためには、「はぐらかす理由」を正確におさえておきましょう。

お客様1万人調査の中で、実際に「はぐらかしたことがある」という方へ理由を聞いてみた結果が次ページのグラフです。

回答の1位は「質問に答えることによるデメリットやリスクを心配しているから」（30.8％）です。そして、2位は「特に深い理由はないが、なんとなく警戒しているから」（20.6％）、3位が「あたりさわりのない答えを即座に返したところ、それ以上つっこんでこなかった」（13.8％）です。

上位1〜3位は、営業との関係構築不足が原因ではなく、「大したことのない理由ではぐらかしている」ということになります。

さらに続く回答を見てみると、「その営業担当者に発注する可能性がゼロに近いので」（4位・13.4％）、「営業担当者に対して前向きな信頼を抱くことができなかったから」（5位・12.8％）、「営業はどうせこちらを理解せず、一方的に売り込んでくるだけだから」

お客様は、大した理由がなくても
「はぐらかす」行動を取る

Q 営業担当者が予算や検討状況を質問してきたとき、正直に答えず
はぐらかしたことが「頻繁にある」「たまにある」と回答された方にお伺いします。
はぐらかした理由を最大2つまでお選びください。

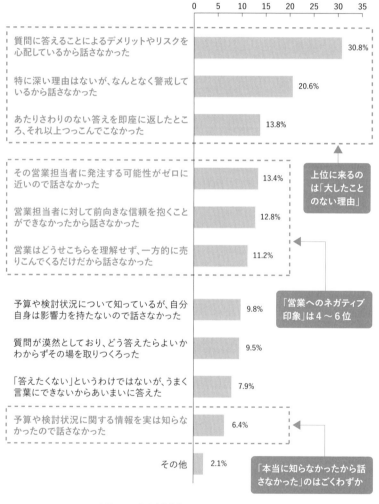

出所：TORiX株式会社実施、マクロミルパネル利用のインターネット調査（2022年5月）
「会社の予算で何かを購買したことがある」経験者による回答

（n=4366）

（6位・11.2％）というものでした。

　4〜6位に並んでいる回答は、「営業に対するネガティブ印象」が原因であり、これらは営業との関係も影響している可能性があります。

　さて、これらから言えることは何でしょうか。

「営業と関係ができておらず、印象がネガティブだからはぐらかす」というお客様は、ゼロではありませんが、「メインの理由」ではありません。

　上位３つに並んでいる理由は、はっきり言って、「なんとなく不安」のレベルです。要するに、営業との関係構築ができていないからはぐらかすのではなく、ちょっとした不安があるから、何となくはぐらかす。これが多くのお客様側の実情なのです。

　また、「予算や検討状況に関する情報を実は知らなかったので話さなかった」という回答は、なんとたったの6.4％です。

　お客様がはぐらかすのに、実は大した理由がないことが多いのです。それなら、まだお客様と関係構築できていない段階でも、「ちょっとした不安」を解消し安心感を抱かせる一言があれば、BANTCH情報を教えてもらえる可能性は大きく上がります。

なぜ「一言添える」と、お客様が話してくれるのか？

　お客様１万人調査からの示唆を改めて確認しましょう。

「正直に答える」と「はぐらかす」を天秤にかけた結果、「はぐらかす」を選んだお客様の大半は、情報を知らないわけでもなく、正直に答えるのを強い意思で拒絶しているわけでもないというのが重

要なポイントです。「はぐらかしの仮面」の裏側に、実は大した理由はありません。

そこで、「個人的なご意見で構いませんので」のような一言があるだけで、発言のハードルを下げるきっかけになります。

先ほどの私のエピソードで言えば、単に「御社の課題は？」「予算は？」と聞くやり方では、何となくリスクを感じさせてしまっていたのでしょう。しかし、枕詞をつけて質問することで、「個人的な意見でよいなら」「役に立つ提案がもらえるなら」と、いわば、意見を述べることへの「口実」ができたわけです。

口実を作る問いかけができれば、はぐらかされることはグッと減ります。どうしたら口実をうまく作れるか、考えてみましょう。

たとえば、日常の中で、こんな感じで無意識のうちに口実を作っていることはありませんか。

「最近がんばった自分へのご褒美に、（ダイエット中だけど）スイーツを食べよう」
「将来の自分に対する投資だから、（ちょっと高いけど）仕事の道具はいいものを買おう」

ダイエット中にスイーツを食べてしまうのも、奮発していい仕事道具を買うのも、大丈夫かな？ という「ちょっとした不安」が走りますが、口実を作ることで自分を納得させているわけです（第2章で説明した「認知的不協和の解消」を思い出しましょう）。

「個人的なご意見で構いませんので」のように、お客様が話す口実

を作る一言を添えることで、「小さな言い訳」ができ、お客様の不安が解消されます。これがすなわち「枕詞」です。

5種類の「枕詞」を使いこなす

「はぐらかしの仮面」を外すために、口実を作る一言を添えて「小さな言い訳」を用意することが有効であるとお伝えしました。
　そのやり方には大きく5種類あります。

①お客様に「メリット」を作る（メリットがあるなら話してもいいかな）
②お客様に「コストやリスク」を発生させない（コストやリスクが発生するのはイヤだから話してもいいかな）
③お客様の「コスト」を小さくする（コストが抑えられるなら話してもいいかな）
④お客様の「リスク」を小さくする（リスクが抑えられるなら話してもいいかな）
⑤そもそもの前提を変える（そもそもの前提が変わるなら話してもいいかな）

　それぞれ、説明していきます。

1　お客様に「メリット」を作る枕詞

質問に答えるとどんなよいことが起こるかを示し、口実を作ります。ここでは「メリットを保証するレベル」である必要はありません。難しく考えすぎず「この質問に答えていただくことが御社にとってプラスになりますよ」というニュアンスが伝われば、小さな不安を解消するレベルとしては十分です。

例

- 「御社のビジョン実現のためにお伺いするのですが、今回の導入によってどのような変化を期待されていますか？」
- 「フィット感のある見積もりを作るためにお伺いしたいのですが、ご予算はどの程度をお考えですか？」
- 「当社ならではの提案でお役に立ちたいのでお聞きしますが、他にはどちらの会社様を検討されていますか？」

2　お客様に「コストやリスク」を発生させない枕詞

お客様にとってマイナスとなるコストやリスクを引き合いに出し、「それが起こらないようにするため」という口実を作ります。「こんなことを聞いていいのかな」といったデリケートなことを聞くときに役立ちます。

例

- 「いただいたお時間を無駄にしないようお聞きしたいのですが、今回のプロジェクトで最も優先度の高い課題は何ですか？」
- 「間違いがあってはいけないのでお聞きしますが、御社の組織体制や担当の役割分担について教えていただけますか？」

- 「後で手戻りが起こらないようにあえて伺うのですが、導入に当たってのご懸念事項は何ですか？」

3　お客様の「コスト」を小さくする枕詞

　お客様が面倒くさそうにしていたり、忙しそうにしていたりして、どうも商談に乗り気ではなさそう……そのようなときに使うと効果的です。

「一つだけなら、まあいいかな」のように思っていただく枕詞です。

例

- 「最初に一つだけよろしいですか？　このプロジェクトの導入スケジュールとして、どのぐらいお急ぎかを教えていただけるとありがたいのですが」
- 「お忙しいと思いますので一つだけよろしいですか？　現在ご検討中のソリューションについて、何か特別な要件がございましたら教えてください」
- 「最後に一つだけ、今回、意思決定の判断基準として最も優先順位が高いものを教えていただけませんか？」

4 お客様の「リスク」を小さくする枕詞

　お客様がリスクを嫌って、あまり本音を話したがらないケースで使うと威力を発揮します。先ほどのエピソードでご紹介した「個人的なご意見で構いませんので」は、この枕詞にあたります。

例

- 「個人的なご意見で構いませんので、他社様との比較で弊社の製品についてどうお感じか教えていただけますか？」
- 「可能な範囲で構いませんので、意思決定者の取締役が特に重視される条件や要素を教えていただけますか？」
- 「あくまでも暫定で構いませんので、導入スケジュールについて教えていただけますか？」

5 そもそもの前提を変える枕詞

　ある仮定を設けることで、お客様に視野を広げていただく効果があります。「もし仮に」のような前提が置かれれば、お客様からすれば「仮でいいなら、気軽に答えられるな」のように、話すことへの不安は小さくなります。

　たとえば「気になっていること」を取っ払うことで、話すことへの懸念を解消するわけです。そして前提を変えたところで、考えを促す質問を続けます。

例

- 「もし仮に、予算の枠という問題がクリアされたら、いつ頃のご導入になりそうですか？」
- 「もし仮に、わがままを自由に言えるとしたら、当社の提案に対

してどんな要素を付け加えてほしいですか？」

- 「もし仮に、他社様のサービスを今ご利用中でなかったら、どのような点で当社のサービスが魅力的だと感じますか？」

さて、5つのパターンについてご紹介しました。

多くの営業は「こんなことを聞いていいのかな」と気が引けて、肝心なことを突っ込んで聞けず、BANTCH情報を把握しないままに提案を「がんばって」考えがちです。しかし、それでは成果があがりません。

質問の前に枕詞を添えるだけで、お客様の反応は驚くほど変わります。「はぐらかしの仮面」に対して勝手に寸止めしたりせず、答える口実を一言で作り出せる枕詞をマスターしましょう。

枕詞の効用は、まずそれだけでお客様が話してくれる確率が上がることですが、何よりも、「お客様に聞く」という行為が怖くなくなります。

お客様には
「ギリギリまで深く」聞くべし

お客様の３分の１以上は、ニーズをはぐらかして伝えている

　先ほど、「お客様は大した理由がなくてもはぐらかす行動を取る」という話をしました。そんなときは、枕詞を一言添えるだけで、「聞く」ことに対する入口段階のハードルは下がります。

　次のチャレンジは、「枕詞をつけて質問してもお客様があたりさわりのない答えを返してきたとき、さらに突っ込んで聞けるかどうか」です。
　「はぐらかしの仮面」をつけたお客様は、「営業からの質問へいったん無難な答えを返しておく」という、とっさの防御反応を示す傾向があるからです。

　お客様１万人調査で、「営業担当者があなたの会社のニーズや課題を聞いてきたとき、最も多い状況はどれですか」という質問を投げかけてみました。
　選択肢と結果は次ページのグラフの通りです。「ニーズや課題をはぐらかして営業に伝える」というお客様は、全体の３分の１以上に上りました。
　内訳は、「自分の会社が抱える真のニーズや課題をよくわかって

「真のニーズや課題をはぐらかして 営業に伝える」お客様は3分の1以上

 営業担当者があなたの会社のニーズや課題を聞いてきたとき、最も多い状況はどれですか。

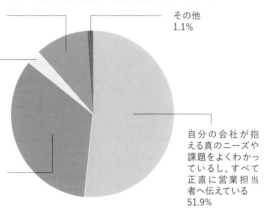

自分の会社が抱える真のニーズや課題が実はよくわからず、「私にはわからない」と正直に営業担当者へ伝えている
10.6%

自分の会社が抱える真のニーズや課題はよくわからないが、多少はぐらかして営業担当者に伝えている
2.6%

自分の会社が抱える真のニーズや課題をよくわかっているが、多少はぐらかして営業担当者に伝えている
33.8%

その他
1.1%

自分の会社が抱える真のニーズや課題をよくわかっているし、すべて正直に営業担当者へ伝えている
51.9%

出所：TORiXが実施した、マクロミルパネル利用のインターネット調査（2022年5月）「会社の予算で何かを購買したことがある」経験者による回答

（n=10303）

いるが、多少はぐらかして営業担当者に伝えている」が33.8％、「自分の会社が抱える真のニーズや課題はよくわからないが、多少はぐらかして営業担当者に伝えている」が2.6％です。

　合計すると、36.4％のお客様が、営業担当者に対して真のニーズや課題をはぐらかして伝えていることになります。すなわち「はぐらかしの仮面」です。

　注目すべきポイントは、「（ニーズや課題を）わからなくてはぐらかしている」より「わかったうえではぐらかしている」ほうが、ケースとしては圧倒的に多いことです。

　もし、営業がお客様からはぐらかされたまま提案を作ってしまったら、どのようなことが起きるでしょうか。当然ながら、お客様のニーズとズレを起こした提案になってしまいます。

こうならないためには、お客様との会話の中で気になる発言が出てきたら、その発言を深掘りして、真意を聞き出すことが重要になります。

購買の鍵は、ポロッとこぼした言葉の「裏側」に隠れている

　たとえば、他社サービスをご利用中のお客様が「思うところはいろいろありますが……」と、ポロッとこぼした状況を考えてみましょう。この「思うところ」という言葉、気になりますよね。

　こんなとき、営業としては、「と、おっしゃいますと？」や「もう少し詳しくお伺いできますか？」のように、お客様の真意を探る「深掘り質問」が有効です。

　「思うところ」という言葉の裏には、おそらく営業には話しづらい、けれどもお客様が抱えている背景や感情があり、それが購買の意思決定を左右する鍵になりえるからです。

　「深掘り質問」には次の4つがあり、それぞれ役割が分かれています。会話例とともに示します。

深掘り質問1　「と、おっしゃいますと？」
　　　　　　　　（お客様の発言内容を明確にする）

お客様　最近、弊社の業務効率が下がっているように感じるんです
営業　　「業務効率が下がっている」と、おっしゃいますと？
お客様　コミュニケーションがうまく取れていなくて、リモートワークでの情報共有も遅れがちです。業務管理ツールを入れたのですが、操作が面倒くさいという不満があがり、現場

気になる発言は深掘りする

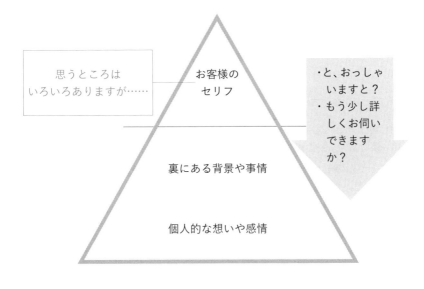

思うところは
いろいろありますが……

お客様の
セリフ

・と、おっしゃ
いますと？
・もう少し詳
しくお伺い
できます
か？

裏にある背景や事情

個人的な想いや感情

では使われていません

深掘り質問2 「具体的には？」
　　　　　（お客様の発言内容の詳細を引き出す）

お客様　最近、社員のモチベーションが下がっていて、組織の問題
　　　　　がよく起こるんです

営業　　なるほど。具体的にはどういうことでしょうか？

お客様　評価制度がうまく機能していないことや、働く環境が整っ
　　　　　ていないことへの不満がよく聞こえるようになりました。
　　　　　以前はあまりこういう声は出てこなかったのですが……

深掘り質問3 「なぜでしょうか?」

（お客様の発言内容の背景を引き出す）

お客様　最近、新規顧客の獲得が難しいと感じています

営業　　難しいと感じられるようになったのはなぜでしょうか?

お客様　競合他社が増えてきていることや、弊社の商品の魅力が伝わりにくいことが原因ではないかと考えています。競合は、進んだ技術やサービスを提供していて、私たちの商品と比べて目新しいんです。商品の魅力が伝わりにくい理由としては、マーケティング活動が十分ではないかもしれません

深掘り質問4 「他にはありますか?」

（課題の網羅感を確認し、全体像を捉える）

お客様　最近、社員の新しいことを考える力が弱っているように感じています。社内の雰囲気が堅いことや、上司の関わり方が原因なのかもしれません

営業　　なるほど。他にはありますか?

お客様　そうですね、社員同士のコラボレーションを促す機会が十分にないことも影響しているかもしれません

深掘り質問の応用

　ちなみに、深掘り質問は、「いくつか組み合わせて、さらに深掘りする」ことも有効です。たとえば、経営者に対して新しいソフトウェアの導入を提案するケースを見てみましょう。

お客様	従業員の業務効率が上がらなくて、残業が増えがちなのをなんとかしたいです
営業	「効率が上がらない」<u>と、おっしゃいますと？</u>
お客様	特に、担当者の報告書作成やデータ入力作業に時間がかかっているんです
営業	<u>具体的には</u>、どんな報告書やデータが多いのですか？
お客様	現場から日々報告される数字をとりまとめて幹部会議に出してもらうのですが、そのための作業が大変だという声があがってきます
営業	<u>なぜ</u>、その大変さはなかなかなくならないのでしょうか？
お客様	今使っているシステムが古くて、一つひとつの入力作業に手間がかかるんです
営業	なるほど。業務効率に関する課題は、報告書作成やデータ入力<u>以外にもありますか？</u>
お客様	営業担当者の情報共有がうまくいっていないこともありますね。お互い、他のメンバーがどう仕事しているか知らないので、特に新人の成長スピードが遅いです
営業	お伺いした課題にちょうどぴったりなのが、こちらのソフトウェアです。効率的な報告書作成やデータ入力機能があり、また、担当者間の情報共有もスムーズに行えるような機能が備わっています

　このように、「深掘り」を上手に行うことで、お客様のニーズや課題を正確に把握したうえでの提案が可能になります。

　重要なのは、お客様との会話に気になるセリフが出てきたらその

場で、深掘りを行うことです。「キーワード」を捉えた深掘りをすることで、お客様の本音や事情があぶり出されてきます。

　かつて私が商談したお客様の中にも、困っていることを表に出さない担当者がいらっしゃいました。
　先方の課題やお悩みに話が及ぶと、どういうわけか、一生懸命に「困っていませんよ」という振る舞いをされるのです。
　しかし本当に困っていないのであれば、私との商談に時間を使うはずがありません。そこで、お客様が歯切れ悪そうに話す部分について４つの「深掘り質問」を投げかけてみたところ、真実がわかりました。

　そのお客様（現場の担当者）は実際に、なかなか解決できていない課題を抱えていました。ただ、決裁をする社長が、お金を使うことに対してロジカルに突っこんでくる方だったのです。
　以前、別の会社から受けた提案を上申したとき、中途半端な状態で稟議に上げたため、その担当者は社長からネガティブな指摘を受けることになったとのお話でした。

　つまりお客様は、社長からさんざん突っこまれたイヤな体験を思い出して、防御的な反応を示していたのです。
　抱えていた事情を私と共有できたことで、お客様はそれから、悩みをまっすぐにお話ししてくれるようになりました。その内容をもとに入念な作戦会議をしたことが実り、私はお客様から発注をいただくことができました。
　「深掘り質問」には、モヤモヤとした状況を一気に明確にする、大

きな力があります。

それでもはぐらかされたら
「特定質問」で絞り込む

「枕詞」「深掘り」を使ってもはぐらかされる場合、どうするか？

　意思決定に関わる BANTCH 情報をはぐらかされても、枕詞や深掘りが使えれば焦らず対処できるようになります。ただし、枕詞や深掘りを使っても、再び、あいまいな答えが返ってくることがあります。

　たとえば、「予算ははっきりと決まっていないので……」というお客様に対して、「個人的な感覚としては、どのぐらいでしょうか？」のように、枕詞を添えて質問したとします。

　うまくいけば「300 万円ぐらいだと思います」と答えてもらえます。しかし、明確な答えではなく「社内でいろいろと議論中なので……」のように返ってくることもあります。

　営業 1 万人調査で、「質問を自分なりに工夫しても、現状なかなかお客様から聞き出せない項目はありますか」という設問があります。特にローパフォーマーが聞き出せない項目として「予算の金額」への回答が多く、実に 19.3％の回答がありました。これはハイパフォーマーの回答（11.4％）に対して 2 倍弱のスコアで、他の項目と比べても大きく差が開いていました。

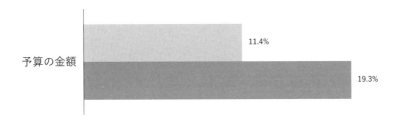

ローパフォーマーの「予算額を聞き出せない」悩みは、
ハイパフォーマーの約2倍

> 質問を自分なりに工夫しても、
> 現状なかなかお客様から聞き出せない項目

予算の金額

11.4%

19.3%

凡例　■ハイパフォーマー　■ローパフォーマー

出所：TORiX株式会社が実施した、マクロミルパネル利用のインターネット調査（2022年2月）
　　　法人営業従事者による回答
※営業スキルに関する設問は全体がn=5003。そのうちn=3933に対しては、
　マルチアンサー（複数回答）形式でさらに深掘り調査し、適宜クロス集計で分析した
※主要な回答を抜粋して表示

　すなわち、ハイパフォーマーに比べて、ローパフォーマーは「予算額を聞けない悩み」を強く抱えているということです。

　実際の営業現場でも、マネジャーが商談後のメンバーから「予算は教えていただけませんでした」と報告を受けている場面をよく見かけます。

　ここで、予算の聞き方を教えないまま放置してはいけません。枕詞や深掘りを使ってもまだあいまいな答えが返ってきたとき、具体的な答えを得るためのさらなる武器として「特定質問」があります。これについて解説します。

具体的に聞き出す「特定質問」

　ご存じかもしれませんが、まず、「オープンクエスチョン」や「クローズドクエスチョン」といった有名な質問方法があります。

　オープンクエスチョン（拡大質問）は、「今回のご予算はいくらですか？」など、制約を設けず、自由に答えてもらう質問です。これで答えが返ってくることもありますが、「逆に、御社はいくらぐらいでできるのですか？」という回答が返ってくることもあります。

　お客様としては、回答の選択肢が広すぎる場合、「予算の金額をどう答えるか」で頭を悩ませるより、「いくらかかるか」を営業に逆質問したほうが、楽だからです。

　一方、**クローズドクエスチョン**（限定質問）とは、「今回のご予算は決まっていますか？」のように、イエスかノーで答えられる質問です。

　もし、実際に300万円で確保されていたら「はい。300万円です」という回答でしょう。しかし「役員決裁を得れば300万円まで可能だが難易度は高い。さらに、そのためにはまず上司の承認が必要で……」のような、込み入った事情があったらどうでしょうか。

　社内事情を細かく説明するより、「まだはっきりとは決まっていないんです」のように、とりあえずはぐらかすほうが楽でしょう。

　オープンクエスチョンやクローズドクエスチョンで聞き出せる場合は、もちろんそれで構いません。ただ、それだけではうまく聞き出せない場合、具体的に聞き出すのに役立つのが「**特定質問**」です。

「今回のご予算はいくらですか？」と聞くだけではお客様にはぐらかされそうなとき、「『この金額を超えたら検討の対象外』というのは、どのぐらいですか？」と聞くやり方があります。これが条件付きオープンクエスチョンです。

「予算はいくらですか？」だと回答の選択肢が広いですが、「検討の対象外となる上限額はいくらですか？」というのは、答える対象をある程度絞り込んだ聞き方です。

　あえて「これだけ教えてください」のように特定することで、回答の負荷が下がるのです。

　また、「今回のご予算は決まっていますか？」のような直球のクローズドクエスチョンだと、お客様が答えにくい場合があります。

　そこで、選択肢付きクローズドクエスチョンで「ご予算は、100万円と300万円とではどちらに近いですか？」と聞くと、お客様はどちらかを選ぶだけなので、回答が楽になります。

　特定質問は、考える観点を絞り込んだり、選択肢をあらかじめ提示したりすることで、お客様が答えるときの負担を減らせるのです。

　とっさの防御反応として「はぐらかしの仮面」をつけているお客様でも、特定質問を使えば、質問に答えやすい状況を作り出すことができます。

「特定質問」で BANTCH を聞き出す

　さて、ここまで「予算を聞くケース」を例にとって説明してきましたが、BANTCH における他の情報を尋ねる場合でも、特定質問は有効です。ざっと一覧にしてみました。

たとえば、「競合状況（Competitor）を聞く」を例にとってご説明します。提案機会をもらったときに、お客様が他にどの会社を検討しているか、気になりますね。そんなとき、「他に検討されている会社さんはどちらですか？」「他社様のサービスも検討されていますか？」のように聞くのが王道です。

　ただ、この聞き方だと「そうですね、まあ、いろいろと話を聞いていまして……」のようにはぐらかされてしまうことがあります。
　そんなときは、「社内で他の方が気にされているベンダーさんは、どちらの会社ですか？」のように聞くことで、具体的な社名を聞き出しやすくなります。「社内で他の方が……」のように条件をつけると、具体的な前提がある分、答えやすくなるのです。
　また、競合の社名を確認できたとき、営業としては「他社と当社、いったいどちらが優位につけているのだろうか？」というのも知りたいところです。ただ、「当社が採用される見込みはどのぐらいでしょうか？」と尋ねるだけでは、お客様は、微妙なニュアンスを伝えることを多少面倒に感じるでしょう。
　そこで、「今回、（当社が採用される見込みは）５：５か７：３かではどちらに近いですか？」のように聞くことで、お客様が感覚的に答えやすくなります。

　BANTCHのようなデリケートな情報は、お客様も伝え方に気を使うものです。答えにくい質問で聞かれれば、お客様はとっさの防御反応でかわしたくなります。特定質問（条件付きオープンクエスチョンと選択肢付きクローズドクエスチョン）を使って、お客様の負担を減らしながら聞き出していきましょう。

具体的に聞き出す「特定質問」

	予算 (Budget)	意思決定者 (Authority)	ニーズ (Needs)	導入検討時期 (Timeframe)	競合状況 (Competitor)	組織体制 (Human Resources)
オープンクエスチョン	「ご予算はどのぐらいですか？」	「ご決定される方はどなたですか？」	「御社の課題は何ですか？」	「ご検討される時期はいつ頃ですか？」	「他に検討されている会社さんはどちらですか？」	「どのような体制で運用されるのですか？」
条件付きオープンクエスチョン	「『この金額を超えたら検討の対象外』というのは、どのぐらいのラインですか？」	「『この方の意見を聞く前に決められない』という人物は、どなたですか？」	「特にここ1ヶ月ぐらい話題にのぼっている課題は何ですか？」	「お忙しくされている他の業務が落ち着かれるのは、どのぐらいの時期ですか？」	「社内で他の方が気にされているベンダーさんは、どちらの会社ですか？」	「実際に運用される際に影響力がいちばん大きい方はどなたですか？」
選択肢付きクローズドクエスチョン	「ご予算は、100万円と300万円とではどちらに近いですか？」	「今回は、●●様がご判断されるのか、他の方と相談されるのではどちらですか？」	「より重要度が高い課題は『業務の整理』と『コスト削減』どちらですか？」	「着手されるとしたら、1ヶ月後と3ヶ月後とでは、どちらの方が理想的ですか？」	「今回、5：5か7：3かではどちらに近いですか？」	「運用上のキーパーソンは●●様と■■様のどちらですか？」
クローズドクエスチョン	「ご予算はすでに確保されていますか？」	「本件は、●●様がご決定されるのでしょうか？」	「御社の課題はコスト削減で合っていますか？」	「ご検討される時期は年末頃ですか？」	「他社様のサービスも検討されていますか？」	「導入後に運用を担当されるのは●●さんですか？」

真のニーズは「核心質問」で
聞き出す

真のニーズを聞き出すのは難しい

　営業1万人調査について、先ほど、「ローパフォーマーはハイパフォーマーに比べて、予算額を聞く難しさを強く感じている」というデータをお見せしました。

　実は、ローパフォーマーがなかなか聞けない項目がもう一つあります。それは「真のニーズ」です。

　お客様の真のニーズが聞き出せずに困っている割合を、次ページのグラフでお見せしましょう。ハイパフォーマーの12.8％に対し、ローパフォーマーは24.1％。実に2倍近くの差がついています。

　営業であれば誰しも、商談でニーズをお客様に質問するはずです。

　ただ、売り込まれたくないお客様からすれば、「詳しく正直に」困っていることを伝えると、意に沿わない売り込みをされる懸念が頭に浮かびます。

　そこで、多くのお客様は、「そこまで困っていない」という反応をしがちです。

　たとえば、新規の初回訪問で「今日は御社のニーズをお伺いして、それに合ったご提案を……」と意気込む営業を制するように「すみ

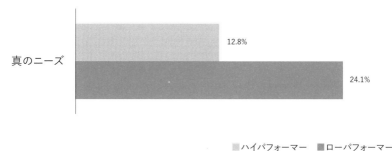

ローパフォーマーは、お客様から
真のニーズを聞き出せずに苦しんでいる

質問を自分なりに工夫しても、
現状なかなかお客様から聞き出せない項目

真のニーズ　12.8%

24.1%

■ハイパフォーマー　■ローパフォーマー

出所：TORiX株式会社が実施した、マクロミルパネル利用のインターネット調査（2022年2月）
　　　法人営業従事者による回答
※営業スキルに関する設問は全体がn=5003。そのうちn=3933に対しては、
　マルチアンサー（複数回答）形式でさらに深掘り調査し、適宜クロス集計で分析した
※主要な回答を抜粋して表示

ません、そこまでまだ困っているわけではないので、今日は情報収
集の一環です」と言ってくるお客様に出会ったことはあるでしょう。

「まだ困っているわけではない」と先に言われてしまうと、それ以
上突っ込んだことは聞きにくくなります。

　その状況で、「今日はサービスのご紹介だけまずお願いします」
と言われてしまったら、詳細なヒアリングはしづらくなります。サ
ービスを一通り説明したところで「ありがとうございました。必要
があればまたこちらからご連絡します」と、短く切り上げられて終
わりです。

　一方、お客様が何の悩みも抱えていなかったら、そもそも、こう
いった商談の場を設けて話を聞こうとは思わないはずです。その

「悩み」を知りたいところですが、BANTCH情報の中でも、N（ニーズ）は、とりわけ難易度が高いものです。

では、いったい、どうやって「真のニーズ」を聞き出したらよいのでしょうか。

「お客様が今、この商談に時間を使っている理由」を知る

多くの営業は、お客様のニーズを知ろうと「困っていることはありませんか？」という角度から質問します。しかし、正直に「困っている」と言うことをお客様はためらいます。売り込まれることを警戒するからです。

そんなお客様は、とっさの防御反応で「まあ、今は何とかなっていますので……」と返してきます。すなわち、「はぐらかしの仮面」をかぶるわけです。

ここでポイントになるのは、「困っていることは何ですか？」と聞いてしまうと、売り込まれたくないお客様からは「本当の悩み」が出てきづらくなるということです。

そこで、発想を切り替えてみましょう。（本当は困っているのに）とっさの防御反応で「困っていない」というお客様の心理に立つなら、むしろ「困っていないんじゃないですか？」と聞かれたほうが「いえいえ、そんなことはないですよ～」のように、悩みを言いやすくなります。お客様が自ら進んで言ってくれるなら、営業としてはだいぶやりやすいはずです。

すなわち、「はぐらかしの仮面」を外してもらうために、「むしろ、

困っていないのでは？」という方向から切り込んでいくのです。

お客様が本当に、まったく困っていなかったら、はたして、営業の訪問に時間を割くでしょうか。時間をとって営業を迎えているからには、何らかの興味はあるはずです。

中には、「強引にアポイントを取ってきたので、しかたなく OK したんです」というケースもあるでしょうが、それにしても、「貴重な時間を割くからには、価値のある話を聞きたい」ぐらいの小さな期待はあるでしょう。

「むしろ、困っていないのでは？」という角度から質問していくほうが、お客様は「困っていること」や「商談への期待」を素直に話しやすくなります。それを深掘りすることで、やがて「今、この商談に時間を使っている理由」に行き着きます。

新規で初回訪問したお客様に「御社の課題は何ですか？」と聞いて「今はそれほど困っていません」という返事が来るのは、本当に困っていないということではなく、「課題を話して無理に売り込まれるのは嫌だ」というとっさの防御反応です。

そこで、この防御反応が出にくいように、あえて逆の角度から聞くのが核心質問です。

「御社は、すでにこのテーマにも取り組まれているでしょうし、一見すると困っていないように見えるのですが……」と切り出してみると、お客様は「いえいえ、まだ取り組みは十分ではないですよ。実は●●●に困っていまして」のように、自然とお悩みを口にしやすいものです。

核心質問は、売り込み臭を消しつつ、「本当に困っていることは

何なのか（真のニーズ）」を実質的に聞いているわけです。真のニーズさえ聞くことができれば、それを解決する当社提案の優先順位がお客様の中で上がります。

３種類の核心質問を使いこなす

核心質問には、「真の課題を理解するための質問」「真の期待を理解するための質問」「真の壁を理解するための質問」の３種類があります。

「真の課題」とは、「お客様が本当に困っていること」です。ここが明確になって初めて、お客様の役に立つ提案ができます。

先ほど出した例は、「困っていることは？」ではなく「むしろ困っていないのでは？」という角度から聞くことによって、お客様が「真の課題」を話しやすい展開を作っていたわけです。

「真の期待」とは、「同業他社がたくさんある中で、わざわざ当社の話を聞こうとしてくれた理由」です。他社の不満をさりげなく聞き出すことで、自社への期待もあぶり出すことができます。

たとえば「今は他社と取引しているから困っていない」と言うお客様がいます。これも「はぐらかしの仮面」です。本当に他社で満たされていて困っていないなら、わざわざ新しい会社と接点を増やす必要はないからです。

そこで、「すでに御社のことを十分に理解されている他社様とお付き合いされているのに、初めての弊社にこうして会っていただけるのは、なぜでしょうか？」のように質問するのです。今ここで商談の時間をとってくれているからには、当社に対しても「わずかな

「今ここに時間を使っている理由」を問う核心質問

真の課題を 理解する	・「一見すると困っていないように見えるのです が……」（本当に困っていることは何なのでし ょうか）
真の期待を 理解する	・「他にも選択肢はあるはずなのに……」（なぜ、 当社に対して時間を割いてくださっているの でしょうか）
真の壁を 理解する	・「これまでも、課題の解決に向けて手を打って こられていると思うのですが……」（なぜ、解 決されないままに残っているのでしょうか）

期待」はあるはずです。

　核心質問から、他社に対する小さな不満がお客様の口から出てきたらチャンスです。その不満を裏返すと、この場における「真の期待」が見えてきます。そこから深掘りしていけば、当社にも提案機会をいただきやすくなるのです。

「真の壁」とは、「お客様がこれまでも策を打ってきたはずなのに、課題がまだ解決されない理由」です。ここを探ることで、お客様の課題がまだ解決されていない原因や背景を深く理解できるので、精度の高い提案へとつなげることができます。

　言い回しとしては、「これまでも、課題の解決に向けて手を打ってこられていると思うのですが……」というものがあります。お客様が数々の施策を実行しても、なお解決されずに残っているのが、「真の壁」なのです。

「困っていないのでは？」と聞くと、売り込み臭が消える

「真の課題」「真の期待」「真の壁」を聞き出すための核心質問。私はこれを、別名「困っていないんじゃないですか質問」と呼んでいます。

なぜ、「困っていることはありますか？」と聞くより「困っていないんじゃないですか？」と聞いたほうが、真のニーズが出てきやすいのでしょうか。

一つには、「謙遜」があるでしょう。「すでに十分な対策をされていて、もう困っていないのでは？」と言われたら、「いえいえ、そんなことないですよ」と、自然に言いやすくなります。

また、別の観点としては、「マンネリへの変化球」というのもあります。来る日も来る日も別の営業が訪れ、「悩みは何ですか？」「課題は何ですか？」と聞いてくるわけですから、お客様としてはさすがにげんなりし、いつしか回答がテンプレート化していくであろうことは容易に想像できます。

すると、「はぐらかしの仮面」による対応が日常化し、あたりさわりのない「表面的な答え」を伝えることに慣れていきます。

そんなお客様へ「課題は何ですか？」と聞いても、お決まりの答えしか得られないので、予想のつかない角度から聞いていくのです。

私は、新規の初回訪問をする際、あるときから「困っていないんじゃないですか？」という角度から質問するのが習慣になりました。

　20代の頃の営業先は、大手企業の人事部門でした。大企業は、就職人気ランキングが高く、優秀な学生がたくさん集まってくる傾向にあります。私は、ふとあるとき「御社のように就職人気ランキングが高く、優秀な方がたくさんおられる会社さんでは、人や組織の問題なんてそんなに発生しないんじゃないですか？」という言葉が口をついて出てきました。

　するとお客様は、「いやいやそんなことないですよ、弊社なんか問題だらけですよ」と、自社の問題点を自分のほうから話してくれたのです。その話を引き出せたことがきっかけとなって、お客様から発注をいただくことができました。

　お客様も、本当は困っているし、それを素直に言いたいものです。しかし、誰に対しても「困っている」と言って、片っ端から売り込みを受けていては仕事になりませんから、とっさの防御反応で「そこまで困っていないふり」をしています。

　核心質問は、心の障壁を低くする効果があるので、お客様は「困っている」ことをさらっと口に出しやすいのです。営業としては、お客様が抱える問題や悩みに対して共感を示すことで、同じ立場に立って訴求しやすくなります。

　核心質問で「売り込み臭」を消し、お客様との距離を縮めることが、真のニーズを引き出す秘訣となります。

「売り込まない提案」を実現する
「課題解決質問」

お客様は購買の主導権を握るためにはぐらかす

核心質問のところで触れた「売り込み臭を消す」について、さらに深めていきたいと思います。

先ほど、「お客様の真のニーズ」を聞くのに苦戦するローパフォーマーのデータをお見せしました。

実は、お客様にも「なぜ、ニーズを聞かれたときにはぐらかすのか？」を尋ねてみた設問があります。

お客様1万人調査において、「ニーズや課題をはぐらかして営業に伝えたことがある」と答えたお客様に、「ニーズや課題をはぐらかして営業担当者に伝える理由は何ですか」とさらに質問しました。回答結果が次ページのグラフです。

最も回答が多かったのは「強引に売り込まれるのを避けたいから」で25.9％、2位は「あえてすべてを伝えず、営業担当者のお手並みを拝見したいから」で23.5％でした。

購買プロセスの主導権を失わないために、とっさの防御反応が出てくる「はぐらかしの仮面」の存在が浮き彫りになっています。

ここで重要なのは、「お客様は、他人（＝営業）に買わされるの

お客様はニーズをはぐらかすことで、主導権を保とうとする

 ニーズや課題をはぐらかして営業担当者に伝える理由は何ですか。最大2つまでお選びください。

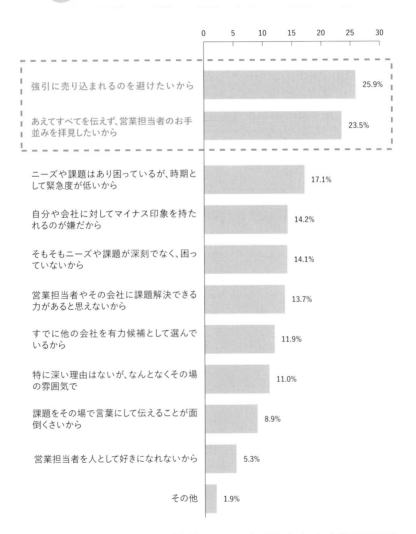

強引に売り込まれるのを避けたいから　25.9%

あえてすべてを伝えず、営業担当者のお手並みを拝見したいから　23.5%

ニーズや課題はあり困っているが、時期として緊急度が低いから　17.1%

自分や会社に対してマイナス印象を持たれるのが嫌だから　14.2%

そもそもニーズや課題が深刻でなく、困っていないから　14.1%

営業担当者やその会社に課題解決できる力があると思えないから　13.7%

すでに他の会社を有力候補として選んでいるから　11.9%

特に深い理由はないが、なんとなくその場の雰囲気で　11.0%

課題をその場で言葉にして伝えることが面倒くさいから　8.9%

営業担当者を人として好きになれないから　5.3%

その他　1.9%

出所：TORiX株式会社実施、マクロミルパネル利用のインターネット調査（2022年5月）「会社の予算で何かを購買したことがある」経験者による回答

（n=3750）

ではなく、自分の意思で買いたいのだ」という、はっきりとした傾向です。「売り込まれたくない」「お手並みを拝見したい」というのは、まさに、自分の意思で買いたいお客様心理の現れです。

　一方、多くの営業は、お客様へゆだねることに不安を感じがちです。お客様の意思を尊重しようとして「やっぱり今は買わない」と言われてしまうのが怖いのです。

　実は、「お客様の意思を尊重しながら、購買意欲を上げていく」営業のやり方があります。そのための重要なスキル「課題解決質問」をご紹介します。

４つのフェーズからなる「課題解決質問」

「課題解決質問」とは、お客様が抱えている理想と現状のギャップを明らかにし、そのギャップを埋める自社の提案へとつなぐための質問です。この特徴は「お客様が発したセリフ」をもとに会話が進んでいくことです。

　営業が勝手に売り込むわけではなく、お客様の意思がベースになりますから、お客様にとっては「防御」の必要はありません。自然と「はぐらかしの仮面」が外れていく展開になります。

　それでは、具体的なステップをご説明します。

「課題解決質問」は図のように、①現状を把握し、②悩みを深掘り、③気づきを促し、④提案につなぐという流れで構成します。

　それぞれのフェーズを詳しく見ていきましょう。

フェーズ①　現状を把握

　基本的な質問を積み重ね、お客様が置かれている状況や背景をつ

	質問の狙い		質問の言い回し（例）
"現状を把握"	・お客様の置かれた状況や背景を把握する	→	・「貴社の活動について、いくつかお伺いしてもよろしいですか？」 ・「貴社でターゲットとされるお客様像をお聞かせいただけませんか？」
"悩みを深掘り"	・お客様が抱えている現状への不満が見え隠れする発言を逃さず、原因を追求する	→	・「今おっしゃった『〜したい』について、もう少し詳しく伺えますか？」 ・「『〜で困っている』というのは、具体的にどのようなことでしょうか？」
"気づきを促し"	・問題の重要度や影響度を明らかにし、お客様に理解してもらう	→	・「●●ができないとどのような問題が起こるのでしょうか？」 ・「……が問題とおっしゃいましたが、それは……に影響を与えませんか？」
"提案につなぐ"	・「何が解決できたらよいか」が絞り込まれ、（営業でなく）お客様の発言から出てくる	→	・「何が解決されると、貴社の成功にいちばん近づくのでしょうか？」 ・「XXX が解消されると、どんなインパクトがありますか？」

かみます。お客様のほうから「理想と現状のギャップ」に関する話が出てきたら、フェーズ②に移ります。

フェーズ②　悩みを深掘り

　お客様が何を解決したいのか、何をやりたいのかを深く理解するための質問です。「理解する」のが目的ですから、不明瞭な部分はどんどん質問しましょう。

フェーズ③　気づきを促す

　問題の重要度や影響度を、お客様自身に認識してもらう質問です。無数にある課題の中で、「どこにお金をかけて解決すべきか」をお客様自身に絞り込み、言葉にしてもらいます。

フェーズ④ 提案につなぐ

　お客様が解決しなければならない課題を見つけられたら、具体的な提案へとつなぎます。フェーズ①から、すべての質問は「お客様の言葉」をもとに展開されますから、売り込み感のない提案になります。

　ここで、「店舗の経営者に対して、売上アップを提案する営業」を例に、課題解決質問の会話例を示します。

営業　御社で、最近特に力を入れてターゲットにされているのはどのような年代のお客様でしょうか？（現状把握）

お客様　当社では、そこまで絞り込んでできていないですね。本当は、もっとターゲットやコンセプトについて考えたほうがいいのかもしれないのですが……

営業　今おっしゃった、「本当はもっとターゲットやコンセプトを考えたほうがいい」ということについて、もう少し詳しく伺えますか？（悩みを深掘り）

お客様　最近、お客様のリピート率が下がっていて、何かテコ入れしたいとは思っているんですが、やっぱり年代によって喜ばれるツボが違うんですよね

営業　なるほど……。先ほど、ターゲットは絞り込まずにやっていらっしゃるということでしたが、もし、この現状が続くとどのような影響がお店にとって出てくるのでしょうか？（気づきを促す）

お客様　リピート率が下がると新規に力を入れないといけないから、宣伝媒体の広告費用もかさむし、利益率がだいぶ圧迫され

てしまいますね

営業　そうしましたら、たとえば一定期間、ある年齢層に狙いを
定めてリピート率を高めることができたら、どのようなイ
ンパクトが御社にとってはありますか？（提案につなげ
る）

お客様　ターゲットを絞ってお客様のリピート率が上がったら、そ
れをお店全体の施策に展開していく、みたいに、やること
がはっきりしますね

営業　それはちょうどよかったです。実は、お客様がおっしゃっ
たようなお悩みが、当社で最もたくさんお手伝いしている
ケースでして、簡単に紹介させていただきますね

　このように、課題解決質問を使うと、売り込み臭を消して、「お
客様が本当に困っていること→そのままにしておいたらさらに深刻
なことになる→それを解決できるのがこんな手段（当社のサービ
ス）」のように展開できるのです。

　ここで紹介した課題解決質問は、通称「SPIN（スピン）」と呼ば
れる有名なフレームワークに準じています。

　SPINというのは、S=Situation Question（状況質問）、
P=Problem Question（問題質問）、I=Implication Question（示唆
質問）、N=Need payoff Question（解決質問）の頭文字で、イギリ
スの行動心理学の研究者であるニール・ラッカム氏が提唱したもの
です。

「課題解決質問」を効果的に行うコツ

　課題解決質問を効果的に行うためのコツは3つあります。

- 序盤では「不本意な感情」に注目する
- 中盤では「それを放っておいても大丈夫か」を問う
- 終盤では「お客様自身の意思」で選んでもらう

　まず、お客様の「状況」に対して質問をしていくと、「思うようにいかないことへの不満」が見え隠れすることがあります。
　言い換えると、理想と現状のギャップという「不本意な感情」です。先ほどの例で言えば「本当はもっとターゲットやコンセプトを考えたほうがいい」というのがまさにこれです。

　現状を把握し、悩みを深掘りするステップに移行するときは、お客様の不本意な感情（ジレンマ）に注目しましょう。お客様が抱く「理想」に対して「ギャップ」が生じているのは、過去や現在の事実が「現状」に影響して足をひっぱっているからです。

　ギャップを埋められないことが「ジレンマ」、つまり個人や組織の葛藤としてにじみ出てきます。
　ヒアリングをしている中でお客様のモヤモヤが見えたときには、ジレンマを逃さず深掘りしていくと、「現状」や「理想」を取り巻く構造がはっきりと見えてきます。
　これが、「序盤では『不本意な感情』に注目する」ということで

す。

　不本意な感情について深掘りできたら、それが本当に重要な課題につながっているのか確かめていく必要があります。先ほどの例では「もし、この現状が続くとどのような影響がお店にとって出てくるのでしょうか？」という質問がこれに当たります。

　ここでのポイントは、「このまま放っておいたらどうなるか」という観点で聞くことです。また、合わせて質問しておきたいことは、「課題が、どうしてまだ残っているのか」ということです。

　たとえば、「多忙で手つかずになっていた」「他社に相談したが解決しなかった」といった可能性もあります。これを「その課題は、忙しさが理由で手つかずだったのか、他社様に相談されたものの変わらなかったでいうと、どちらでしょうか？」といった質問によって、問題点を顕在化してみましょう。そうするとお客様も、新しい手を打たねばならないことに気づきます。

　解決するべき課題をお客様の言葉で明確にしてもらうことが、課題を顕在化させるプロセスです。

　そして、課題解決質問の終盤では、お客様が「購買者の仮面」を外した素顔の状態で「欲しい」「これを解決したい」というセリフを自ら言ってくれるのが理想的です。こちらから迫りすぎると、お客様が自分で選んでいる意識が薄くなってしまいます。

　先ほどの例では「たとえば一定期間、ある年齢層に狙いを定めてリピート率を高めることができたら、どのようなインパクトが御社

にとってはありますか？」と聞いて、お客様の前向きなリアクションがあってからサービス紹介に移っていました。

　営業としては、「提案できるチャンスがある！」と思うと、どうしても、自分から迫ってしまいがちですが、「最後はお客様の選択で決まる」ということを心得ておきましょう。

　お客様の意思を確認していくためには、選択肢付きクローズドクエスチョンで質問するのもおすすめです。

- 御社で解決できたら望ましいのはAの課題とBの課題、どちらですか？
- この課題について解決したい思いは「そこそこ」か「かなり強い」か、どちらに近いですか？
- 動き出す場合、今すぐの話か、それとも他の課題を片付けてからか、どちらですか？

　選択肢があれば、お客様としては「自分の意思で選ぶ」ことになります。意思があってはじめて、お客様が自分ごととして考えるモードになるわけです。

　これまで4万人以上の営業の支援に携わる中でわかったのは、営業が強い会社はほぼ例外なく、この「課題解決質問」に相当する手法を徹底的にトレーニングしている点です。

　課題解決質問が使えるようになると、お客様に対して「売り込み臭」を出さず、自然に提案する流れを作ることができます。

お客様のことを「わかったつもり」に要注意

お客様は「もっと聞いてほしい」と考えている

先ほどご説明した課題解決質問について研修の場でお伝えすると、「こんなに突っ込んでお客様に聞いても大丈夫なのでしょうか?」と聞かれることがあります。

多くの営業は、「購買者の仮面」をつけたお客様に対して、「質問すると嫌がられるのでは」と過剰に恐れすぎています。

お客様が嫌がるのは「質問されることそのもの」ではありません。「質問が多すぎることのリスク」と「質問が少なすぎることのリスク」これらを冷静に比べてみたうえで、注意すべきなのは(圧倒的に)後者のほうです。

次ページに挙げたのは、お客様1万人調査とは別に、「聞いてくれないことへの不満」について尋ねたアンケートの結果です。

回答のトップは「あなたの会社が求めていることや目指している方向性」で65.6%、次いで「あなたの会社が困っている課題や悩んでいること」の52.2%。この2つが50%を超えており、他の項目と大きな差がついています。

数字の少ない項目は「不満が少ない」、つまりお客様が「よく聞

129

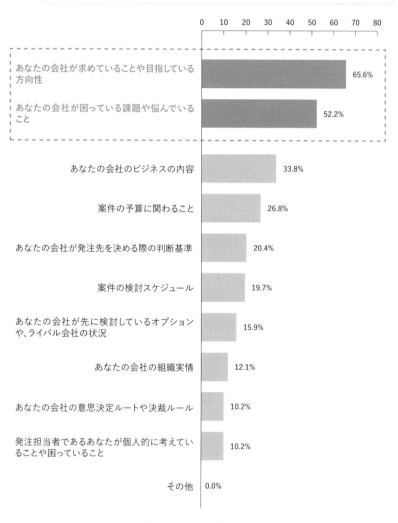

「営業が聞いてくれない」に対する
お客様の不満

Q あなたが「要件のヒアリングが不十分、情報の把握ができていない」と感じた営業担当者は、何をヒアリングできていなかったのでしょうか?

あなたの会社が求めていることや目指している方向性	65.6%
あなたの会社が困っている課題や悩んでいること	52.2%
あなたの会社のビジネスの内容	33.8%
案件の予算に関わること	26.8%
あなたの会社が発注先を決める際の判断基準	20.4%
案件の検討スケジュール	19.7%
あなたの会社が先に検討しているオプションや、ライバル会社の状況	15.9%
あなたの会社の組織実情	12.1%
あなたの会社の意思決定ルートや決裁ルール	10.2%
発注担当者であるあなたが個人的に考えていることや困っていること	10.2%
その他	0.0%

(n=309)

出所：マクロミルパネル利用のインターネット調査　2017年11月　TORiX調べ
「会社の予算で何かを購買したことがある」経験者による回答

いてもらっている」と感じていると考えられます。

　アンケート結果を見て明らかなように、多くの営業は「発注担当者が個人的に考えていることや困っていること」や「お客様の会社の意思決定ルート・決裁ルール」については熱心にヒアリングしているのに、「お客様の会社が求めていることや目指している方向性」「お客様の会社が困っている課題や悩んでいること」については浅いヒアリングで終わっていることが読み取れます。

　冷静に考えると、お客様のビジョンや要望、課題といったことを商談の場で聞かない営業なんていないはずです。

　それどころか、多くの会社では「お客様のご要望や課題をしっかりヒアリングせよ！」と指導しているでしょう。

　しかし、お客様からすれば「ぜんぜん聞いてくれていない」と感じられているのが現実なのです。

　なぜ、浅いヒアリングにとどまってしまうのでしょうか。「これ以上聞くと怒られそうな気がするから、その手前でやめている」という理由ももちろんあるでしょう。

　他にもありうるのが、だいたいのことを聞いたところで「もうわかった」と判断し、質問をやめているパターンです。お客様のことを「わかったつもり」になって、お客様の会社が抱えている悩みや課題を明確にしないままに、提案をしてしまっているケースはとても多いのです。

　しかしこれは、とても危険な兆候です。

「わかったつもり」になると、お客様の話を純粋に聞くことが難し

くなるからです。

「無知の知」は営業にも通じる教訓

　古代ギリシアの哲学者ソクラテスは、「無知の知」という概念を提唱しました。

　ソクラテスは賢人と呼ばれる人を訪ね歩いているうちに、「私は賢い」「私は物知りである」と喧伝している人ほど、実は物事の本質を捉えていないことに気づきました。「自分はいかに知らないのか」を自覚している人こそが、真の賢者なのだと悟ったのです。

　ソクラテスが唱えた教訓から、営業が学べることがあります。「お客様のことを、自分はよくわかっている」と考えるのは、とても危険だということです。

　どんなお客様にも、営業の知らない背景があるものです。

　当社の支援先で、業務効率化のデジタルツールを扱っているベンチャー企業がありました。この会社の営業は、それまでお客様に対して「アナログで非効率的な業務をDX化しましょう」と提案していたのですが、思うように受注率が上がっていませんでした。

　営業の人たちはそろって「なんで、お客様は非効率な今のやり方を変えようとしないんですかね？　当社は、ユーザー企業にかなりのヒアリングを重ねて、ものすごく便利になるツールを開発したんです。現場の悩みを理解したうえで、いいものを提案しているのに……」と、私に対して悩みをこぼしてきました。

　私は「そもそも、お客様は、なぜ今まで続けてきたやり方にこだわるのか、商談の場で深く聞いてみたらどうですか？」とアドバイ

スしました。

　そこで、営業の人たちが「今のやり方に対するこだわり」を丁寧にヒアリングするようにすると、商談の様子が変わっていきました。

　これまでは、お客様に対して「そんな非効率な業務はやめて、便利なやり方に変えませんか？」と説得していたのが、お客様のこだわりを理解しようとすることによって、逆に「悩みを相談される」ことが増えたのです。

　要するに、お客様は「自分たちのことをわかろうとしない会社から、新しい製品を売りつけられること」への不安が大きかったわけです。お客様のことを理解し、不安を丁寧に解消する姿勢が伝われば、もともとは優れた機能の製品なので、「もっと詳しく聞かせてほしい」という展開になるのは必然でした。

　結果として、この会社の受注率は上がっていきました。

　たしかに、ユーザー企業にかなりのヒアリングを重ねて開発した製品だと思われますが、目の前のお客様に対して「わかったつもり」に陥ることは危険であると、改めて気づかされた体験でした。

「買う側の視点」を磨く

　なぜ多くの営業は、お客様のことを「わかったつもり」になっていることに気づかないのでしょうか。最も大きな原因は、「売る側の視点」で物を考えすぎてしまっているためです。

　私は仕事柄、現場の営業担当者だけでなく、経営者のお話も伺うことが多くあります。

　社長や役員は、自社の営業を率いる立場でありつつ、会社のお金

を使って購買する側に回ることもあります。会社の意思決定者として「営業から提案を受ける」機会もたくさんあるのです。ちょっとズレた営業を前にして、「ああ、いざこちらが買う側に回ってみると、営業って全然、お客様のことを理解していないものなんだな」と実感する人も少なくありません。

　私自身も、経営する会社の代表として営業から提案を受けたとき、「御社の課題はこうじゃないですか⁉」といきなり言い切られ、「いや、ちょっと違うんだけどな……」と思ったり、ヒアリングがほとんどない状態でいきなりサービスを提案され「ちょっとズレてるな……」と感じたりしたことはたくさんあります。
　こういったことは「買う側」に回るからこそ気づくことです。

　一方、多くの営業担当者は、仕事で「買う側」に回ることがなかなかないため、この目線を養うことは簡単ではありません。
　しかし、プライベートで「消費者」として行動するときに、「買う側」の目線を鍛えることはできます。

　たとえば、電化製品を買おうとするとき、店内を回っていると、いろいろな店員さんから説明を受けたりすることがあります。
　それは、見方を変えると、「比べて買う」経験をしているということです。接客や提案を受けるなかで、「こちらのことをわかろうと質問を重ねてくれる」「こちらのことをわかったつもりになっている」「そもそもこちらに興味がなく、売上を立てることしか頭にない」など、本当に多種多様な接客があることが見えてきます。
　すると、「お客様」である自分のことをわかろうとしてくれる店

員さんのありがたさや、提案側が「わかったつもり」になっている
ことによるマイナス感情にも敏感になります。

　この感覚を、自分の営業活動に活かしていくことが重要です。

「何をわかっていないか」を５Ｗ２Ｈで探る

　お客様に対して「わかったつもりにならない」ことはとても難し
いことです。「わかっていない」と認識することは、考える訓練を
した人でさえ難しく感じるものです。

　そこで私がおすすめするのは、5W2Hという枠組みで「自分が知
らないこと」について疑いをかけ、それをお客様に対して「理解す
るための問い」としてぶつけてみることです。

Why（なぜ：動機や目的）

　動機や目的について「そもそも何のために」という切り口でお客
様に聞いてみることで、自分が知らなかった背景を理解できること
があります。

　たとえば、お問い合わせをしてこられた新規のお客様に「当社に
資料請求してこられたのはどういう背景があるのでしょうか？」と
質問するのは "Why" を理解する問いです。

When（いつ：過去の事実や未来の計画）

　お客様の経験した過去の出来事には、自分の知らないことが多い
はずです。自分が知らないところでどのような事実や経緯があるの
かといったことを聞きます。「自分が知らないこと」を問いかけて
いくうえで、過去の事実はとても貴重な情報になります。「なぜ、

そのやり方を今まで続けてこられたのですか？」と尋ねるのは「過去」について確認する質問です。

　また、過去とは逆に、予定されている未来の計画について、何か予定があるのかどうかを理解することも大切です。

Who（誰：登場人物や関係者）

　今この場にいない関係者について情報を聞くという切り口もあります。話題にまだのぼっていない人物にまつわる重要情報があるかもしれません。

　典型的なのは、その場にいない決裁者の考えを「本件について、社長はどのようにお考えなのでしょうか？」などと聞く場面です。

What（何：テーマやトピック）

　課題としてはありそうだがまだ話題に出ていないテーマについて質問すると、新しい情報が見えてくることもあります。

　たとえば、マーケティング支援サービスを提案する営業が、「今伺った『問い合わせ件数アップ』以外に、『ターゲティングが適切か』という観点についてはいかがですか？」などと尋ねるのがこのタイプの質問です。

Where（どこ：場所やエリア）

　今話題に出ているところとは別の場所や、あるいは組織の他部署について尋ねます。たとえば、全国に支店展開している企業で東日本のことが話題に上がっているときに「東日本のことはお聞きしましたが、一方、西日本ではどうですか？」と聞くのがこれに当たります。

How（どう：詳細）

　具体的な詳細について尋ねるというのは定番の質問アプローチです。「今おっしゃったことについて、もう少し詳しく伺えますか？」と聞くことで、よりお客様理解の解像度が上がっていきます。

How many ／ How Much（どのぐらい：数量や規模）

　定量的な情報として、数量や規模を尋ねていくことで、定性的なことだけではつかめなかったイメージがはっきりします。
「単価をアップさせたいということですが、具体的には、今いくらの水準をどのぐらいの金額まで上げたいのでしょうか？」のように聞くことで、具体的なレベル感が判明します。

　このように、5W2Hの観点で探していくことで、「自分が何を知らないか」について手繰り寄せていくヒントになります。

8

質問力の「引き出し」を増やし続ける

「傾聴」だけで終わらせず、意図を持った「質問」をする

　さて、本章ではここまで、「はぐらかしの仮面」を外す方法について解説してきました。お客様のとっさの防御反応に対して、質問へ答えることの負担やリスクを軽減し、売り込み気配を消すことによって、仮面は外れていきます。

「はぐらかしの仮面」に対して最も有効なのは、立て板に水のごとく滑らかに話すトーク力ではなく、適切な質問をする力です。

「営業はしゃべりすぎ」なんて言われたのは、もはや過去の話。ここ10年ほどの間で、お客様の話に対して、丁寧に耳を傾けようとする営業パーソンはかなり増えました。

　ビジネス書や研修の影響で、「営業は話すことより聞くことが大事だ」という認識がすっかり定着し、「ヒアリングを重視しよう」「お客様の話をしっかり傾聴しよう」と考えるのは、ある意味、営業パーソンにとっての「常識」とすらなりつつあります。

　しかし、大事なのは、お客様の話に対して耳を傾けるだけで終わらせず、意図を持った質問をすることです。

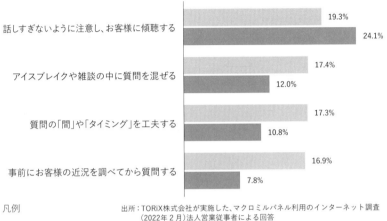

ハイパフォーマーの「引き出しの多さ」に比べ、
ローパフォーマーは「傾聴」に偏ったヒアリング

[質問を自分なりに工夫してうまく聞き出せた成功体験]

話しすぎないように注意し、お客様に傾聴する　19.3%　24.1%

アイスブレイクや雑談の中に質問を混ぜる　17.4%　12.0%

質問の「間」や「タイミング」を工夫する　17.3%　10.8%

事前にお客様の近況を調べてから質問する　16.9%　7.8%

凡例
■ ハイパフォーマー
■ ローパフォーマー

出所：TORiX株式会社が実施した、マクロミルパネル利用のインターネット調査
（2022年２月）法人営業従事者による回答
※営業スキルに関する設問は全体がn=5003。そのうちn=3933に対しては、
　マルチアンサー（複数回答）形式でさらに深掘り調査し、適宜クロス集計で分析した
※主要な回答を抜粋して表示

　上のグラフは営業１万人調査において「直近６ヶ月の間、質問を自分なりに工夫してうまく聞き出せた成功体験としてどのようなものがありますか」という質問を投げかけた結果です。
　ハイパフォーマーとローパフォーマーを比べると、成果に結びつく「聞き方」とは何なのかが見えてきます。

　いくつか象徴的なものをピックアップしましたが、まず注目したいのは、ローパフォーマーがハイパフォーマーを上回っている項目です。それは「話しすぎないよう注意し、お客様に傾聴する」（ハイパフォーマー19.3%⇔ローパフォーマー24.1%）という項目です。
　一方、他の項目は、ハイパフォーマーがローパフォーマーに５ポイント以上の差をつけて上回っています。

- 「アイスブレイクや雑談の中に質問を混ぜる」（ハイパフォーマー17.4％⇔ローパフォーマー12.0％）。
- 「質問の『間』や『タイミング』を工夫する」（ハイパフォーマー17.3％⇔ローパフォーマー10.8％）。
- 「事前にお客様の近況を調べてから質問する」（ハイパフォーマー16.9％⇔ローパフォーマー7.8％）。

「じっくり耳を傾けること」も重要ですが、ハイパフォーマーはそれ以外に成功体験の幅が広いと言えるでしょう。お客様の話をただ単に傾聴するだけでは、なかなか売れないのが現実なのです。

　ではここから、どうすれば「質問」が上達するかを考えていきます。

効果的な質問をするための「3つのポイント」

　私は営業の方々から「どうやったら質問がうまくなりますか」と日常的に聞かれますが、意識すべき3つのポイントについてよくお伝えしています。

　一つ目のポイントは「間」と「タイミング」です。
　お客様との会話の中で、流れに割って入り、お客様に対して何かを問いかけるのは、営業からするとなかなか勇気のいる行為です。しかし質問がうまい営業は、この「間」をうまくつかんでいます。
　また、会話の「タイミング」を見計らい、お客様に対してどのタイミングで質問を持ちかけるかも、ハイパフォーマーはよく心得ています。

　以前、当社の支援先で「社内のハイパフォーマー」と「入社直後の新人」とのヒアリングを比較分析したことがありました。

　社内のハイパフォーマーは、ヒアリングというより「話が弾んでいる」感じで会話が進みますが、一方、入社して数ヶ月の若手は「ヒアリング項目のリストを上から順番に聞いていく、一問一答式」の流れになっていました。

　2つ目のポイントは「どう聞くか」。質問の具体的な言い回しです。

　たとえば、自分が提案した内容への感触をお客様に尋ねたいとき、単に「導入したいと思われますか？」と尋ねるだけでは、お客様が慎重になり「とりあえず持ち帰って考えてみます」と返され、会話がストップしてしまいます。

　しかしうまい営業パーソンは、聞き方に一工夫しています。

「あくまでも現時点での感触で構いませんので、個人的なご意見としてはいかがですか？」

　こんなふうに枕詞を添えて聞いているのです。お客様に、「個人的な意見だったら話してもいいか」と思ってもらえれば、感想を話してくれるでしょう。

　質問の内容は同じなのに、言い回し次第でお客様から答えが得られることもあれば、得られないこともあります。ここがハイパフォーマーとローパフォーマーの分かれ目となります。

　3つ目のポイントは「どこまで踏み込んで聞くか」です。

　お客様に対して課題をヒアリングするのはどの営業も心がけていることですが、ちょっと聞いたところで止めてしまう営業がいる一

方で、きちんと深く聞いている営業もいます。

　先ほど、お客様のことをわかったつもりにならず、深く聞きましょうということを解説しました。「どこまで踏み込むか」も、成果が出る・出ないの大きな差になるところです。

　たとえば、営業が強いことで有名な某メーカーでは、先輩社員が新人営業の商談に同行するとき、商談前に「お客様が怒るまで踏み込んで聞いていいよ。何かあったらサポートするから」という一声をかけているそうです。

　もっとも、お客様が実際に怒ることはなく、新人の営業は「ここまで踏み込んで聞いてもいいのか！」という感触をつかめるOJTになっています。

新たな試みは「楽勝商談」と「惨敗商談」で行う

　質問をするときに意識すべき3つのポイントをご紹介しましたが、実際に自分のものにするためには、実戦で試行錯誤を積み重ねることが必要です。

　質問力をレベルアップさせるべく、どのように実戦でトライしていくか。おすすめなのが、「楽勝商談」「惨敗商談」において質問の幅を広げてみることです。

　具体的にはまず、商談を難易度のレベルに応じて「楽勝商談」「接戦商談」「惨敗商談」の3つに分けます。

　たとえば、「楽勝商談」は、もともと自社とつながりがあって、お客様がすでに自社のファンであるような案件です。

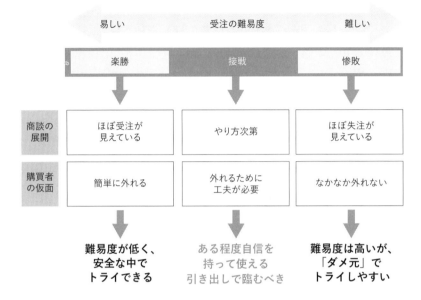

「楽勝」「惨敗」ゾーンの商談は
質問の引き出しを広げる機会になりやすい

易しい　　　　　受注の難易度　　　　　難しい

| 楽勝 | 接戦 | 惨敗 |

| 商談の展開 | ほぼ受注が見えている | やり方次第 | ほぼ失注が見えている |
| 購買者の仮面 | 簡単に外れる | 外れるために工夫が必要 | なかなか外れない |

難易度が低く、安全な中でトライできる　ある程度自信を持って使える引き出しで臨むべき　**難易度は高いが、「ダメ元」でトライしやすい**

「惨敗商談」は、競合の営業がお客様と関係をカッチリと築いていて、付け入る余地がないような案件です。

「接戦商談」は、「楽勝商談」と「惨敗商談」の中間であり、営業のやり方次第で成果が分かれる案件です。

「楽勝商談」や「惨敗商談」は、営業のやり方で結果が左右される可能性が少ないと言えます。というのは、「楽勝商談」では、受注できる可能性が高く、一方「惨敗商談」では受注できる可能性は低いというのがあらかじめ見えているからです。

「楽勝商談」や「惨敗商談」では、質問の引き出しを広げることに挑戦し、経験を積んでいくと、いざ「接戦商談」を迎えたときに使いこなせる質問の幅が広がります。

普段だったらなかなか使わない言い回しを使ってみたり、いつもより踏み込んで聞いてみたり、思い切ったタイミングで質問を投げかけてみたりといった新たなチャレンジが、あなたの「聞き方」のバリエーションを増やすのです。

　そこで経験を積み、十分な成功体験と自信を得られたら、いよいよ「接戦商談」で試すときです。

「接戦状況を問う質問」をマスターする

「楽勝」「惨敗」の案件は、発生時点である程度結果が決まっています。したがって、慎重に対処すべき接戦商談を見極めることはとても大切です。

　接戦商談の見分け方ですが、まず「（当社から見積もりを出したとしたら）すぐに決まりそうですか？」と質問するのが最初のステップです。答えがイエスであれば、それは「楽勝」か「惨敗」になります。

　たとえば「これから正式なお見積もりを作成しますが、当社からお見積もりを出したら、すぐに決まるような状況でしょうか？」と質問したとき、「はい。私が上司に説明して OK をもらえばすぐに発注できるので」と答えが返ってくれば楽勝商談です。

　こんなときは、お客様としては当社に依頼するつもりでいますから、「はぐらかしの仮面」は外れているはずです。

　一方、「はい、すぐにご連絡します」という答えであるにもかかわらず、お客様が無表情で冷たい雰囲気の場合、すでに他社に決めてしまっている「当て馬」案件（＝惨敗）の可能性もあります。

さて、「当社からお見積もりを出したら、すぐに決まるような状況でしょうか？」に対して答えがノー（＝すぐには決まらない）なら「接戦」です。

次に確認したいのは「何がネックになっているか」です。接戦案件は、さらに以下３つのパターンに分類されます。

1 「競合」と比較される接戦

競合と当社の提案を比較してお客様が迷っているケース。この場合、数ある提案の中での当社順位を、暫定でもよいので把握したいところです。また、各社が提案を出しにくる順番やスケジュールも確かめておきましょう。

2 「保留」と比較される接戦

他社提案と比較されているわけではないが、「今、買うかどうか」についてお客様が迷っている場合です。提案への納得度が低いと、「今は買わない」（決断を先延ばしにする）という決定をされてしまうこともあります。

3 「内製」と比較される接戦

お客様として、課題解決のための手は何か打ちたいものの、「外部のプロに頼む」か「自前でなんとかする」か、迷われるケースです。たとえばコンサルティングやアウトソーシングなどのサービスは、この対象になりやすいでしょう。また、業務を効率化するSaaS（Software as a Service）の場合は、Excel や Google スプレッドシートと比較されることもあり、この場合も「内製と比べられ

る接戦」になります。

　どのタイプの接戦かを特定したら、枕詞や特定質問を駆使して、意思決定に関わる BANTCH 情報や、提案が稟議に通るための要件を確認していく必要があります。

　接戦の案件は、どちらに転ぶかわからない状態ですから、営業としては、慣れないやり方でリスクを取ることは避けたいものです。

　したがって、楽勝商談や惨敗商談で目一杯「自分の質問力の引き出し」を広げておき、そこで培った自分の実力をもってして接戦商談で勝負する、というのが王道です。

第 3 章 ま と め

「はぐらかしの仮面」をつけたお客様は、意思決定に関わる大事な情報を質問しても、なかなか教えてくれません。「予算はまだ決まっていなくて……」のように、のらりくらりとかわしてきます。

「はぐらかしの仮面」の裏にある素顔（本音）は、「**教えることの不利益を心配している**」です。「教えたくないので、秘密にしよう」と心から思っているわけではありません。
　教えることの不安が解消されれば、むしろお客様としては、なるべく情報を営業に伝えて、いい提案をもらいたいのです。

「はぐらかしの仮面」を外す鍵は「**質問の引き出しを増やす**」です。回答にあたってお客様が抱える不安や心配を取り払えるように、質問のバリエーションを増やしておきましょう。

　しかし、ここで注意するべきことがあります。
　それは、お客様と関係構築しないと大事なことを教えてもらえないと考える「**関係構築の呪縛**」にはまらないようにすることです。
「関係構築しないと大事なことを教えてもらえない」の世界観で営業をしてしまったら、極端な話、新規開拓などほとんどできないということになります。
　関係構築は営業において、確かに重要なことですが、目の前のお客様が情報を教えてくれない原因を「すべて」関係構築に求めてしまうと危険です。

　また、お客様のことを「わかったつもり」になることにも厳重に注意する必要があります。

　お客様にはこちらに見えない背景や文脈があります。お客様が望んでいることや課題をこちらが完全に理解したと思い込んでしまうと、大事なエッセンスを外した提案になってしまいます。

「お客様のことはある程度理解できたが、まだ何かあるのではないか？」と、常にお客様理解を深めようとする姿勢がとても重要です。

　落とし穴に注意しながら「はぐらかしの仮面」を外してもらうための武器としては以下のようなものがあります。

【「はぐらかしの仮面」を外すためのキーワード】

- 意思決定に関わる重要情報 BANTCH（予算・意思決定者・ニーズ・導入検討時期・競合・組織体制）
- 一言を添えることでお客様が答えやすくなる枕詞
- お客様のさらなる発言を促す深掘り
- 具体的な情報を聞き出す特定質問
- 「むしろ困っていないのでは」から真の課題を聞き出す核心質問
- 売り込みの匂いを消して提案につなげる課題解決質問
- お客様理解を深める無知の知
- 楽勝・接戦・惨敗の案件を見極める接戦状況を問う質問

「忙しさの仮面」を外すには、
価値の根拠を示す必要がある

ガッカリ営業を避けたいお客様は
「忙しさの仮面」をつける

コミュニケーションの機会をもらえない現実

　前章で「はぐらかしの仮面」について解説しました。質問力の引き出しを広げることで、お客様から具体的な答えを引き出すイメージが見えてきたのではないでしょうか。

　次は、「はぐらかされる」以前に、「そもそも、お客様に会ってもらえない」「会えたが、意思疎通がろくにできない」状況について考えていきます。

　たとえば、電話口で「アポイントをいただけませんか」とお願いしても「まずは資料をメールで送ってください」と返される。あるいは、メールで面会の依頼をしても、スルーされ返事が返ってこない……こんな状況が続くと心が折れそうになりますね。

　また、仮にアポイントがもらえても、初回訪問でそっけない対応をされる場合もあります。商談の会話としてはこのようなイメージです。

営業　本日はお時間いただきありがとうございます。XXX会社の〇〇と申します。先日お電話でお伝えした通り、今日は弊社の製品について詳しくご説明させていただきます。ま

た、御社のニーズもお伺いし、ご要望にそったご提案がで
きればと思います

お客様 すみません、まだ情報収集段階で、今日は時間もないので、
手短にお願いします

営業 はい、承知いたしました。弊社の製品は……（製品の特徴
や利点について説明を始める）

お客様 なるほど。ちなみに他社の製品との違いはどうなんです
か？

営業 そちらについても、弊社の製品は……（他社との違いにつ
いて説明を続けた後）もしよろしければ、この後、御社の
ご要望もお伺いして、正式なご提案の機会をいただけませ
んか？

お客様 最近は忙しくて……何かあればこちらからご連絡します

　商談開始早々、「今日は時間もないので、手短にお願いします」
と言われる状況はなかなか厳しいですよね。また、最後の「こちら
から」というセリフは、「もう連絡はしてこないでほしい」といっ
た気持ちが入っているのか、やけに強いトーンで言われたりします。
　これらは、お客様が「忙しさの仮面」をつけていることが原因で
す。

お客様が「忙しさの仮面」をつける理由

　なぜ、お客様は「忙しさの仮面」をつけるのでしょうか。それは
「お客様は普段、ガッカリ営業に会うことが多く、無駄に時間を浪
費することを警戒しているから」です。

151

お客様が「また会いたいと思うレベルの営業」にどれくらいの確率で遭遇するのか、以前に当社で調査したアンケートがあります。

　購買担当者に「いろいろな会社を検討する中で『もう一度会いたい』と思える営業担当者に出会う確率」を選んでいただいた結果が次ページのグラフです。

　アンケートでは、もう一度会いたいと思える営業担当者に出会う確率を「2％未満」「2〜5％」「5〜10％」「10〜30％」……のように選択肢を設けています。

　これらの数値をざっくり期待値計算すると、お客様が「もう一度会いたい」と思うレベルの営業に出会うのは6人に1人となります。

　お客様の立場からすると、「この営業は素晴らしい！　もう一度会いたい」と思う確率が6分の1ですから、裏を返すと6分の5はハズレを引いて「ガッカリ」していることになります。

　「忙しさの仮面」の裏にある素顔（本音）は、「レベルの低い営業に時間を使いたくない」というものです。
　「アタリの営業だったら話を詳しく聞きたいが、事前には見極めがつかないので、とりあえず接触を最低限に抑えて様子を見たい」と考えるお客様へまず真っ先に示すべきは、「ハズレの営業ではないことの証明」です。

　しかし、多くの営業は「何とかご挨拶だけでも……」「少しの時間でいいのでいただけませんか」のように、単にお願いするだけの「拝み倒し」をやりがちです。

　ただし、これではお客様に「ハズレの営業」と判断されてしまいます。なぜかと言うと、実力のあるハイパフォーマー営業はただお

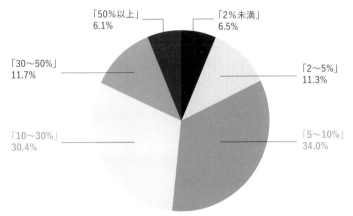

「もう一度会いたい」営業との遭遇率は6人に1人

Q いろいろな会社を検討する中で「もう一度会いたい」と思える営業担当者に出会う確率を選んでください。

「50%以上」
6.1%

「2%未満」
6.5%

「30〜50%」
11.7%

「2〜5%」
11.3%

「10〜30%」
30.4%

「5〜10%」
34.0%

（n=309）

出所：マクロミルパネル利用のインターネット調査 2017年11月　TORiX株式会社調べ
「会社の予算で何かを購買したことがある」経験者による回答

願いするだけということはしないからです。

「ハズレの営業でないことの証明」ができないと、いくらがんばっても、努力が空回りしてしまいます。拝み倒しを繰り返すだけでは、いっこうに先へは進めません。

　新規の営業でお客様にアポイントの打診をして「今は忙しいので……」と断られたときに、「では、お時間ができるのは、いつ頃でしょうか？」と聞く営業もいます。

　しかし、「落ち着いたときに、またこちらからご連絡します」と言われてしまうのが関の山です（そして、その連絡は、いつまで経ってもこないことが大半です）。

「真面目で誠実」だけで終わらず、「価値の根拠」を示す

「ハズレの営業でないことの証明」とは、具体的に何をすればよいのかについて考えていきたいと思います。

　営業1万人調査において、「営業の成果をあげるうえで、ご自分の『強み』や『得意とすること』は何だと思いますか（複数ある場合は、3つまで選んでください）」という設問を設けて聞いてみました。次ページのグラフをご覧ください。

　縦の項目の並びは、ハイパフォーマーで回答が多かった順に上から列挙しています。「誠実さや真面目さ」は、ハイパフォーマーでも最多回答なのですが、この項目についてはローパフォーマーのスコア（27.7％）がハイパフォーマーのスコア（19.8％）を大きく上回っています。また、グラフの真ん中あたりにある「傾聴し共感する力」も、ハイパフォーマーの10.2％に対してローパフォーマーが15.7％と、5％以上の差をつけています。

　これはどんなことを示唆しているのでしょうか。

　ハイパフォーマーも「誠実さや真面目さ」は強みの筆頭ではあるのですが、それに匹敵する他の強みも充実しています。一方、ローパフォーマーは（ハイパフォーマーに比べて）自らの強みを「誠実・真面目であり、共感し傾聴できること」に対して特に感じる傾向があることを示唆しています。

　一方、「課題解決思考力」「情報収集力」「プレゼンテーション力」といったコンセプチュアルスキルや、「周囲を巻き込む力」に関しては、ローパフォーマーのスコアが特に低くなっています。

ローパフォーマーは「素直」路線で勝負する一方、コンセプチュアルスキルや巻き込みが苦手

Q 営業の成果をあげるうえで、ご自分の「強み」や「得意とすること」は何だと思いますか（複数ある場合は、3つまで選んでください）。

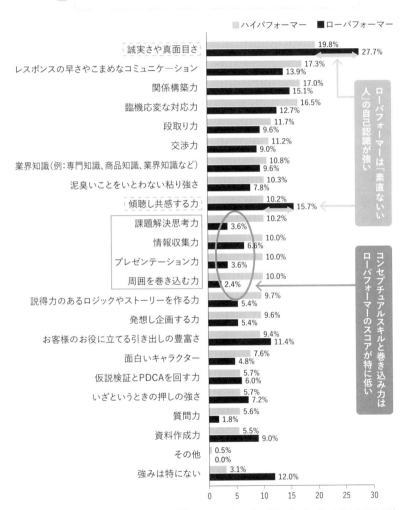

■ハイパフォーマー ■ローパフォーマー

項目	ハイパフォーマー	ローパフォーマー
「誠実さや真面目さ」	19.8%	27.7%
レスポンスの早さやこまめなコミュニケーション	17.3%	13.9%
関係構築力	17.0%	15.1%
臨機応変な対応力	16.5%	12.7%
段取り力	11.7%	9.6%
交渉力	11.2%	9.0%
業界知識（例：専門知識、商品知識、業界知識など）	10.8%	9.6%
泥臭いことをいとわない粘り強さ	10.3%	7.8%
「傾聴し共感する力」	10.2%	15.7%
課題解決思考力	10.2%	3.6%
情報収集力	10.0%	6.6%
プレゼンテーション力	10.0%	3.6%
周囲を巻き込む力	10.0%	2.4%
説得力のあるロジックやストーリーを作る力	9.7%	5.4%
発想し企画する力	9.6%	5.4%
お客様のお役に立てる引き出しの豊富さ	9.4%	11.4%
面白いキャラクター	7.6%	4.8%
仮説検証とPDCAを回す力	5.7%	6.0%
いざというときの押しの強さ	5.7%	7.2%
質問力	5.6%	1.8%
資料作成力	5.5%	9.0%
その他	0.5%	0.0%
強みは特にない	3.1%	12.0%

ローパフォーマーは「素直ないい人」の自己認識が強い

コンセプチュアルスキルと巻き込み力はローパフォーマーのスコアが特に低い

出所：TORiX株式会社が実施した、マクロミルパネル利用のインターネット調査（2022年2月）法人営業従事者による回答
※営業スキルに関する設問は全体がn=5003。そのうちn=3933に対しては、マルチアンサー（複数回答）形式でさらに深掘り調査し、適宜クロス集計で分析した。

営業1万人調査から見えるローパフォーマー営業の特徴は、「真面目ではあるが、それ以外の武器が乏しい」ことにあります。

たとえば、丁寧で礼儀正しいアポイントの依頼電話であっても、時間を割く価値の根拠が伝わらなければ、お客様は「忙しさの仮面」をかぶってしまいます。会話のイメージを示すと、このような感じです。

営業　お世話になっております。私、XX株式会社の〇〇と申します。先日は弊社のウェビナーへご参加をいただきありがとうございます

お客様　はい、たしかに参加しましたが……

営業　もしよろしければ、一度オンラインで詳細のお話をさせていただきたいのですが、30分ほどお時間をいただけないでしょうか？

お客様　そうですね、最近はちょっと忙しくて……まずは資料をメールで送っていただけますか？

営業　承知いたしました。ただ、メールでお送りできる資料には書けない内容があります。お打ち合わせの場でしたら詳しくご説明できるのですが……

お客様　まずは資料を送ってください。資料を見て判断したいと思います（この電話では、実力のレベルがわからないから、会うのは危険だ）

テレアポを受けたことのあるお客様であれば、誰しも経験したことのあるのが「資料にはないことを打ち合わせで伝えたいと食い下がってくる営業」でしょう。

こんなとき、「資料になくて打ち合わせで伝えられる情報とは何ですか？」と聞かれて「詳細はお会いしたときに……」とモゴモゴしてしまったら、アポイントはもらえません。

「忙しさの仮面」の裏にある素顔（本音）は、「レベルの低い営業に時間を使いたくない」です。ここで端的に伝えるべきは「時間を使う価値がある根拠」です。

　アポイントや提案機会を増やすためには、「忙しさの仮面」を外せる武器が必要です。具体的にどうやって「忙しさの仮面」を外していくのか。これから解説していきます。

アポイント獲得の鍵は
「課題解決」「費用対効果」

コロナ禍を経て、「お客様に会うハードル」はさらに高くなった

　コロナ禍の影響で、「思うようにお客様と会えない」という営業の悩みをよく聞くようになりました。かつては、テレアポや飛び込み訪問も、営業の手段としてそこそこ通用していました。

　しかし、リモートワークが増えたことにより、何の工夫もなくテレアポや飛び込み訪問をするだけでは、効率が上がらなくなっています。

　まず、お客様がオフィスにいるのか自宅にいるのかがわからず、代表電話にかけても、つないでもらえないことが珍しくありません。

　また、多くの会社にチャットツールなどが導入され、お客様がチェックしなければならない情報量が飛躍的に増えました。結果として、営業が送ったメールはスルーされがちです。

　このような厳しい現状を覆し、お客様に会うには、どうすればよいのでしょうか。こちらは、お客様１万人調査で「営業担当者が『あなたに会いたい』と要望してきたとき、『会ってもいい』と感じ

お客様が会うかどうかを判断するのは
「課題解決」「費用対効果」がTOP2

Q 営業担当者が「あなたに会いたい」と要望してきたとき、「会ってもいい」と感じるためには、どんなことが必要ですか。1位から3位までを選んでください。

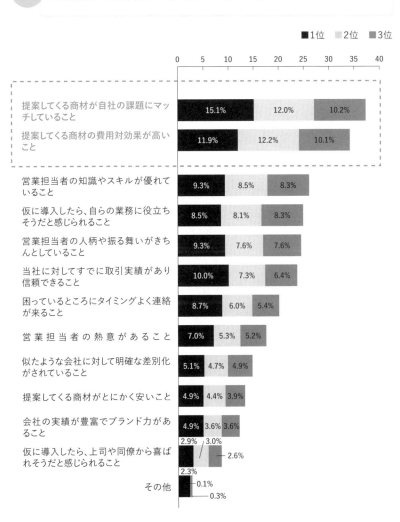

■1位　■2位　■3位

- 提案してくる商材が自社の課題にマッチしていること：15.1% / 12.0% / 10.2%
- 提案してくる商材の費用対効果が高いこと：11.9% / 12.2% / 10.1%
- 営業担当者の知識やスキルが優れていること：9.3% / 8.5% / 8.3%
- 仮に導入したら、自らの業務に役立ちそうだと感じられること：8.5% / 8.1% / 8.3%
- 営業担当者の人柄や振る舞いがきちんとしていること：9.3% / 7.6% / 7.6%
- 当社に対してすでに取引実績があり信頼できること：10.0% / 7.3% / 6.4%
- 困っているところにタイミングよく連絡が来ること：8.7% / 6.0% / 5.4%
- 営業担当者の熱意があること：7.0% / 5.3% / 5.2%
- 似たような会社に対して明確な差別化がされていること：5.1% / 4.7% / 4.9%
- 提案してくる商材がとにかく安いこと：4.9% / 4.4% / 3.9%
- 会社の実績が豊富でブランド力があること：4.9% / 3.6% / 3.6%
- 仮に導入したら、上司や同僚から喜ばれそうだと感じられること：2.9% / 3.0% / 2.6%
- その他：2.3% / 0.1% / 0.3%

出所：TORiXが実施した、マクロミルパネル利用のインターネット調査
（2022年5月）「会社の予算で何かを購買したことがある」経験者による回答

（n=10303）

第4章　「忙しさの仮面」を外すには、価値の根拠を示す必要がある

159

るためには、どんなことが必要ですか。1位から3位までを選んでください」と質問した結果です。

　回答が特に集まった上位 TOP 2 は「提案してくる商材が自社の課題にマッチしていること」「提案してくる商材の費用対効果が高いこと」でした。

「忙しいから会えない」と言うお客様に仮面を外してもらうためには、ごく限られた接点の中で「時間を使う価値」を伝える必要があります。「ごく限られた接点」とは、電話口の30秒の会話であったり、メールの文章だったりするわけです。

　さてここからは、お客様に「会いたい」と感じてもらうため、いかに訴求するかを考えていきます。

「課題解決」「費用対効果」を示すには

　まだ会えていないお客様に「忙しさの仮面」を外してもらうために、特に訴求すべきは「課題解決」「費用対効果」です。「今は忙しい」と言うお客様が忙しくなくなるのを待つのではなく、「優先順位を上げたくなる材料（＝価値の根拠)」を示しましょう。

　次ページは、その一つの文例です。アポイントを打診するメールの形をとっていますが、電話口でも訴求するポイントは同様です。

　もちろん、扱う商材や対象のお客様によって、文章はアレンジが必要ですが、「今は忙しい」とスルーされてしまわないために、ポイントを確認しておきましょう。

「忙しさの仮面」の裏にある素顔（本音）は「レベルの低い営業に

アポイントを打診するメールの文例

お世話になっております。XXX 株式会社の●●です。

貴社の社長が取材記事で●●●についてコメントされているのを

拝見し、ご連絡いたしました。

最近、特に●●●のお悩みを抱えていらっしゃる企業様へ

★★★のようにお役に立てることが増えてきており、

ぜひ貴社へもご案内できればと思っております。

（どんな課題を解決できるか）

当社は従来から■■■を行っていたため、

★★★の経験値を蓄積することで、

▲▲▲のような成果をお客様において実現しております。

（高い費用対効果を実現できる理由）

お打ち合わせの時間を 30 分いただければ、

下記についての情報をお伝えできます。

(1) XXXXXXXXXXXXXXXXXXXXXXX

(2) XXXXXXXXXXXXXXXXXXXXXXX

(3) XXXXXXXXXXXXXXXXXXXXXXX

（箇条書きでわかりやすく整理）

もしよろしければ、ぜひ一度、お話できればと存じます。

つきましては、下記日程ではご都合いかがでしょうか。

X 月 X 日●時〜●時

X 月 X 日●時〜●時

X 月 X 日●時〜●時

ご返信いただければ、すぐにお打ち合わせの手配をいたします。

ご検討のほど、どうぞよろしくお願いいたします。

時間を使いたくない」です。

　すなわち、アタリの営業だったら話を詳しく聞きたいが、事前には見極めがつかないので、とりあえず接触時間を最低限に抑えて様子を見たいということです。

　そこで、メールの文面に「アタリの営業」である根拠を感じさせる要素を入れましょう。すなわち、「どんな課題を解決できるか」と「高い費用対効果を実現できる理由」です。

事例研究で「課題解決」の引き出しを増やす

「どんな課題を解決できるか」を示すうえでは、「目の前のお客様に強くひもづけた表現」を意識しましょう。

　これが満たされていると、お客様は「ああ、まさしく当社のことを言っているな」と感じます。

　たとえば、大量に入社してくる新人に研修を行っている人事担当者が、現場のマネジャーから「もっと基本ができるようになってから配属してほしい。現場の指導が大変だ」と言われているとします。

　そんな人事担当者のところへ「特に、大量入社した新人の育成に悩む企業様へ、現場の上司の育成負担を軽減するような入社時研修を……」と書かれたメールが来たら、その人事担当者としては「話を聞いてみたい」と興味が湧くはずです。

　お客様の課題を具体的に明記すると、文面に「引っかかり」がで

き、お客様が「そうそう！」と共感するチャンスが生まれます。

　課題解決力をわかりやすく示すためには、「売上アップ／コスト削減を図りたいお客様へ」のように漠然と伝えるだけでは足りません。

　まず、前提として「どのように売上を上げるのか」「どのようにコストを削減するのか」といった、具体的な方法を深く理解していることが重要です。

　そのうえで、「一般的なお客様」に語りかけるのではなく、悩みを抱えた目の前にいる「1人の人物」に伝えるのだということを意識しましょう。その人物がどんな状況に置かれて、誰とどんなやりとりをしているか、というところまでイメージし、文章で表現するのです。

　そのために、社内にあるお客様の事例を徹底的に研究しましょう。事例研究とは、単に事例の存在を知るだけで終わらず、「うまくいった案件に共通していることは何か」「うまくいった案件といかなかった案件の違いはどこにあるか」を言語化することまでを指します。具体的な課題解決の過程や方法を詳しく説明できることが重要です。

入口段階で「費用対効果」をどう示すか

「実際に発注してもらえれば、費用対効果を実感されるはずなのに……」と、アポイントや提案機会をもらえず悔しがる営業の方からお悩み相談を受けることがよくあります。

　提案前の、まだ買ってもいないお客様に対して費用対効果を伝えることは難易度が高いものです。そこで、限られた接点でお客様に

費用対効果をどう訴求するか、解説します。

　費用対効果については、できるだけ具体的に説明することが望ましいです。もちろん、「XXXのような課題を抱えていらっしゃったA社様で●●●に取り組まれることにより、■％の売上アップにつながりました」のように、数字や導入企業の実績を用いて説明できれば、それは強力な根拠となります。

　ただし、注意すべき点があります。それは、「忙しさの仮面」をつけたお客様から「都合のいい事例だけを示しているのでは」と疑われてしまうことです。

　これを防ぐためには、費用対効果が高く出た事例を示すだけでなく、その背後にある根拠（ロジック）も説明することが効果的です。

　高い費用対効果が実現できる根拠として、独自の工夫によって低いコストで実現できることを示すのが最もわかりやすいでしょう。たとえば、下記のようなものです。

- 従来は人手をかけて●●●の作業をしていたが、AIの活用で自動化できたので、月額XX円で提供できるようになった
- ■■■の業界で経験を積んだ創業者が、今までの業界にあったムダを省くことで、3分の1のコストで提供できるようになった
- 当社がこれまで構築してきた▲▲▲業界とのつながりによって、仕入先を多数抱えている

　こういったポイントを説明することで、なぜ優れた解決策を当社が提供できるのかを示すことができます。

お客様が疑ってかかる「都合のいい事例だけを持ってくるのではないか」という懸念に対処するロジックをあらかじめ用意しておくことが重要です。

事前準備は、レスポンスと段取りで「わかっている」感を伝える

お客様はどのような「事前準備」を評価するのか

いざアポイントを獲得して会えたとしても、「忙しさの仮面」をつけたお客様は、商談開始早々に「すみません、まだ情報収集段階でして……今日は時間もないので、手短にお願いします」と言ってきます。

このお客様のセリフを額面通りに受け取って、本当に手短に済ませてしまっては、当然ながら次へのチャンスにはつながりません。

重要なことなので繰り返しますが、「忙しさの仮面」の裏にある素顔（本音）は、「レベルの低い営業に時間を使いたくない」です。

アタリの営業かどうかわからないので、とりあえず時間を最低限に抑えて様子を見たいというお客様に、限られた時間の中で「アタリの営業である価値の根拠を示す」必要があります。

そのために鍵を握るのが「事前準備」です。

営業では「事前準備が大事だ」とよく言われます。営業が強い会社ほど、事前準備を徹底しています。どれだけ入念な事前準備をしているかは、営業力を計る重要なバロメータとなります。では、どのような事前準備をしたら、よい商談ができるのでしょうか。

次ページで示すのは、お客様1万人調査で「あなたが『この営業担当者は事前準備をしてきている』と感じるのはどんなときですか。よく当てはまるものを1位から3位までお答えください」と質問を投げかけた結果です。

最も多かった回答は、「こちらの質問や要望に対して、その場でスピーディーな対応がされたとき」（1位23.0％、2位16.8％、3位12.5％）でした。お客様は事前準備の質を、「質問や要望があったとき、的確に即答できるか」で見ているということです。

2番目に多かった回答は、「前回の商談で伝えたことを漏らさず盛り込み、資料が作り込まれていたとき」（1位17.6％、2位15.5％、3位12.8％）です。

前回の商談で言ったことが漏らさず盛り込まれた資料を見ると、お客様としては「自分の言ったことをわかってくれているな」というポジティブな感情が湧いてくるのでしょう。

そして3番目に多かった回答は、「商談の進行および時間配分がスムーズで、何のストレスも感じなかったとき」（1位14.1％、2位12.9％、3位12.5％）です。

事前準備の質は「レスポンス」と「段取り」で判断されます。レスポンスと段取りによって営業のレベルを示すことで、「時間を使う価値がある」という安心感がお客様に生まれ、「忙しさの仮面」が外れていきます。

事前準備の質は
「**レスポンス**」と「**段取り**」で判断される

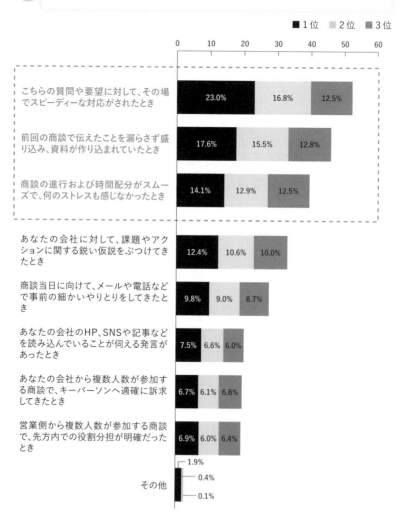

Q あなたが「この営業担当者は事前準備をしてきている」と感じるのはどんなときですか。よく当てはまるものを1位から3位までお答えください。

■1位　■2位　■3位

こちらの質問や要望に対して、その場でスピーディーな対応がされたとき	23.0%　16.8%　12.5%
前回の商談で伝えたことを漏らさず盛り込み、資料が作り込まれていたとき	17.6%　15.5%　12.8%
商談の進行および時間配分がスムーズで、何のストレスも感じなかったとき	14.1%　12.9%　12.5%
あなたの会社に対して、課題やアクションに関する鋭い仮説をぶつけてきたとき	12.4%　10.6%　10.0%
商談当日に向けて、メールや電話などで事前の細かいやりとりをしてきたとき	9.8%　9.0%　8.7%
あなたの会社のHP、SNSや記事などを読み込んでいることが伺える発言があったとき	7.5%　6.6%　6.0%
あなたの会社から複数人数が参加する商談で、キーパーソンへ適確に訴求してきたとき	6.7%　6.1%　6.8%
営業側から複数人数が参加する商談で、先方内での役割分担が明確だったとき	6.9%　6.0%　6.4%
その他	1.9%　0.4%　0.1%

出所：TORiX株式会社実施、マクロミルパネル利用のインターネット調査（2022年5月）「会社の予算で何かを購買したことがある」経験者による回答

（n=10303）

「情報を読み込む」だけで終わらず、レスポンスの布石を準備する

「事前準備＝お客様に関する情報を読み込むこと」と捉えている営業は少なくありません。

前ページのグラフで見てみると「あなたの会社のHP、SNSや記事などを読み込んでいることが伺える発言があったとき」という回答は全体の6番目（1位7.5％、2位6.6％、3位6.0％）に過ぎません。

お客様の会社に関する情報をしっかりと読み込むのは、あくまでも「準備体操」であり、実際にお客様へ価値を発揮する事前準備は「その先」にあるということです。

事前準備は、単にお客様の会社情報を読み込むだけでは足りません。お客様に関する情報を前もって収集しておくだけではなく、商談の場をシミュレーションし、「どんな質問や要望が来そうか」「それにどう応えるか」をイメージしておくことが大事です。

お客様からの質問に対して、その場で迅速かつ正確に答えることは、信頼を勝ち得るうえでの最重要ポイントです。さらに、そういった双方向のやりとりを含めて、商談の時間内にコンパクトに収まるよう段取りを組んでおきましょう。

たとえば、こんなケースを考えてみます。

商談の途中で「このサービスの導入によって、どれくらいのコスト削減が期待できるのか？」という質問がお客様から来たとき。

営業によっては、「そうですね。具体的な削減効果は、持ち帰って検討してみないと、何とも言えません」と回答するでしょう。これは、真面目で正直、誠実な対応です。ただし、これでお客様の満足度は上がるでしょうか、という話です。

　事前準備を徹底しており、早いレスポンスができる営業の答え方はこのようなものです。

「具体的な削減効果は、細かくシミュレーションをしてみないと、正確には申し上げられませんが、あくまでも今お聞きしている情報に基づいて、当社支援におけるこれまでの実績をお伝えすると、5％〜20％というのが、過去におけるパフォーマンスです。もし、■■■■のような条件であれば5％ぐらいに削減効果はとどまりますが、★★★★のような条件を満たせるようでしたら、削減効果は20％まで見込めます。御社においても、より詳細な効果を算定するために、いくつか質問させていただけますか？　本日お伺いした情報をもとに、どのぐらい削減できそうかを明後日までに回答いたします」

　このように、お客様の質問に対してその場で回答できれば、疑問や不安を早期に解消でき、営業は自分の知識や経験をお客様に示すこともできます。

　ただし、すべての質問に対してその場で回答できないこともあるでしょう。その場で回答できない場合は、お客様の状況を把握するのに最低限必要な質問をしておき、後日、正確な回答を提供するのも一つです。

商談の段取りは「４つのフェーズ」に分けて考える

　お客様からの質問に対するレスポンスをよくするためには、事前の段取りが重要です。具体的にどのような準備をしたらよいのでしょうか。「時間配分のイメージ例」とともに説明していきます。

　下図に示しているのは、商談時間別の時間配分のイメージ例です。お客様との商談時間が15分、30分、60分、90分だった場合、それぞれどのような構成が望ましいかをサンプルとして示しています。

　まず商談の全体を前半と後半の２つに分けている点に注目してください。前半は、拡散的にお客様と会話を広げていく時間です。一方、後半は、今後に向けて議論を収束させていく時間です。

　前半はさらに、「イントロダクション」と「深掘り（意見交換）」

時間配分のイメージ例

| | 前半（拡散） | | 後半（収束） | |
	イントロダクション	深掘り（意見交換）	中間まとめ＋個別議論	ネクストステップ確認
15分	2分	5分	5分	3分
30分	5分	10分	10分	5分
60分	5分	25分	20分	10分
90分	10分	35分	30分	15分

に分かれています。イントロダクションは、商談のオープニングや
アイスブレイクのようなものです。そして深掘り（意見交換）では、
営業としての落とし所に無理やり誘導するのではなく、お客様から
も意見をもらいながら双方向にディスカッションします。

　後半は、「中間まとめ＋個別議論」と「ネクストステップ確認」
に分かれています。

　お客様の話をただ広げるだけでは、商談は前に進みません。そこ
で、いったん「おっしゃったことは、こういうことですよね」と議
論をまとめ、さらに詰めるべき点を明らかにし、次のステップを確
認するのが商談の後半です。

　多くの営業は、商談時間の80％を用意してきた資料の説明に使
い、残りの20％を質疑応答へあてるような時間配分で進めがちで
す。しかし、それでは一方向になりやすく、また、事前準備の質を
お客様に感じさせるやりとりの時間が足りません。

　時間の配分は、商談の時間が何分であろうとも、概ね前半（拡
散）50％、後半（収束）50％となるように組むのがよいでしょう。

　1万人調査では、事前準備の質を「質問や要望に対して、その場
でスピーディーに対応されるかどうか」で見るお客様が最も多くい
ました。

　商談の中では「中間まとめ＋個別議論」の時間で、お客様からの
質問や要望に答えることになります。ここへ多めに時間を割くこと
で丁寧な回答をすれば、お客様は大きな満足感を得られるはずです。

　また、本節のグラフで2番目に多かった回答に対応する「お客様
から前回の商談で伝えられたことを漏らさず盛り込んだ資料」は、

前半のイントロダクションで見せるのが効果的です。

　商談の冒頭で「お客様は前回、確かこういうことをおっしゃっていましたよね」と提示することにより、「この営業は、きちんと当社のことを理解してくれているな」とわかってもらえます。

　時間配分がきちんと機能すると、本節のグラフで3番目に多かった回答である「商談の進行および時間配分がスムーズで、何のストレスも感じなかった」商談を実現することができます。そのためには、深掘り（意見交換）をするときにお客様からどんな話が出てきそうかを、事前に考えておくことが重要になります。

　あるいは「このポイントについて議論させてもらえませんか」と、イントロダクションでこちらから論点を提示するのも一つの手です。たとえば「本日は次の3点について議論させていただきたいと思います」と、ミーティング資料の冒頭に入れておくのです。

　すると、商談でどんなことを話すかについて、お客様が明確なイメージを持てるようになります。

　前半は「拡散してもいい時間」、後半は「収束させる時間」とイメージしておくと、商談の展開の管理もしやすくなります。

　ハイパフォーマー営業は、傍から見ると、その場のアドリブでお客様を魅了する商談を展開しているように感じることがあります。

　しかし、彼ら・彼女らは決して、「出たとこ勝負」で商談に臨んでいるわけではありません。お客様に自由に話をさせているようでいて、最終的にはきちんと着地させる商談は、ひとえに事前準備のなせる技です。

お客様の文脈に合わせることで、商品紹介は魅力的になる

一方的で単調な商品紹介では「忙しさの仮面」が外れない

「忙しさの仮面」を外すために、事前準備における「レスポンス」と「段取り」の重要性を先ほど解説しました。

続いて、初回訪問で避けて通れない「商品紹介」についてお話しします。

「忙しさの仮面」をつけたお客様は、「この営業はどのくらいの実力なのだろう」という品定めの目線で商品紹介を聞き、「アタリの営業か、ハズレの営業か」を瞬時に見極めようとします。要するに、この後、さらに時間を使うべきかどうかを判断したいわけです。

多くの営業は、ここぞとばかり熱烈にアピールします。「こんなこともできます、あんなこともできます、こんなメリットもあります」とたくさんの情報でたたみかけがちです。

しかし、商品紹介を通して、時間を使う価値を感じさせられなければ、無駄な時間を使いたくないお客様は、「今は忙しいので、またこちらからご連絡します」という対応に出るでしょう。

アポイントまではいただけても、「忙しさの仮面」によって、提案の機会をシャットアウトされてしまうのです。

「商品紹介」に求められる４つの要素

　商品紹介のプレゼンテーションを品定めしてくるお客様の「忙しさの仮面」を外すために、どうやって価値の根拠を示せばよいのでしょうか。

　次ページのグラフで示したのは、お客様１万人調査で、「あなたが『この営業担当者は知識が豊富で引き出しが多い』と感じるのはどんなときですか。よく当てはまるものを１位から３位までお答えください」と質問を投げかけた結果です。

　最も回答が多かったのは、「取扱商品に対してこちらが質問したら、的確な答えが返ってきたとき」（１位23.5％、２位15.5％、３位12.9％）です。

　前節で解説した「事前準備」においても、レスポンスの重要性をお伝えしましたが、「引き出しの多さ」もやはりレスポンスで計られやすいということです。

　さて、２番目に多かったのは「取扱商品が当社の課題をどう解決できるか、わかりやすく説明してくれたとき」（１位16.7％、２位13.6％、３位12.0％）、３番目に多かったのは「取扱商品の他社導入事例を、当社に合わせて説明してくれたとき」（１位12.5％、２位11.3％、３位10.7％）、そして４番目に多かったのが「取扱商品について、似たような類似商品との違いを明快に説明してくれたとき」（１位11.5％、２位12.2％、３位10.3％）です。

商品紹介は「**想定問答**」「**課題解決プロセス**」「**導入事例**」「**類似商品との違い**」が重要

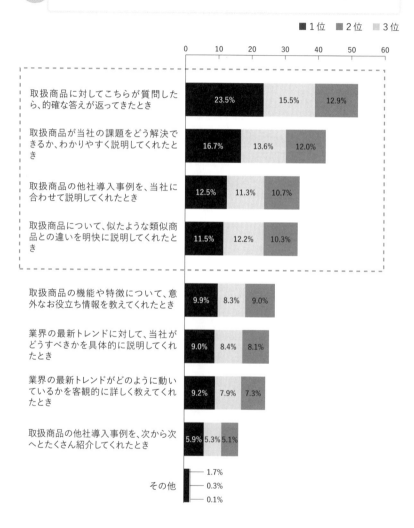

Q あなたが「この営業担当者は知識が豊富で引き出しが多い」と感じるのはどんなときですか。よく当てはまるものを1位から3位までお答えください。

■1位 ■2位 ■3位

	1位	2位	3位
取扱商品に対してこちらが質問したら、的確な答えが返ってきたとき	23.5%	15.5%	12.9%
取扱商品が当社の課題をどう解決できるか、わかりやすく説明してくれたとき	16.7%	13.6%	12.0%
取扱商品の他社導入事例を、当社に合わせて説明してくれたとき	12.5%	11.3%	10.7%
取扱商品について、似たような類似商品との違いを明快に説明してくれたとき	11.5%	12.2%	10.3%
取扱商品の機能や特徴について、意外なお役立ち情報を教えてくれたとき	9.9%	8.3%	9.0%
業界の最新トレンドに対して、当社がどうすべきかを具体的に説明してくれたとき	9.0%	8.4%	8.1%
業界の最新トレンドがどのように動いているかを客観的に詳しく教えてくれたとき	9.2%	7.9%	7.3%
取扱商品の他社導入事例を、次から次へとたくさん紹介してくれたとき	5.9%	5.3%	5.1%
その他	1.7%	0.3%	0.1%

(n=10303)

出所：TORiX株式会社実施、マクロミルパネル利用のインターネット調査（2022年5月）
「会社の予算で何かを購買したことがある」経験者による回答

調査結果から見えてくるのは、2つのポイントです。

- 商品紹介は、一方的な説明ではなく、お客様の質問に対する回答も含めた会話のキャッチボールで行うべき
- 引き出しの広さは、トレンド情報やマニア知識ではなく、「商品紹介をお客様の文脈に合わせて伝えられるかどうか」が重要

　一般的に「引き出しの多い営業」といえば、商品知識や業界知識が豊富で、次から次へと知識を披露しているイメージを持つかもしれません。

　しかし現実には、持っている知識を披露するだけではお客様に響かず、むしろ「ハズレ営業」の烙印を押されかねないのです。

「3つのサブメッセージ」を入れて商品紹介を組み立てる

「商品がどのようにお役に立てるのか」をお客様の文脈に合わせて伝えるには、次ページの図のように「3つのサブメッセージ」から商品紹介を組み立てるのが効果的です。

　メインメッセージが「当社の商品は、お客様の課題を解決できます」だとすると、「具体的な解決プロセス」「他社の事例」「類似商品との違い」をサブメッセージで語るのです。

- サブメッセージ1　どのようにしてお客様の課題を解決するか
- サブメッセージ2　お客様と共通点のある他社での導入事例
- サブメッセージ3　類似商品との違い

お客様から頼られる営業の商品提案

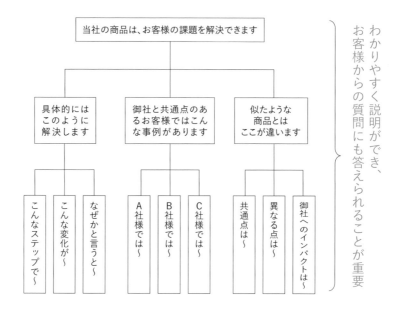

さて、サブメッセージの一つ目は、「どのようにしてお客様の課題を解決するか」です。

これは、先ほどのグラフの「取扱商品が当社の課題をどう解決できるか、わかりやすく説明してくれたとき」に対応しています。課題解決を示す方法として簡単なのは、ステップ・変化・根拠を提示することです。

当社の商品を使っていただくと、まずどのようなことが起こるのか。次に、お客様にどのような変化がもたらされるのか。それがなぜ実現できるのか。これらを順序立てて具体的に語るのです。「お客様の課題をどう解決するか」をすっ飛ばして、商品のアピールポイントを押しつけてしまわないよう注意しましょう。

たとえば、最近は便利なクラウドサービスがいろいろと登場してきて、「こんなに便利な機能がありますよ」「これで御社もDXしましょう」といった売り文句をよく聞きますが、具体的にお客様の課題をどう解決するのか、そのステップと根拠を示しているケースは少ないのが現状です。

高度な機能を鮮やかにデモンストレーションし、「ほら、こんなすごい機能もあるんです！」と説明してしまわないよう、注意しましょう。

課題解決までのプロセスを丁寧に説明することで、お客様は使いこなすことへの実感が湧いてくるのです。

サブメッセージの2つ目は、「お客様と共通点のある他社での導入事例」です。これは、グラフの「取扱商品の他社導入事例を、当社に合わせて説明してくれたとき」に対応しています。

まだ購買を決めきれないお客様は、「本当にそんなうまくいくの？」と、懐疑的な目線で商品を見ています。

そこで、「実際に他のお客様でも導入いただいていて、このような結果が出ていますよ」「導入済みのお客様から嬉しい声をいただいていますよ」といった事例を紹介することにより、お客様は購入後のイメージをしやすくなります。

しかし、一つ、陥りがちな落とし穴があります。事例の豊富さを訴求しているものの、目の前のお客様との共通点が抜けていることが、よく起こるのです。

事例の多さには、実はそこまで価値はありません。「他の会社の事例が、自社にも当てはまるんだ」とお客様が感じられることが大

事なのです。

　成功事例だけ見せられたお客様は、「たまたまうまくいっているケースを都合よく持ってきただけでは？」と懐疑的になります。そのため、導入事例を紹介する場合は、紹介する事例企業と目の前のお客様との共通点を明確に説明しましょう。

　サブメッセージの３つ目は、「類似商品との違い」です。これは、グラフの「取扱商品について、似たような類似商品との違いを明快に説明してくれたとき」に対応しています。

　相見積もりやコンペで比べられるような、類似商品を提供する競合との違いを、お客様にわかりやすく説明する必要があります。

　ただ、ここで注意点があります。他社商品を露骨に否定し、自社商品をあからさまに優位な形で説明する形では、お客様の納得が得られません。

　実際、よく目にするのが「自社商品と他社商品の比較表」で、すべての項目において自社が他社を上回っているパターンです。

　しかし買う側にしてみれば、「この比較には本当に、客観性があるの？」と疑いたくなります。いくら何でも「すべての項目で上回っている」というのは真実味が薄い主観的なアピールに見えてしまうからです。

　競合との違いを語るときには、「お客様にもたらすインパクト」をなるべく客観的に示す必要があります。普段から、自社商品のよい点・改善点に対するお客様からのフィードバックを社内で共有しておきましょう。

　「３つのサブメッセージ」を作るとき、忘れてはいけないのが「取

扱商品に対してこちらが質問したら、的確な答えが返ってきたとき」お客様が価値を感じるのだということです。

　図に示したようなピラミッド構造で漏れなく情報を整理しておけば、お客様から質問が来たときに答えやすくなります。質問に対してその場で答えられることは、お客様が最も重要視しているポイントです。

　質問に答える対応力は、ただ商品知識を覚えるだけでは身につきません。実際にお客様から聞かれる場面をロールプレイで練習することによって、初めて身につきます。

　このように、お客様の文脈に合わせた商品紹介をすることにより、「テンプレートのごとく商品の機能を次から次へと紹介するだけの営業ではないのだな」とわかってもらえるのです。

「忙しさの仮面」の裏にある素顔は「アタリの営業に対しては、時間を割いて話を聞きたい」という本音です。

　商品紹介によって価値の根拠が伝わると、お客様は「何かあればこちらからご連絡します」ではなく「ぜひ詳細のご提案をいただきたく……」と前のめりになるはずです。

御用聞きでなく
「打てば響くリアクション」で勝負

御用聞き営業では「忙しさの仮面」が外れない

　先ほどは商品紹介の場面へ焦点を当てて説明しました。一方、特定の場面に依らず、「忙しさの仮面を外して、お客様と関係構築していくにはどうしたらよいか」について知りたくなるかもしれません。

　営業1万人調査において、「お客様との関係を深めたり、キーパーソンとのアポイントや当社への依頼を獲得できた成功体験として、どのようなものがありますか」という質問をしてみました。

　ローパフォーマーの回答で最も多かったのは「成功体験と言えるものは特にない」の18.7％ですが、これを除くと、特に回答が多かったものとして4つの項目が挙げられます。

　それは、「こまめにコンタクトを取ることによってお客様との関係性を深められた」（15.7％）、「商談や打ち合わせの場で、雑談を活用することにより関係性を深められた（例：趣味、プライベート、共通の話題など）」「お客様の話にじっくりと耳を傾け続けることで、関係性を深めることができた」「お客様のもとに何度も足を運ぶことで、関係性が深まったり重要なアポイントを獲得したりできた」（いずれも15.1％）です。

ハイパフォーマーは「**レスポンスの早さ**」と「**お役立ち情報提供**」で勝負。
ローパフォーマーは「**こまめな連絡**」「**雑談**」「**傾聴**」「**足繁く通う**」で勝負

Q 直近6ヶ月の間、お客様との関係を深めたり、キーパーソンとのアポイントや当社への依頼を獲得できた成功体験として、どのようなものがありますか（複数ある場合は、3つまで選んでください）。

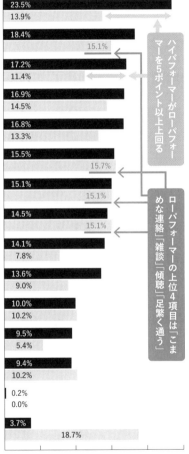

■ハイパフォーマー
■ローパフォーマー

項目	ハイパフォーマー	ローパフォーマー
お客様から頂いた問い合わせや宿題へのレスポンスを早くすることによって、関係性を深められた	23.5%	13.9%
商談や打ち合わせの場で、雑談を活用することにより関係性を深められた（例：趣味、プライベート、共通の話題など）	18.4%	15.1%
お客様へお役に立てる情報を提供することにより、関係が深まったり重要なアポイントを獲得したりできた	17.2%	11.4%
こちらが本音で話したり自己開示をしたりすることで関係性を深められた	16.9%	14.5%
お客様が抱える課題に対して的確な対応をし続けることによって、重要なアポイントや当社への依頼を獲得できた	16.8%	13.3%
こまめにコンタクトを取ることによってお客様との関係性を深められた	15.5%	15.7%
お客様の話にじっくりと耳を傾け続けることで、関係性を深めることができた	15.1%	15.1%
お客様のもとに何度も足を運ぶことで、関係性が深まったり重要なアポイントを獲得したりできた	14.5%	15.1%
お客様に対して、商品説明を超えた経営観点からのアドバイスをすることによって、大きな信頼を得ることができた	14.1%	7.8%
お客様が想像していなかったような創意工夫を伴う提案によって、当社への依頼を獲得できた	13.6%	9.0%
お客様が負担に思われている業務を一部お手伝いすることで関係を深められた（例：資料作成や社内調整など）	10.0%	10.2%
紹介を頂ける仕組みを作ることによって重要なアポイントを獲得できた	9.5%	5.4%
商談以外の場で接点を増やすことにより関係性を深められた（例：ゴルフ、飲み会、ランチなど）	9.4%	10.2%
その他	0.2%	0.0%
成功体験と言えるものは特にない	3.7%	18.7%

ハイパフォーマーがローパフォーマーを5ポイント以上上回る

ローパフォーマーの上位4項目は「こまめな連絡」「雑談」「傾聴」「足繁く通う」

出所：TORiX株式会社が実施した、マクロミルパネル利用のインターネット調査（2022年2月）
法人営業従事者による回答
※営業スキルに関する設問は全体がn=5003。そのうちn=3933に対しては、
マルチアンサー（複数回答）形式でさらに深掘り調査し、適宜クロス集計で分析した。

上位項目のポイントをまとめると「こまめな連絡」「雑談」「傾聴」「足繁く通う」で勝負する御用聞き営業というところでしょうか。

　しかし、「御用聞き営業」だけでは、なかなか成果が出づらいのが現実です。

御用聞き営業を放置しておくことがなぜ危険なのか

「御用聞き営業」だけでは、なぜ成果が出にくいのか？　この理由を営業とお客様の会話イメージから考えていきましょう。

営業	おはようございます。●●様、いつもお忙しい中、お時間をいただきありがとうございます。最近、お元気ですか？
お客様	こまめにご連絡ありがとうございます。今日は忙しいので手短にお願いします
営業	失礼いたしました。本題に参ります。先日お話しした新商品のカタログをお持ちしました。この商品の特徴は……
お客様	それは以前も聞きましたが、要するに他社との違いはどういうところなんでしたっけ？
営業	はい、それは……（商品の違いを説明しながら）ところで、先週、お子様の運動会とおっしゃっていましたが、いかがでしたか？
お客様	まあ、運動不足の身体にムチ打ってがんばりましたよ。……私の家庭の話は置いておいて、この商品の価格と納期はどうなっているんでしたっけ？
営業	申し訳ございません。価格は、このようになっております。

そして、納期は……（詳細を説明しながら）契約条件については、こちらの資料に記載しております。見積もりもつけておりますので、どうぞご確認ください。またご連絡しますね

お客様 ああ、はいはい。検討しますよ。今は忙しい時期なので、またこちらからご連絡します

こまめな連絡を心がけるのはよいことですが、雑談をまじえつつお客様の話を傾聴し、足繁く通うような「御用聞き営業」をするだけでは、お客様の検討状況はなかなか進みません。

お客様の課題解決に関する議論もしていませんし、検討の本気度もつかめていないからです。

しかし、この営業が帰社して商談報告すると「お客様と繰り返し接触し」「粘ってアポイントを勝ち取り提案機会までこぎつけ」「見積もりまで提示した」というステータスになってしまいます。

「ガンバリズムの罠」にハマっている営業組織では、この状態に対して上層部が気づかず、改善の指導が入りません。「がんばっていれば、そのうち結果が出るよ」というアドバイスをされるだけです。

単なる御用聞き営業を脱却し、「忙しさの仮面」を外すための具体的な方策が必要です。

ハイパフォーマーの武器は「レスポンス」と「お役立ち情報」

そこで今度は、先ほどのグラフについて、ハイパフォーマーにどういう傾向があるか見ていきたいと思います。

もちろん、ハイパフォーマーも、お客様にこまめに連絡したり、

お客様と雑談したり、お客様の話に耳を傾けたり、お客様のもとへ足繁く通ったり……といった行動をしていないわけではありません。

　ただ、ハイパフォーマーは、それ以外にも「有効な武器」を持っているのです。

「有効な武器」とは何でしょうか。

　本節の冒頭でご紹介したグラフを改めてご覧ください。ハイパフォーマーの回答で、特にローパフォーマーと大きく（5ポイント以上）差がついているのは「レスポンス」と「お役立ち情報」です。

　営業がお客様と関係を構築するうえでは、もちろん人柄や誠実さは外せない要素ではあります。しかしハイパフォーマーは、そのような「キャラクター」だけに頼らず、早くレスポンスし、お客様にお役立ち情報を提供するといった「打てば響くようなリアクション」ができているのです。

　私も仕事柄、営業支援の現場で、ハイパフォーマー営業と仕事をともにすることが多くあります。その中で気づくのは、「ハイパフォーマーは総じて、返信が早く、give の精神がある」という事実です。

　ハイパフォーマーの返信が早い理由としては、「仕事の進め方が効率的で、無駄がない」「タスクを溜め込まない」といった理由が浮かび上がります。

　むしろ、溜め込まないように早め早めに返信する習慣がついているために、より多くのタスクをこなし、高いパフォーマンスを維持できているとも言えます。

また「お役立ち情報の提供」についても、ハイパフォーマーと話
していると、共通した傾向があります。

　ハイパフォーマーは総じて、情報の出し惜しみをしません。自分
のもとにお得な情報が舞い込んできたら、それを自分だけで抱え込
まず、「give の精神」で相手に提供しています。「いいことがあっ
たら、人と分かち合う」が、ハイパフォーマーの自然な習慣になっ
ているのです。

　このような、「よい情報を流通させている営業」のもとには、当
然ながら、仕事の相談や依頼をはじめとしてさまざまな「いい話」
が舞い込んできます。その結果、営業の成果があがることにもつな
がるのです。

　本書で繰り返しお伝えしていますが、「成果があがらない営業＝
不真面目な営業」ということではありません。

　人柄がよく、真面目な営業はたくさんいます。ただ、真面目にや
っているのに、力の入れどころがズレてしまっているせいで成果が
あがらない……そんな営業がとても多いのです。

　マネジャーと話をすると、「アイツは営業への姿勢がなってない
から成果があがらないんだ」なんて声を聞くことも多くありますが、
そう決めつけてしまうのは早計です。

「レスポンス」と「お役立ち情報」はチーム戦で

　ハイパフォーマーが実践している「レスポンスの早さ」と「お役
立ち情報の提供」を、習慣化するにはどうしたらよいでしょうか？

　ハイパフォーマーは、課題解決スキルや商品知識が優れており、

お客様から何かしらの質問や要望が来たとき、迅速かつ適切に対応し、価値ある情報を提供することができています。

これを、単なる個人のファインプレーで終わらせず、組織に展開する必要があります。

営業1万人調査では、営業5073人に対して「組織の実態」を尋ねるなかで、「教育プログラムや営業ツールに関する組織的な取り組み」についても質問しました。

「効果的な取り組みがうちのチームにはない」という回答が目標達成チームの18.2％に対して目標未達チームは51.3％と、約3倍のスコア差がありました。

ハイパフォーマーの行動を横展開できている組織は、営業チームに対して強力なサポートを提供しています。これには、適切なトレーニング、効果的な営業ツール、製品知識の共有などが含まれます。「ガンバリズムの罠」にハマらないよう、営業の難しさと向き合い、「購買者の仮面」を外すための武器を提供しているのです。

その結果、組織ぐるみで、お客様からのリクエストに対して素早いレスポンスをしているのです。要するに、ハイパフォーマー営業が真に生まれる組織は「個人戦でなくチーム戦」を前提としています。

営業をチーム戦で戦うことは非常に重要です。「お役立ちの情報提供」という観点で、さらに解説していきます。

お役立ち資料は
「商品の理解ギャップを埋める」ように送る

お客様は思いのほか「商品・サービスの情報」を求めている

お客様と関係構築するにあたり、「お役立ち情報を送る」を武器にしているハイパフォーマー営業が多い傾向について、先ほどのグラフでお見せしました。

ただ、難しいのは、手当たり次第に情報を送るだけでは、いい反応は得られないということです。お客様も、すべての情報へコンスタントに目を通せるわけではありません。「忙しさの仮面」によって、簡単にスルーされてしまいます。

一方、送る情報がお客様にとって「価値のある情報」であれば、読まれる率が上がるはずです。

では、お客様に喜ばれる情報とは、どんな情報なのでしょうか。

次ページのグラフは、お客様1万人調査で「あなたが営業担当者から受け取るお役立ち情報として嬉しいものは何ですか。嬉しい順番に、1位から3位までお答えください」と質問を投げかけた結果です。

最も回答が多かったのは、「商品・サービスの機能や特徴」（1位20.1％、2位15.2％、3位10.7％）。そして2番目は「商品・サー

お役立ち情報は「**商品に関する理解不足を解消**」することが最も重要

 Q あなたが営業担当者から受け取るお役立ち情報として嬉しいものは何ですか。嬉しい順番に、1位から3位までお答えください。

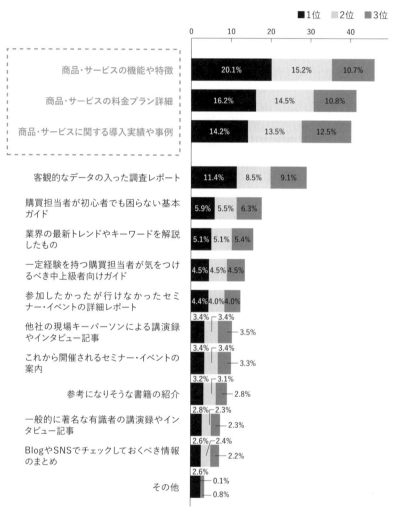

■1位　□2位　■3位

	1位	2位	3位
商品・サービスの機能や特徴	20.1%	15.2%	10.7%
商品・サービスの料金プラン詳細	16.2%	14.5%	10.8%
商品・サービスに関する導入実績や事例	14.2%	13.5%	12.5%
客観的なデータの入った調査レポート	11.4%	8.5%	9.1%
購買担当者が初心者でも困らない基本ガイド	5.9%	5.5%	6.3%
業界の最新トレンドやキーワードを解説したもの	5.1%	5.1%	5.4%
一定経験を持つ購買担当者が気をつけるべき中上級者向けガイド	4.5%	4.5%	4.5%
参加したかったが行けなかったセミナー・イベントの詳細レポート	4.4%	4.0%	4.0%
他社の現場キーパーソンによる講演録やインタビュー記事	3.4%	3.4%	3.5%
これから開催されるセミナー・イベントの案内	3.4%	3.4%	3.3%
参考になりそうな書籍の紹介	3.2%	3.1%	2.8%
一般的に著名な有識者の講演録やインタビュー記事	2.8%	2.3%	2.3%
BlogやSNSでチェックしておくべき情報のまとめ	2.6%	2.4%	2.2%
その他	2.6%	0.1%	0.8%

出所：TORiX株式会社実施、マクロミルパネル利用のインターネット調査（2022年5月）
「会社の予算で何かを購買したことがある」経験者による回答

(n=10303)

190

ビスの料金プラン詳細」（1位 16.2%、2位 14.5%、3位 10.8%）、
3番目は「商品・サービスに関する導入実績や事例」（1位 14.2%、
2位 13.5%、3位 12.5%）と続きます。

「商品・サービスに関する情報が、こんなにも喜ばれるのか」と驚
いたかもしれません。

　営業の側からすると、「売り込み情報を過度に送っては嫌われて
しまうだろう」「自社の商品情報ばかりを送っても、あまり読まれ
ないんじゃないか」と思いがちです。しかし、お客様のほうは、商
品・サービスに関する詳細な情報を求めているのです。

　実際、いざ本格的な検討段階になってみると、お客様に商品紹介
はすでにしているはずなのに、理解されていないことへ愕然とした
経験のある方もいらっしゃるでしょう。

　お客様は、商品についての理解が足りないまま意思決定をしよう
としていることが多いのです。

　本来、検討プロセスで商品の情報は必要なのですが、「商品情報
をリクエストすることでハズレの営業から売り込まれることは避け
たい」という気持ちがあるので、「忙しさの仮面」をつけたお客様
はそう簡単にリクエストをしてきません。

　では、どんなふうに情報を送るのがよいのでしょうか。

まずは「売り込み色の強くない情報」から先に送る

　お客様は商品・サービスに関する情報を（本音のところで）求め
ているものの、「商品・サービスに関する情報をもっとください」

とストレートに言わないのは、売り込みに対する防御反応からくるものです。

　お客様に「忙しさの仮面」を外してもらうには、「まずは売り込み感のない有益情報から送り、価値の根拠を示してから、徐々に商品・サービスに関する情報を届けていく」といった戦略が必要になります。

「売り込み感のない情報」とはどのようなものでしょうか。ヒントになるのは、先ほどのグラフの上から4番目「客観的なデータの入った調査レポート」（1位 11.4%、2位 8.5%、3位 9.1%）です。

　前節で、「ハイパフォーマー営業の行動を習慣化するには、個人戦でなくチーム戦で戦うべき」とお伝えしましたが、組織単位でこういったお役立ちツール作成に取り組むことができると心強いです。

　客観的なデータの入った調査レポートは、「売り込み」ではなく「事実」ですから、お客様の警戒や抵抗は生じにくいものです。中身の濃い調査レポートであれば、社内で回覧されることもあるでしょうから、お客様の社内における自社の信頼度も上がっていきます。

　ただ、調査レポートを作るのにはコストがかかります。調査レポートを作るのが難しい場合は、たとえば「購買担当者向けの基本ガイド」や「業界のトレンドやキーワードの解説」といったものでもいいでしょう。「一定経験を持つ上級者向けガイド」も、コンテンツとしては有用です。

商品・サービスの情報提供は「5つのC」の観点で

「売り込み感のない情報」を送ったときに、お礼の返信があったり、情報へのコメントがあるなど、もし何らかのよいリアクションが見られるようなら、お客様が（本来）欲している「商品・サービスの情報」の提供へと移行しましょう。

　ただ、注意すべきは、急に「売り込み感」が出すぎると、お客様が「忙しさの仮面」をかぶってしまいかねないということです。

　それらを防ぐために大切なのは、情報の出し方を工夫し、さまざまな角度から提供することです。次ページに挙げた図は、お客様に響く情報提供を考える枠組みの例です。

　有名なフレームワークである「3C」（Customer［市場・お客様］、Competitor［競合］、Company［自社］）に、「Competitor of Customer（お客様にとっての競合）」と「Customer of Customer（お客様のお客様）」を加え、「5C」としてまとめました。

　まずは、中心にある「お客様」を見ていきます。「お客様は自社や他社に対してどのような認識を持っているのか」「お客様の組織内や検討状況は今どのようになっているのか」といった状況に目を向けつつ、自社や他社に対する認識を考えます。

　たとえばここで、ある程度興味があり、真剣に購買を検討している対象として自社を見てくれている場合は、商品・サービスに関する情報をストレートにお送りしてもいいかもしれません。ただし、

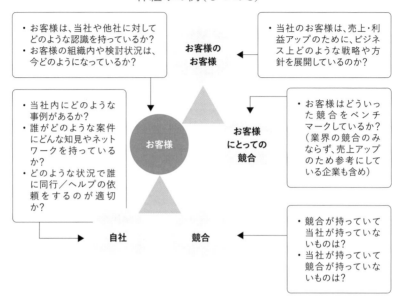

お客様に響く情報提供を考えるうえでの
枠組みの例（5つのC）

- お客様は、当社や他社に対して
どのような認識を持っているか？
- お客様の組織内や検討状況は、
今どのようになっているか？

お客様の
お客様

- 当社のお客様は、売上・利
益アップのために、ビジネ
ス上どのような戦略や方
針を展開しているのか？

- 当社内にどのような
事例があるか？
- 誰がどのような案件
にどんな知見やネット
ワークを持っている
か？
- どのような状況で誰
に同行／ヘルプの依
頼をするのが適切
か？

お客様

お客様
にとっての
競合

- お客様はどういっ
た競合をベンチ
マークしているか？
（業界の競合のみ
ならず、売上アップ
のため参考にして
いる企業も含め）

自社   競合

- 競合が持っていて
当社が持っていな
いものは？
- 当社が持っていて
競合が持っていな
いものは？

そうでない場合は多少のステップが必要です。

今度は、自社の中に、何かしらお客様から喜ばれそうな情報がな
いかどうか目を向けます。

社内にどのような事例があるか、誰がどの案件にどのような知見
やネットワークを持っているか、誰にヘルプの依頼をするのが適切
かを考えながら、お客様に喜ばれそうな情報を探るのです。

ただし、自社からお送りする情報が、競合と同じものだと、魅力
は薄れてしまいます。そのため、「競合が持っていて自社が持って
いないものは何か」「自社が持っていて競合が持っていないものは
何か」と、競合比較の観点からも送るべき情報を考えましょう。

情報の質を高めるには、お客様にとっての競合も意識してみましょう。「お客様はどういった競合をベンチマークしているか」を考え、参考になりそうな資料を送ります。

　お客様の業界内の競合のみならず、業界外であったとしても、注目されている企業があれば、それも含めて考える必要があります。たとえば、飲食業界の事例は、「店舗をエリア展開している」という共通点から、小売業界のお客様にも参考になる場合があります。

　さらに、「お客様のお客様」にも目を向けましょう。お客様がビジネス上、どのような戦略や方針を展開しているのか考え、成功するために助けになりそうな情報にアンテナを張っておきます。

　たとえば、私はお客様に時折「どんなビジネス情報をチェックしていますか？」と質問しています。お客様の情報源を自分も理解しておくことが、情報提供する際に役に立ちます。

　このように、「5C」を考えることで、いきなり商品・サービス情報を送るよりも戦略的な情報提供ができるようになります。

「あなたのために」を強調したカスタマイズメール

　いくらいい内容でも、いわゆる「テンプレート的な営業メール」と受け取られてしまうと、「忙しさの仮面」をつけたお客様にスルーされてしまいます。

　そこで、前回の商談でお客様が口にしたキーワードを入れたりすると、メールへの興味が高まります。

　たとえば、お客様に対して提案を出し、まだ結果が出ていない状

況を想像してみましょう。こんなとき、「ご検討状況はいかがでしょうか?」と連絡するだけでは、お客様が返信をする気分にならないでしょう。

しかし、「先日○○様は△△とおっしゃっていました。ちょうど今週あたり、役員とお話しされるかと存じますので、ご参考になりそうな資料をお送りします」というように、お客様の状況を理解した形であれば、メッセージに目を留めてくれやすくなります。

また、イベントの案内についても同様です。
「来月、弊社でイベントを主催いたします。よろしければご来場ください」という通り一遍の案内メールはそのまま読み捨てられてしまいますが、「以前、○○様から伺った△△の課題について、具体的な事例をご覧いただけるかと存じます」と書き添えれば、お客様からの返信率も、イベントへの参加率も上がります。

お客様に対して「あなたのための情報である」という、カスタマイズ性の強いメッセージは強力な武器になります。
「脱テンプレート」を心掛け、ひとりひとりのお客様に合わせて細かくメッセージを作り込んでいけば、それだけお客様と会うチャンスは増えていきます。

関係構築は「接触回数」
「早いレスポンス」「正直さ」で

お客様との関係構築へ大きく影響する TOP2 は「対面で会う回数」「早い対応」

　本章でたびたび強調してきた早いレスポンスの有効性について、お客様との関係構築という観点から補足したいと思います。

　営業が成果をあげるうえで、お客様との関係構築が大切なのは言うまでもありません。

　問題は「どのようにしてお客様と関係構築すればいいのか」です。多くの営業は、お客様と関係構築したいと思いつつも、「忙しさの仮面」に阻まれて、そもそもコミュニケーションの機会を十分にもらえていません。

　さて、次ページに挙げたのは、お客様 1 万人調査で「営業担当者との関係構築において、下記の要素はどの程度影響しますか」というアンケートを行った結果です。

　それぞれの項目に対して、「大いに影響がある」「少し影響がある」「どちらとも言えない」「あまり影響がない」「影響はない」の5段階で答えていただきました。

　最も「大いに影響がある」との回答を得たのは、「対面商談で話

「対面で会う回数」「早い対応」「正直さ」が
お客様との関係構築に大きく影響する

Q 営業担当者との関係構築において、下記の要素はどの程度影響しますか。

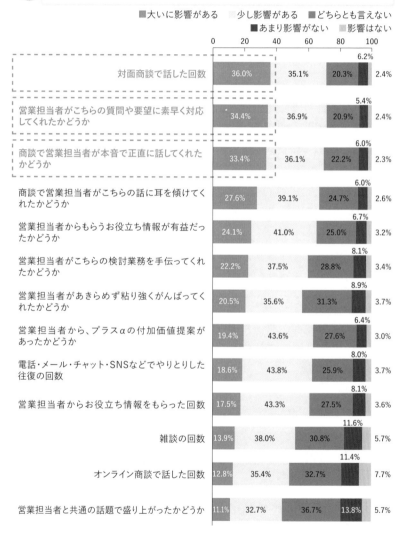

■大いに影響がある　少し影響がある　■どちらとも言えない
■あまり影響がない　■影響はない

項目	大いに影響がある	少し影響がある	どちらとも言えない	あまり影響がない	影響はない
対面商談で話した回数	36.0%	35.1%	20.3%	6.2%	2.4%
営業担当者がこちらの質問や要望に素早く対応してくれたかどうか	34.4%	36.9%	20.9%	5.4%	2.4%
商談で営業担当者が本音で正直に話してくれたかどうか	33.4%	36.1%	22.2%	6.0%	2.3%
商談で営業担当者がこちらの話に耳を傾けてくれたかどうか	27.6%	39.1%	24.7%	6.0%	2.6%
営業担当者からもらうお役立ち情報が有益だったかどうか	24.1%	41.0%	25.0%	6.7%	3.2%
営業担当者がこちらの検討業務を手伝ってくれたかどうか	22.2%	37.5%	28.8%	8.1%	3.4%
営業担当者があきらめず粘り強くがんばってくれたかどうか	20.5%	35.6%	31.3%	8.9%	3.7%
営業担当者から、プラスαの付加価値提案があったかどうか	19.4%	43.6%	27.6%	6.4%	3.0%
電話・メール・チャット・SNSなどでやりとりした往復の回数	18.6%	43.8%	25.9%	8.0%	3.7%
営業担当者からお役立ち情報をもらった回数	17.5%	43.3%	27.5%	8.1%	3.6%
雑談の回数	13.9%	38.0%	30.8%	11.6%	5.7%
オンライン商談で話した回数	12.8%	35.4%	32.7%	11.4%	7.7%
営業担当者と共通の話題で盛り上がったかどうか	11.1%	32.7%	36.7%	13.8%	5.7%

出所：TORiX株式会社実施、マクロミルパネル利用のインターネット調査（2022年5月）
「会社の予算で何かを購買したことがある」経験者による回答

(n=10044)

198

した回数」（36.0％）でした。これは大方の予想通り、といったところでしょうか。

　さて、注目すべきは、2番目に「大いに影響がある」の回答が多かった項目です。それは「営業担当者がこちらの質問や要望に素早く対応してくれたかどうか」（34.4％）です。

　確かに「クイックレスポンスは重要」と営業の世界ではよく言われますが、それにしても「大いに影響がある」が34.4％もいることは驚きです。「対面商談で話した回数」の36.0％とほぼ変わらない数字と言っても差し支えないでしょう。

　お客様は「対面で会うこと」と同じくらい、早いレスポンスも重要視していることが伺えます。

　一方、面と向かって「早く返事をくれ」と急かしてくるお客様はそう多くありません。そのため、なんとなく「クイックレスポンスは大事だ」とは思いつつも、「まあ、そこまで重要ではないだろう」と甘く見てしまう営業が多いのも事実です。

　しかし、13個も項目を並べた中で、お客様は「対面商談で話す」と同じくらいに「早いレスポンス」を重要視していることを知れば、認識も変わってくるのではないでしょうか。

　「レスポンスの早さ」は、お客様の「忙しさの仮面」を外し、関係構築するうえで大きなインパクトがあるのです。

「本音で正直なコミュニケーション」に持ち込む方法

　そして、グラフで3番目に「大いに影響がある」が多かったのは、

「商談で営業担当者が本音で正直に話してくれたかどうか」（33.4％）でした。

「営業担当者がこちらの質問や要望に素早く対応してくれたかどうか」よりも1ポイント下がりますが、やはり上位2項目と同じくらいの影響度があると言えます。

「本音で正直に話す」は人としての基本ですから、人間相手の営業という仕事においてもやはり欠かせないものです。

　ここで難しいのは、「本音で正直に話す」ことはもちろん大切なのですが、アポイント以前に「まずは資料をメールで送っていただけますか」と言われている段階では、正直に話すことすらままならない現実です。

「忙しさの仮面」をつけたお客様に対して、いくら正直に話そうとしても、話す機会がもらえなくては、関係が進展しません。

　そこで、本章「2　アポイント獲得の鍵は『課題解決』『費用対効果』」での内容を踏まえると、「課題解決力・費用対効果・レスポンスの3要素でまずは価値の根拠を示してアポイントをいただき、いざお客様にお会いできたら、本音ベースのコミュニケーションによって関係を構築していく」のがおすすめです。

　この順番はとても大事です。「忙しさの仮面」によってお客様の素顔が見えない状態では、「本音で正直」の重要性をどれだけ心得ていても、単なる御用聞きに終わってしまいやすいのです。本章「5　御用聞きでなく『打てば響くリアクション』で勝負」のグラフで示したように、ローパフォーマー営業の特徴は「御用聞き以外の武器が少ない」ことでした。

さて、ここまでの上位3項目は、（関係構築に）「大いに影響がある」と答えたお客様が30％を超えた項目です。「対面での接触回数」「早いレスポンス」「正直さ」の重要性を改めて確認しておきましょう。

「忙しさの仮面」を外す武器は、組織で取り組むべき課題

「お客様と関係構築すれば成果が出る」とよく言われますが、2万人調査から、「大量行動をすれば必ずお客様と関係構築でき、成果が出る」とは一概に言えないことが見えてきました。

入口段階でお客様と関係構築する際のハードルについて、単純に行動量を増やすだけではなく、お客様に価値の根拠を示すことが重要なのです。

お客様の「忙しさの仮面」がまだ外れていない状態では、「課題解決力」「費用対効果」「クイックレスポンス」が価値の根拠になります。

そして、お客様の仮面が外れてくると、営業が本音で正直に話したり、お客様の話に丁寧に耳を傾けたりといった、人としての真摯なコミュニケーションが響くようになってきます。

一方、多くの会社を支援する中で、現場の営業からは「課題解決力、費用対効果、クイックレスポンスが大切なのはわかるけれど、こんなに多くの業務に追われている中で、営業担当者にそこまで求めるのは難しい」という声もよく聞きます。

確かに営業は忙しい仕事であり、個人の努力だけで実現するのは難しいのが現実です。

　そのため私は、繰り返し本書で強調している通り、「課題解決力」「費用対効果」「クイックレスポンス」は個人として取り組むだけでは足りず、会社（チーム）として実現させるタスクであると考えています。
　具体的には、お客様から来そうな質問・要望や費用対効果の事例をリストにしてデータベース化しておいたり、お客様に送るメールの書き方をトレーニングし、経験値の少ない営業でも素早く返信しやすくしたりといった施策が有効です。
　また、お客様から質問・要望が来たとき、社内のチャットに投げ込むと誰かからすぐにアドバイスや返信の応援がもらえる態勢を整えるのもよいでしょう。

　営業ひとりひとりの属人的な努力として対応力を上げるのには、限界があります。しかし組織として態勢を整えれば、「忙しさの仮面」には十分対処できます。
　もちろん、「お客様へ真摯に向き合う」という、人としてのありかたに磨きをかける努力を各個人が常に行う必要があるのは言うまでもありません。

第 4 章 ま と め

「忙しさの仮面」をつけたお客様は、「忙しい」「時間がない」を口実に、コミュニケーションをすぐ切り上げてこようとします。「そこを何とか」と拝み倒しても、「資料だけいただけますか。何かあればこちらからご連絡します」と冷酷に伝えてきます。

「忙しさの仮面」の裏にある素顔（本音）は、「レベルの低い営業に時間を使いたくない」です。お客様が「もう一度会いたい」と思うレベルの営業に出会うのは6人に1人という確率ですから、大半の営業を「ハズレかもしれない」と想定し、とりあえず接触を最低限に抑えて様子を見るわけです。

　もし、実力のあるハイパフォーマー営業が相手なら、時間をとっていい提案をもらいたいはずです。

「忙しさの仮面」を外す鍵は「価値の根拠を示す」です。課題解決や費用対効果の点でお役に立てることを、早いレスポンスと共に伝えていきましょう。

　しかし、ここで多くの営業が陥りがちなポイントがあります。
「真面目で誠実」なだけでは、なかなか「忙しさの仮面」は外れないのです。

　もちろん、真面目で誠実なことは営業として大切なのですが、それ以外の武器が少ないと、ひたすら「拝み倒し」でお願いするしかありません。

　また、お客様に対して「御用聞き」をするだけでは、活路が
開けません。

　こまめな連絡をすることは大事ですが、雑談をまじえつつ
お客様の話を傾聴し、足しげく通うだけでは、お客様の検討
状況が進まないのです。

　営業1万人調査によれば、ハイパフォーマーも「真面目で
誠実」ですし、「こまめな連絡や訪問」「雑談」「傾聴」といった
ことはしないわけではありません。ハイパフォーマーがロー
パフォーマーと違うのは、**武器の幅広さ**です。

「忙しさの仮面」を外してもらうための武器としては以下の
ようなものがあります。

【「忙しさの仮面」を外すためのキーワード】

- 目の前のお客様にひもづけた**課題解決の道筋**
- 根拠を備えた**費用対効果の提示**
- お客様の質問や要望に対する**クイックレスポンス**
- 資料や時間配分において抜かりのない**事前準備の段取り**
- 通り一遍でなく、お客様の文脈に合わせた商品紹介
- 商品の理解ギャップを埋める**お役立ち情報**
- 売り込み感のない情報提供をするための**5つのC**
- 「本音で正直なやりとり」に持ち込む**関係構築の順番**

第 5 章

「いきなりの仮面」を外すためには
「高速ラリー」で勝負

なぜお客様は「いきなり」
要求してくるのか？

突然の提案依頼……どうする⁉

　営業をやっていると、いきなり「今週中に見積もりをください」といった突然の依頼が来ることがあります。厳しいスケジュールを突きつけられながら、がんばって見積もりや提案をお送りしたのに、あっさり不採用……これはつらいですよね。

　短納期の見積もり依頼が来た場合、競合他社が先行しているサインかもしれません。そのような状況への対処法がわかっていないと、「がんばって早く提案したのに」と、せっかくの努力がムダになってしまいます。「急な見積もり依頼はすべて拒否します」というスタンスを取れればいいのですが、必ずしもそうはいかない現実があるものです。

　それにしても、「今週中に見積もりをください」というのは、いくらなんでも「いきなり」すぎないか……。
　実はこれが、本章で解説する「いきなりの仮面」です。

　まず、この「いきなりの仮面」にまつわる状況を、もう少し詳しくイメージしてみましょう。

競合に遅れをとっている商談で起こりがちなこと

| 提案依頼 | ヒアリング | 提案作成 | プレゼン | 見積もり提出 | 結果連絡 |

対・競合

| 初期段階から一緒に議論させてください | | 上司に同席させますのでプレゼンお願いします | | 他社はこの価格です | お願いします |

お客様

対・当社

| 1週間で提案ください | 忙しいので提案はメールでお願いします | | 他社の価格は秘密 | 惜しくも今回は…… |

　たとえば、「お客様からいきなり見積もり依頼が来る」ということは、裏側で実はコンペになっていて、競合他社に遅れをとっている可能性が高いです。

　競合はおそらく早い段階から商談を開始しており、当社よりも多くの情報を握っていることが容易に想像できます。

　この状況に対処する戦略としては2つあります。一つは、早期に見切りをつけること。もう一つは、可能性があるなら受注を目指すために最善を尽くすことです。見切りをつけるかどうかについては後ほど触れます。

　まずは「遅れをとっている状況から、どう逆転受注を目指すか」について解説していきます。

遅れをとったコンペで「いきなり提案内容で勝負」しては いけない

　お客様が競合他社とすでに話を進めているのに、後から出して 「当社のほうがよい提案です」とすぐに理解してもらうのは難しい ものです。

　なぜなら、お客様は競合の提案内容に賛同している一方、あなた の提案内容を理解するための時間が限られているからです。

　ここで、多くの営業担当者が陥る落とし穴は、「遅れを取ってい るなら、挽回できるような提案をしなければ」と意気込んでしまう ことです。

　確かに、優れた提案を出すことは重要ですが、そのためにヒアリ ングや打ち合わせを重ねることが必要だとすると、お客様は面倒く さく感じてしまいがちです。

「いきなりの仮面」をつけたお客様は冷酷無比に「今週中に見積も りをください」のように言ってきます。

　お客様としては、すでに話を進めている会社（＝あなたの競合） の提案だけを上申して社内承認を取ろうとしても、「他の会社は見 たのか」と言われるため、複数の会社を比較した検討結果として報 告しようとしているわけです。

　ここが重要なポイントですが、この仮面の裏側にある素顔（本 音）は「話が早くて頼りになる営業にお願いしたい」です。

もし仮にお客様が「各社の提案内容をとことん吟味して、ベストの提案を選び抜きたい」ということなら、もっと各社に対して公平な状況で見積もりを依頼し、時間をかけてコンペを行うはずです。

　それが「突然の依頼」をしてまで複数の会社の提案をそろえたいというのは、「時間の要請（＝社内の検討締め切り）」があるからにほかなりません。

　あなたがどれほど素晴らしい提案をできる状態にあるとしても、このような場合、その時点におけるお客様の優先順位は「話の早さ」にあるのです。

　そこで、「いきなりの仮面」に対しては、すぐに「提案内容の差別化」を狙うのではなく、まずは「話が早くて頼りになる」というポジションを獲得しにいく、すなわち「スピードの差別化」が有効です。

　もし、先行する競合他社の提案にお客様が100％満足していなければ、あなたが「話が早い営業」と認識されることで、十分に戦うことができます。話が早いということでお客様からの評価が上がってから「提案内容の勝負」に持ち込むのです。

　では、その足がかりとなる重要な戦術として「高速ラリー」を紹介します。

「いきなりの仮面」を外す鍵は「高速ラリー」にある

「高速ラリー」とは、「クイックレスポンス＋密なやりとり」からなるものです。

意思決定の期限が近づくと、お客様は多くの業務に追われます。各社の提案内容をまとめる、内部での会議を設定するなど、タスクは増える一方です。

　このような状況で、即座に反応が返ってくる営業は、お客様に安心感を与えます。前章でもグラフをご紹介しましたが、レスポンスの早さは、お客様にとって非常に魅力的であり、営業との関係構築においても大きな役割を果たします。

　ただし、クイックレスポンスは単に早くメールを返すだけではありません。お客様の疑問や要望をできるだけ短い時間で解決することも含みます。

　たとえば、後から出すあなたの初期提案が（お客様の評価として）65点の出来だったとします。

　一方、競合他社が75点で先行している場合、お客様はすでに話をしている他社の75点を推すほうが楽で着実のように見えるでしょう。たとえば、お客様の期待する合格ラインが80点だとしたら、75点の提案を少しブラッシュアップしてもらえばよいのです。

　しかし、あなたの65点が「早いレスポンス」とセットだったら、話は変わってきます。

　まず、お客様に「あれ？　すでに話を聞いている会社より、圧倒的にレスポンスがいいな。もしかしたら、期待してもいいかも……」と感じてもらえたらチャンス到来です。

　早いレスポンスに心が動いたお客様から「素早いご対応ありがとうございます。ご提案について、この点を修正していただくことは可能でしょうか？」のような宿題が来たら、さらにスピードを意識

して修正提案を出すのです。

　そうすると、「打てば響くスピード感が気持ちいいな」と、お客様の中で評価が上がってきます。

　あなたの提案が65点→70点と、短期間でブラッシュアップされている間に、競合の提案が75点のままだと、お客様は「すでにもらっている75点の提案を上回ってくるかもしれない」と感じるでしょう。

　このように、「もっといい提案が出てくるかも」と期待するお客様からの疑問や要望を解決しているうちに、それは「密なやりとり」になります。その結果、競合を上回る提案（80点以上）になってくれば、あなたの提案が選ばれることになるのです。

「クイックレスポンス＋密なやりとり」による高速ラリーは、当初は当て馬に過ぎなかった提案を最終的に選ばれるものにするための強力な武器です。

たとえ惨敗案件でも「高速ラリー」による印象づけをしておく

　さて、ここまでの話を整理してみます。

　競合他社がすでに動き出している案件では、お客様は「いきなりの仮面」をつけて短納期の行動を要求してきます。

　この仮面の裏側にあるお客様の素顔（本音）は「話が早く、頼れる営業に依頼したい」という願望に他なりません。

　競合他社に提案内容で多少のリードをされていても、あなたがこの高速ラリーでお客様の心をつかめれば、話が早くて頼れる営業だ

と見なされることで、「いきなりの仮面」は外れていきます。

　一方、競合他社にかなり大きくリードされていて現実的に勝ち目がない「惨敗」案件だったとしても、「早いレスポンス＋密なやりとりができる営業である」と印象づけておくことをおすすめします。「突然の見積もり依頼」をしてきたお客様に対して、いきなり見切りをつけてしまうのではなく、長期的に見て取引したい相手なのであれば、まずは高速ラリーをしてみて、感触を探ってみるというのも、一つの戦略です。

　高速ラリーができることを示せれば、お客様からの評価は上がります。

　予算規模が大きいお客様であれば、それによって他の案件で提案チャンスが増える可能性が高くなるでしょう。

　特に競合他社が存在する案件では、スピードを武器にする「高速ラリー」は非常に効果的です。その具体的な方法について、本章で詳しく解説していきます。

レスポンスは「返信1日、解決2日」が合格ライン

7割のお客様が求める「レスポンス」の時間感覚

　先ほど、「いきなりの仮面」を外してもらうための「高速ラリー（＝クイックレスポンス＋密なやりとり）」について説明しました。前章でも重要性を解説した「クイックレスポンス」について、ここで具体的に掘り下げてみます。

　よく、「お客様からのメールには即レスを心がけて、なるべく早く返信している」という営業の声を聞きます。
　では、「お客様が評価する早さ」は、具体的にどのくらいのスピードなのでしょうか。

　次ページのグラフは、お客様1万人調査で「あなたが営業担当者に『不明点の問い合わせ』や『対応のリクエスト』をしたとき、レスポンスの早さはどのぐらいが望ましいですか」と質問をした結果です。
　質問に対し、回答者には2つの視点で答えていただきました。「まず最初の返事が来るまでの時間はどれくらいが望ましいか」と、「こちら（お客様）の疑問や課題が解決するまでの時間はどれくらいが望ましいか」です。

7割のお客様が求めるレスポンスは
「最初の返答は1日」「解決するまで2日」

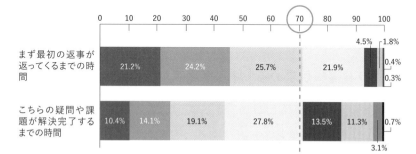

Q あなたが営業担当者に「不明点の問い合わせ」や「対応のリクエスト」をしたとき、レスポンスの早さはどのぐらいが望ましいですか。最も近いものをお選びください。

■ 1時間未満　　　■ 1時間以上4時間未満　　■ 4時間以上1日未満　　　□ 1日以上2日未満
■ 2日以上3日未満　■ 3日以上1週間未満　　■ 1週間以上2週間未満　　■ 2週間以上

出所：TORiX株式会社実施、マクロミルパネル利用のインターネット調査（2022年5月）
「会社の予算で何かを購買したことがある」経験者による回答

(n=10303)

　上のグラフの「まず最初の返事が来るまでの時間はどれくらいが望ましいか」から見てみましょう。

　驚きなのは、「1時間未満で最初の返事が来るのが望ましい」と考えるお客様が21.2％もいることです。「即レス」と言っても、1時間未満の返信を求めるお客様が、これだけいるという現実に、調査設計者である私もびっくりしました。

　続いて「1時間以上4時間未満」が24.2％、「4時間以上1日未満」が25.7％。これら3つの回答を足し合わせると70％を超えます。つまり「お客様の7割は、1日未満で最初の返事が来ることを期待している」のです。

　お客様から質問や要望を受けたときには、少なくとも1日未満で

最初の返事をする。これが一つの指針となります。

　さらに、グラフの下側にも目を向けましょう。
「こちら（お客様）の疑問や課題が解決するまでの時間はどれくらいが望ましいか」についてです。こちらは、「1時間未満」「1時間以上4時間未満」「4時間以上1日未満」「1日以上2日未満」を足し合わせると70%を超えます。
「お客様のうち7割は、疑問や課題を抱えたとき、2日未満で解決してほしいと考えている」と言い換えてもいいでしょう。

　この「2日未満」という時間。あなたはどう受け止めましたか。
　私は率直に、「ハードルがかなり高いな」と感じました。扱う商材によってもさまざまではありますが、なかには社内の関係部署に問い合わせなければならなかったり、上司の承認を得なければならなかったりと、手続きに時間がかかるケースもあるでしょう。
　そのような場合も含めて「2日未満でお客様の疑問や課題を必ず解決する」のは、かなり難しいことです。

　ただ、これが「お客様が期待している水準である」と、一つの事実として知っておくのには大きな意味があります。
「早さ」についてお客様が課すハードルはあまりにも高く、多くの営業はその期待に応えることが難しいでしょう。
　ということは、もしも（疑問や課題の解決まで含めた）クイックレスポンスを実践できれば、大きな差別化になるということです。特に競合に先行されている案件において、「スピードによる差別化」は突破口となりえます。

すなわち、「お客様の疑問や課題」がまだ残っているときは、提案内容よりもクイックレスポンスでお客様からの評価を上げる大きなチャンスなのです。

「返信１日、解決２日」の裏側にある背景

ここまで読み進めていただくとお気づきのように、お客様が求める「クイックレスポンス」とは、単に「１日未満で返事が来ればよい」というものではないことがわかります。

１日未満で返信が来ることは「前提」レベルであり、２日未満で疑問や課題を解決してくれる。これこそが、お客様が満足する「意味のあるクイックレスポンス」なのです。

「２日未満でお客様の疑問や課題を解決する」という高いハードルをいかにクリアするか。真剣に考える必要があります。

それにしても、なぜ、こんなにもお客様の求める時間感覚は厳しいのでしょうか。

ここで「いきなりの仮面」の裏側にある背景について考えてみます。そこには、お客様社内の検討スケジュールが迫っているという事情があります。

要するに、お客様が「厳しい時間感覚」を求めてくる背景として、裏側にいる社内関係者の存在を意識する必要があるのです。

たとえば、現場の担当者であるお客様が「早く送ってほしい」と言っているときは、その担当者の上司から「今週中に●●の件を報告せよ」などと言われているケースもありえます。

営業としては、「目の前の担当者からの質問やリクエストに応える」のみならず、裏側に存在する社内業務の流れをいかにスムーズにするか、ここに応えていかなければなりません。

レスポンスに必要な「知見」を社内で共有する

「お客様は1日未満で最初の返信が来て、2日未満で疑問や課題を解決してくれることを望んでいる」と言っても、営業が忙しいのもまた事実です。

「1日未満で最初の返信」は意識次第である程度対応できるでしょうが、難しいのは「お客様の疑問や課題を2日以内で解決する」ことです。これを営業1人の努力でクリアし続けるのは容易ではありません。

　そこで大事になるのが、前章の最後でもお伝えしたように、レスポンス時間を縮める取り組みを「会社（チーム）として」行うことです。

　レスポンス速度を上げるためにできるチーム単位の取り組みとして、「お役立ち情報集」の例を挙げます。

　お客様から聞かれそうなことや、お客様の課題を解決するために必要になりそうな情報を社内で集約しておくと、どのメンバーも即座に引っ張り出して使うことができます。

　いわば、虎の巻のようなものです（当社におけるイメージサンプルを次ページに図示します）。

　お客様の疑問や課題の解決をすべて営業個人の努力に委ねてしまうと、一部のハイパフォーマーは対応できるかもしれませんが、社

社内で用意しておく「お役立ち情報集」

歴が浅かったり、経験値が十分でなかったりする若手営業は、レスポンスに時間がかかってしまいます。

　しかし、会社で情報源を集約して共有し、一定の頻度で更新しておくことで、皆が使いやすいツールになります。このようなツールを組織ぐるみで活用することにより、どの営業もお客様に効果的なレスポンスをできるようになります。

　また、営業が「これについて知っている方、教えてくれませんか」と同僚へ気軽に聞けるコミュニケーションルートを作るのも大切です。

　当社では次ページの画像のように、「知恵を借りたい」というコミュニケーションが気軽に取れるように、「ヘルプ」専用のチャッ

「お知恵を借りたいです」チャンネル

トを設け、メンバーが助け合える仕組みを作っています。

　会社全体で、お客様に「いきなりの仮面」を外してもらうための
レスポンスに対策を打っているのです。

　お客様から疑問や課題が突きつけられるのは、営業にとっては難
しい局面です。「いざ自分が困ったときに、誰かが助けてくれる。
だから誰かが困っていたら、自分が助ける」といった循環が回るよ
うな風土を組織として醸成することにより、組織全体としても対応
のスピードアップが実現できます。

　私が見てきた営業組織の中でも、お客様への対応が早い会社は総
じて、会社としてのバックアップに力を入れています。

情報の共有以外にも、こまめに勉強会を開いていたり、支援チームが営業を助ける仕組みが整っていたりする会社が多いのです。

　「いきなりの仮面」をかぶったお客様は、営業に対して容赦なくスピード対応を求めてきます。対応を営業個人に委ねるだけでは、営業の労働環境はどんどん厳しくなり、追い詰められていきます。
　改めて、お客様への対応は「チーム戦」であるという認識を持つことが大切です。

コンタクトの頻度は
「週1回以上」をキープする

やりとりの頻度が「週1回」を下回ると危険信号

　お客様が営業に求めるレスポンスは、「最初の返信は1日未満、疑問や課題が解決するまでは2日未満」であることがわかりました。ただ、多くのお客様を抱えた営業がこのスピード感を実現するには、先ほど述べたチーム戦など、それなりの工夫が求められます。

　一方、営業個人ができる努力として、日ごろからこまめにお客様とやりとりをしていれば、お客様に何か困ったことが出てきたときに、すぐに対応しやすいでしょう。
「いきなりの仮面」をつけたお客様が望むのは話が早い営業なので、「密なやりとり」は大きな加点材料になります。

　では、お客様はどれくらいの頻度で営業とやりとりすることを望んでいるのでしょうか。
　次ページに挙げたのは、お客様1万人調査で、「あなたが過去において信頼関係を築いた営業担当者との『商談』と『電話・メール・チャット・SNSなどを通したやりとり』は、案件発生から発注決定までどのぐらいの頻度で行われていましたか。最も近いものをお選びください」と質問した結果です。

提案中のお客様への接触が「**週に１回**」未満だと危険信号

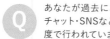 あなたが過去において信頼関係を築いた営業担当者との「商談」と「電話・メール・チャット・SNSなどを通したやりとり」は、案件発生から発注決定までどのぐらいの頻度で行われていましたか。最も近いものをお選びください。

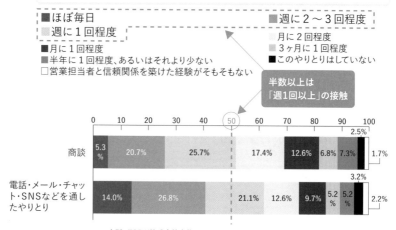

出所：TORiX株式会社実施、マクロミルパネル利用のインターネット調査（2022年５月）
「会社の予算で何かを購買したことがある」経験者による回答

（n=10303）

　商談については、「ほぼ毎日」が5.3％、「週に２～３回程度」が20.7％、「週に１回程度」が25.7％でした。つまりお客様の50％以上が、信頼関係を築いた営業とは「週に１回以上」の商談をしていたことになります。

　電話・メール・チャット・SNSなどを通したやりとりでは、「ほぼ毎日」が14.0％、「週２～３回程度」が26.8％、「週に１回程度」が21.1％となっており、こちらは信頼関係を築くのに「週に１回以上」のやりとりを望むお客様が60％を超えます。

　総じて、「週に１回」を下回る頻度のやりとりは危険信号であると考えてよいでしょう。

お客様も「社内コミュニケーション」に追われている

　私が前ページの結果を見て印象に残ったのは、案件発生から発注決定までのやりとりにおいて「ほぼ毎日」を選んだお客様が意外と多かったことです。

　もちろん、設問としては「過去において信頼関係を築いた営業担当者とのやりとり」を前提に聞いていますから、すべての営業に毎回、これほど密なやりとりを求めているわけではないのかもしれません。

　ただ、「（信頼関係を築いた営業とは）ほぼ毎日、電話・メール・チャット・SNSなどを通してやりとりしていた」お客様が14.0％に上るのは覚えておきたいデータです。

　さて、お客様はなぜ、ここまで密なやりとりを求めるのでしょうか。その理由が、お客様の社内コミュニケーション構造にあることは前節でも少し触れましたが、より詳細な理解のために次ページで図示してみました。

　いちばん上席の経営陣である社長・役員クラスから「○○について検討するように」と、部門のトップに指示が下ったとします。

　すると部門のトップは、「○○について議論して、報告してほしい」と現場に言い、指示として投げます。その現場では「わかりました」という返事とともに役割分担がなされ、ある人は情報収集をしたり、ある人は他部署に確認をしたり……と動き始めます。

　お客様の社内では複雑な連携プレーがあり、そこには頻繁に報告

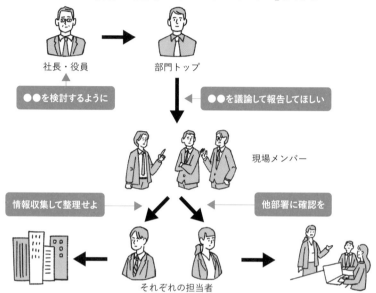

裏側には
「お客様の社内コミュニケーション」がある

社長・役員　　　　部門トップ

●●を検討するように　　　●●を議論して報告してほしい

現場メンバー

情報収集して整理せよ　　　他部署に確認を

それぞれの担当者

をする「責任」が発生するのです。

「いきなりの仮面」をつけたお客様から何かを要求される場面では、営業からはお客様の社内事情が見えないことがほとんどです。

　しかし、営業として認識をしておくべきは、**目の前の人物には「営業に連絡をする前の工程」、「営業から連絡を受けた後の工程」が存在する**ということです。

　そうすると、営業からの連絡があまりにも少ないとお客様が不安になるのも頷けます。

「いきなりの仮面」をつけたお客様は、「日ごろからやりとりを密に行うことができ、何かあったとしてもすぐに対応してくれる態勢が整っているか」を重視するのです。

そのためには、お客様とのやりとりが週に1回を切ってしまうことは「危険信号」であると認識し、いざお客様からの要望や質問がきたときにタイムリーに応えられるようにしておくだけでなく、少し間が空いたときにこちらからご連絡をすることが大切です。

「ハイパフォーマー営業のやりとり」を社内で共有する

「お客様とどれくらいの頻度でやりとりをしていれば十分か」について、把握していない営業は意外と多いです。

「お客様から何か連絡が来たら返しておけばいいや」くらいに考えていると、知らないうちにお客様の側で状況が変わり、タイムリーな対応ができず後手に回ってしまいます。

そこで、マネジャーの方におすすめしたいのは、ハイパフォーマー営業がどのくらいの頻度（時間間隔）でお客様とやりとりしているのかを社内で共有することです。

近年は便利なツールもそろってきて、営業とお客様のやりとりをスレッド形式で後から見られるものも多く出てきました。「この営業はお客様とどのくらい密なやりとりをしていたのか」を事例共有として示すこともできます。

経験値の少ない若手営業は、お客様との間でどれほどのやりとりをしたら十分なのか、肌感覚を持てずにいますから、このように連絡の頻度を学べることは大きな効果があります。

また、ハイパフォーマー営業が「ただ単純にお客様からの疑問や課題に応えているだけ」ではなく、先手を打ってコミュニケーションしている様子も伝わるでしょう。お客様との密なやりとりの必要性を、会社として共有しておくことが重要です。

初回訪問から5営業日以内で
「仮提案」を出す

お客様は初回商談から「5営業日以内」の提案を求めている

「いきなりの仮面」をかぶったお客様の本音は「話が早い営業にお願いしたい」ということですが、レスポンスの早さ、やりとりの頻度については厳しい要求水準であることをお伝えしました。

　続いて、「ヒアリングから見積もりまでの期間」はどれくらいのスピードを望まれているかについてご紹介します。

　次ページのグラフは、お客様1万人調査で「営業担当者からの提案を受ける場合、課題やニーズを伝えてからどのぐらいの時間で最初の提案が欲しいですか」と質問をした結果です。

　結果は、「1営業日未満で欲しい」が7.7%、「1～2営業日で欲しい」が36.1%、「3～5営業日で欲しい」が40.0%でした。これらを足すと、「5営業日以内に最初の提案が欲しい」と考えるお客様は実に80%以上に上ることになります。

　5営業日ということは、たとえば、火曜日に初回訪問でヒアリングした商談の提案を翌週の水曜日に出したら、お客様の基準としては「（6営業日かかっているので）遅い」と思われる可能性がある

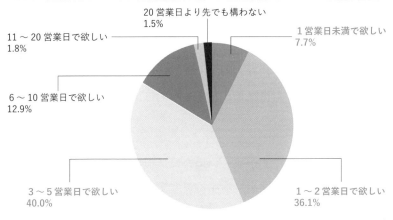

ヒアリングから5営業日以内に
最初の提案を欲しいお客様が80%以上

Q 営業担当者からの提案を受ける場合、課題やニーズを伝えてからどのぐらいの時間で最初の提案が欲しいですか。

20営業日より先でも構わない
1.5%

11～20営業日で欲しい
1.8%

1営業日未満で欲しい
7.7%

6～10営業日で欲しい
12.9%

3～5営業日で欲しい
40.0%

1～2営業日で欲しい
36.1%

出所：TORiX株式会社実施、マクロミルパネル利用のインターネット調査（2022年5月）
「会社の予算で何かを購買したことがある」経験者による回答

（n=10303）

ということです（間に祝日がなければ）。

「なるべく早く提案が欲しい」と言うお客様に対して、「来週に提案を出しますね」のように伝える状況は少なくないでしょう。

こんなとき、1週間かけて丁寧に提案を作り、提出したつもりが、お客様からは「遅い」と思われ、切られてしまうこともあり得るので要注意です。

特に、「いきなりの仮面」をつけたお客様に対しては、この「スピード感」を認識しておく必要があります。

正式な提案が難しければ「仮提案」で

先ほどのグラフについて、さすがに「1営業日未満で欲しい」は、

かなりせっかちなニーズであることは否めません。しかし「1〜2営業日で欲しい」と考えるお客様が36.1％と、3分の1以上もいる事実には私も驚きました。

　ここで一つ、悩ましい問題があります。「そんな短期間に、精度の高い提案が本当に作れるのか」という問題です。

　実際、練り上げた提案を5営業日以内に出すのは難しいこともあるでしょう。

　そこで、正式な提案が難しい場合は「仮提案」として、5営業日以内に大まかな方向性を提示することをおすすめします。

　5営業日以内に精度の高い提案を毎回出そうとすると、相当なハードワークを強いられることもあるからです。

　では、仮提案を作るにしても、最低限どれほどのレベルを実現すればよいのか。

　指針として、次ページに「仮提案で出すべき3つの要素」を図示しました。3つの要素とは、「課題への対応」「費用感」「今後の進め方」です。

　一つ目は「課題への対応」です。お客様の悩みや課題、実現したいことをキーワードで整理し、自社がどのように対応できるかの方針を示します。

　そもそもお客様の中で課題が整理されていないことはよくあります。それなのにお客様の課題を確認することなく、「さあ、これでどうでしょうか」と提案しても、真のニーズとズレてしまうおそれがあります。

最初の「仮提案」で出すべき3つの要素

課題への対応	・お客様の悩みや課題、実現したいことを 　キーワードで整理する ・弊社がどのように対応できるかの方針を示す
費用感	・おおよその費用感がどのぐらいになるかを示す ・費用対効果の判断基準に言及する
今後の進め方	・これから検討すべき論点や、しないといけない 　タスクを列挙する ・大まかなスケジュール感や段取りを示す

そのような事態を避けるために、お客様の悩みや課題をキーワードで整理し、文書で送るのです。

また、お客様が提案内容を検討する前に「そもそも御社は、当社の悩みや課題を本当に理解しているのですか？」と懐疑的になるケースもあります。

ですから、「悩みや課題として伺ったことを、弊社としてはこう認識しています」と、初めの段階で示しておくのが大切です。

2つ目は「費用感」です。お客様としては、予算の確保もしておかないといけませんから、「だいたいいくらぐらいかかるのか」を早めに知りたがります。

一方、営業としては、詳細に見積もりを作ろうとすると、かなり

の時間がかかることがあります。そんな場合でも、「おおよそ●●●万円～▲▲▲万円」といった範囲を示しておくだけで、お客様としては助かるでしょう。

「いったん仮の概算ですが、だいたい■■■万円ぐらいです」と示してもよいのですが、注意しなくてはいけないのは、金額を明示すると、それが既成事実となってしまうことです。

万が一、話が進んで正式な見積もりを出す段階になって、当初の金額より高くなると「■■■万円でできると言ったじゃないですか！」とトラブルになるおそれもあります。

お客様の認識とズレるリスクを抑えるために、伝える金額には幅を持たせておくという方法もあることを押さえておきましょう。

ちなみに、費用感を示すときには、費用対効果の判断基準に言及しておくことをおすすめします。同じ効果を出すのに他社よりコストを抑えてできるなら、それは競合に対するアドバンテージになります。

また、「●●●万円～▲▲▲万円」のように、幅を持たせて書いた場合、上限の金額と下限の金額とで得られる効果がどう変わるか、書いてあるとお客様にとっては親切です。

さて、3つ目は「今後の進め方」です。お客様の課題を解決するために、これから検討するべき論点としてどんなものがあるか。お客様がやらなければいけないことは何か。これを仮提案の段階で示します。

特に、競合他社が先行していて「いきなりの仮面」をお客様がかぶっている段階では、「話の早さ」を示すことが必要です。そのためには、具体的な段取りを示しておかなければなりません。

最初の仮提案がスピーディーに出てくれば、お客様としてはプラスの印象を抱きます。一方で、仮提案はあくまでも仮提案ですから、その後をどのように詰めていくのか、スケジュール感も合わせて提示しておきましょう。

「スピーディーな仮提案」は組織ぐるみで取り組む

お客様が「いきなりの仮面」をつけている状態では、提案の「内容」よりも「スピード」に意味があります。

一方、皆が忙しい営業組織では、各個人の裁量に任せるだけでは「他のタスクに忙殺されているうちに、時間が過ぎてしまう」ということも起こります。

そこで、この「スピード」については、組織ぐるみで取り組むことをおすすめします。

たとえば当社では、「初回訪問から2日以内に仮提案を出す」というルールを設けています。課題の整理をして、自社がどのように応えられるか2日以内で示すことを会社として「ルール」化することにより、助け合う文化も生まれ、営業対応のスピードは大きく上がりました。

ただ、すべての案件について「2日以内」をマストにすると、稼働がかなり厳しくなることもあります。そこで社内の定義としては、「接戦商談については2日以内」のように条件をつけて運用しています。

「接戦商談」とは、第3章でもご説明したように、営業のやり方次

第で「受注」にも「失注」にもなり得る案件です。誰がどう営業しても受注できそうな案件を「楽勝商談」、誰がどう営業しても受注が難しい案件を「惨敗商談」と定義すると、その中間に当たるのが「接戦商談」です。

「楽勝商談」と「惨敗商談」は、営業のやりようで結果が変わることはほとんどありません。一方、接戦商談は、やり方次第で結果が変わります。そこで、リソースを極力、「接戦商談」に注ぐ（接戦についてはスピード重視）という考え方です。

　このように、メリハリをつけることにより、お客様へのスピード対応と、適正稼動との両立が可能になります。

　ここでご紹介したやり方以外でも、仮提案や見積もりの概算を仕組み化してスピードアップしている会社はたくさんあります。

　たとえば、仮提案のフォーマットを整えたり、簡易的な見積もりツールを会社で用意していたりといったものです。

　お客様へのスピード対応を実現させるには、営業個人の努力に頼るのではなく、会社を挙げて態勢を整えるのがベストです。

「10分電話商談」で
ラリーのテンポを上げる

「電話NG」に対する営業の思い込み

「いきなりの仮面」をつけたお客様が求める話の早さに対して、顔を合わせる「商談」だけを接点とするのでは限界が来てしまいます。

　お客様と高速ラリーを展開するためには、密にやりとりをする手段として、電話の活用も選択肢に入れておきましょう。

「電話」と聞くと、「お客様に電話をかけてもなかなかつながらない」「お客様に嫌がられるのではないか」と感じるかもしれません。

　もちろん、忙しいお客様に対して、むやみやたらと仕事の邪魔をするような電話は嫌がられます。

　しかし、お客様自身の業務効率を上げるために電話を使うなら、話は変わってきます。

　たとえば、60分商談のかわりに要点のやりとりを10分の電話で済ませたり、問い合わせへの回答を翌日の電話で答えたりといった場合、営業からの電話はむしろ歓迎されます。

　お客様は少しでも、時間を節約したいと考えるからです。

　実際、お客様は、電話を嫌がるのか、それとも好むのか。データで見てみましょう。

実は大きい「電話」の活用可能性

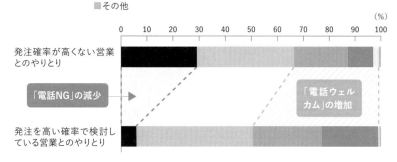

Q 営業担当者との電話のやりとりについて、どれに近いですか。

■ 電話のやりとりは一切発生せず、メールだけで完結させたい
■ 電話は多少するが、必要最低限の用件のやりとりのみで済ませたい
■ 電話で、適切な提案をもらうための要望や当社課題について補足したい
■ ときには、電話で簡単なディスカッションもしながら検討を深めたい
■ 商談そのものを丸ごと電話だけで進めたい
■ その他

発注確率が高くない営業
とのやりとり

「電話NG」の減少 →

「電話ウェル
カム」の増加

発注を高い確率で検討し
ている営業とのやりとり

出所：マクロミルパネル利用のインターネット調査（2020年7月）
「会社の予算で何かを購買したことがある」経験者による回答

（n=310）

　上のグラフは、1万人調査とは別にお客様310人へ、営業担当者との電話のやりとりへの要望を尋ねたものです。

　電話のやりとりに関する選択肢が6つありますが、この中で、「電話でのやりとりは一切発生せず、メールだけで完結させたい」を選んだ人は、「電話を拒絶するお客様」と言っても差し支えないでしょう。

「電話は多少するが、必要最低限の用件のやりとりのみで済ませたい」は、どちらとも言えないゾーンですので、中立といったところでしょうか。

　一方、「電話で、適切な提案をもらうための要望や当社課題について補足したい」「ときには、電話で簡単なディスカッションをしながら検討を深めたい」「商談そのものを丸ごと電話だけで進めた

い」は、「電話の活用に対して前向きなお客様」と言えます。

　なお回答は、「発注確率が高くない営業」と「発注を高い確率で検討している営業」というように、発注確率に応じてそれぞれ聞いてみました。

　さて、回答を見ると、「発注確率が高くない営業」との間においては「電話でのやりとりは一切発生せず、メールだけで完結させたい」が30％弱もあったのに対し、発注を高い確率で検討している営業との間においては約5％にとどまることがわかりました。

　営業に対しての発注確率が上がってくると、「電話NG」は約5分の1に減ってくるということです。

　要するに、「いきなりの仮面」をつけたお客様は電話を好まない傾向が強いのですが、仮面が外れて「話が早い営業である」と営業を認めてくれると、電話は時間短縮の便利な手段になりうるということです。

　見逃せないデータとして、「ときには、電話で簡単なディスカッションをしながら検討を深めたい」は、発注確率が高くない営業については10％程度だったのに対し、発注を高い確率で検討している営業になると20％以上に上がっています。

　お客様は、「発注を高い確率で検討している営業とは、電話をより効果的に使って検討を深めたい」と考えていることが読み取れます。

　営業が「お客様に嫌がられるのでは」と思考停止して電話を敬遠するのは、もったいない行動です。実は、電話の活用可能性はとて

も高いのです。お客様さえ OK なのであれば、時間を有効活用するために電話を使うべきです。

「10 分電話商談」は 4 ステップで進める

　私がおすすめしている電話の活用法は、「アポイントありの 10 分電話商談」です。こちらから突然お客様に電話をするのではなく、あらかじめアポイントを取り、電話の時間をもらっておくのです。「10 分電話商談」は、たった 10 分でも、あたかも 1 回の商談のように価値あるものにすることで、お客様から「話の早い営業だ」と思ってもらいやすくなります。

　そのプロセスを次ページに図示しました。なお、もちろん音声通話に限らず、ビデオ通話でも構いません。

　まずは、お客様が落ち着いて話せる時間でアポイントをもらうことが重要です。仮にお客様が「画面を見られない状態で電話」となってしまうと、コミュニケーションの範囲が限られてしまうからです。

　パソコンに向かってお話ができる状態で準備してもらえれば、こちらが送った資料を見ていただきながらコミュニケーションを取れます。場合によってはビデオ通話で、画面の共有機能を使いながら進めるのもよいでしょう。

　「10 分」という時間は短いようですが、意外とたくさん話せます。電話の中で、お客様の悩みや課題が出てきたら、第 3 章でご紹介した「課題解決質問」で、すかさず問いかけていきましょう。

「10分電話商談」の高速回転

① 電話アポや オンライン商談 の設定	② 課題解決 質問	③ 抜け漏れや 優先順位の確認	④ お役立ち メール
「いつ頃ですと画面の前にいらっしゃいますか？ そのあたりの時間にお電話してもよろしいでしょうか？」	「今おっしゃった、〜できていないということについて、もう少し詳しく伺えますか？」	「お伺いした課題として、XX と XX がありますが、他にはありますか？また、優先順位はどのようになりますか？」	「伺った X X のキーワードについて、ご参考になるかもしれない情報をお送りします」

お役立ちメールの参考例

> お世話になっております。
>
> 先ほどおっしゃっていた「XXX の品質担保が難しい」件について、先日、他のお客様との議論で似た論点が出ましたので、その資料の一部をお送りします。
>
> 貴社に関連しそうな点は、
> (1)XXX のタイミングを工夫
> (2)XXX のレベルに差がある場合、追加 XX をどうするか
> (3)XXX への事前案内における調整
> あたりと思われます
> (詳細は添付をご参照ください)。
>
> 不明点やリクエストなどございましたら
> 気軽にご連絡くださいませ。
>
> 多少なりとも、お役に立てれば幸いです。

お客様との電話でいくつかのキーワードが出てきたら、そのキーワードに対して抜け漏れの確認をしたり、優先順位を明確にする質問をしたりすることで、お客様の課題をよりクリアに整理することができます。

「お役立ちメール」が成功の鍵

　「10分電話商談」を通じて「話が早い営業である」と強く印象づけるには、商談後にすかさず「お役立ちメール」を送ることです。「いきなりの仮面」をかぶったお客様はスピードに敏感です。多くの社内関係者と連携しなければならず、さらに、購買の検討プロセス以外にも仕事を抱えています。

　そんなお客様の時間感覚は、先にもご紹介したように「返信１日、解決２日」です。特に、お客様から問い合わせやリクエストが来たとき、２日未満の対応をコンスタントに実現するのはなかなか難しいものです。

　しかし、「10分電話商談」では、お客様とあらかじめ時間を決めておいて電話するわけですから、この電話の後に「作業時間」をあらかじめ確保しておくことが段取り次第で可能です。

　この作業時間を使えば、「10分電話商談」の最中に発生した「宿題」へスピード対応することができます。

　「10分電話商談」で発生した小さな宿題をすぐにフォローすることで、お客様へレスポンスのよさを強く印象づけることができます。

10分電話商談後のメールでは、お客様が電話の中で話していたことに対応したお役立ち情報を送るだけでなく、ちょっとした議事録のように理解しやすいよう、その情報のポイントを箇条書きで示しておくとよいでしょう。

　スピーディーかつきめ細かいフォローアップにより、「話が早い営業」として、お客様との関係を深めていくことができます。

　私はこの「10分電話商談」を多くの支援先でご紹介し、実践していただいています。

　ある企業では、マネジャーが「10分電話商談」をKPIとしてカウントしたところ、売上の伸びと「10分電話商談」の活用度合いが見事に相関していました。

　パフォーマンスが高く、業績を上げている営業は、対面での商談を行うだけでなく、電話をあたかも商談のように使ってお客様との接点を増やしていたのです。

　さらに、「10分電話商談」で出てきたお客様からの宿題や要望に対しても、クイックレスポンスを訴求していました。

　これが結果として「高速ラリー」となり、「いきなりの仮面」をものともせず、競合からの逆転受注を勝ち取っていたのです。

複数のチャネルを活用した
ハイブリッド営業で接点を増やす

かつての「主流3チャネル」に「オンライン」も加わった

お客様の「いきなりの仮面」が外れると、「電話NG」の割合が減り、電話が非常に有効な手段になることを先ほどお伝えしました。

ここで大切なのは、「対面でないと大切なことは話せない」と決めつけず、メール、電話、オンライン商談など、目的に合わせて適切な手段を選ぶ柔軟さです。

いわば「ハイブリッド営業」を目指すのです。

次ページのグラフは、お客様1万人調査で、「あなたが営業担当者とコンタクトする手段について、現在の使用状況をお聞かせください」と質問をした結果です。

「アポイントがある対面商談」「アポイントがない立ち話程度の会話」「ZoomやTeamsなどのオンライン商談」「電話」「Eメール」「携帯電話のSMS（ショートメッセージ）」「LINE」「FacebookメッセンジャーやLinkedInなどのSNS」「SlackやChatworkなどのチャットサービス」について、どれぐらい使っているかを答えていただきました。

メインとして活用度合いが最も多かったのは、言わずもがなの「アポイントがある対面商談」です。

提案活動におけるコンタクトは
「対面商談・メール・電話・オンライン商談」を並行活用

Q あなたが営業担当者とコンタクトする手段について、現在の使用状況をお聞かせください。

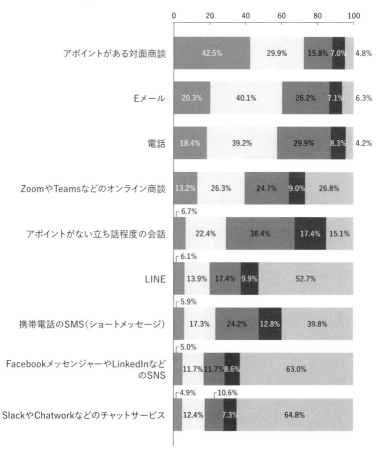

- ■ 現在、メインの手段として使っており、その中でもいちばん重宝している
- □ 現在、メインの手段として使っており、2〜3番目に重宝している
- ■ 現在、サブの手段としてたまに使っている
- ■ 過去に使ったことはあるが、現在は使っていない
- ■ 一度も使ったことはない

アポイントがある対面商談	42.5%	29.9%	15.8%	7.0%	4.8%
Eメール	20.3%	40.1%	26.2%	7.1%	6.3%
電話	18.4%	39.2%	29.9%	8.3%	4.2%
ZoomやTeamsなどのオンライン商談	13.2%	26.3%	24.7%	9.0%	26.8%
アポイントがない立ち話程度の会話	6.7%	22.4%	38.4%	17.4%	15.1%
LINE	6.1%	13.9%	17.4%	9.9%	52.7%
携帯電話のSMS（ショートメッセージ）	5.9%	17.3%	24.2%	12.8%	39.8%
FacebookメッセンジャーやLinkedInなどのSNS	5.0%	11.7%	11.7%	8.6%	63.0%
SlackやChatworkなどのチャットサービス	4.9%	12.4%	10.6%	7.3%	64.8%

（n=10303）

出所：TORiX株式会社実施、マクロミルパネル利用のインターネット調査（2022年5月）
「会社の予算で何かを購買したことがある」経験者による回答

「メインの手段として使っており、その中でもいちばん重宝している」が42.5%、「メインの手段として使っており、2〜3番目に重宝している」が29.9%にも上りました。ちなみに、「サブの手段としてたまに使っている」という回答も15.8%ありました。

2番目に活用度合いが高かったのは、Eメールです。「メインの手段として使っており、その中でもいちばん重宝している」が20.3%、「メインの手段として使っており、2〜3番目に重宝している」が40.1%、そして「サブの手段としてたまに使っている」は26.2%でした。

3番目は電話です。「メインの手段として使っており、その中でもいちばん重宝している」が18.4%、「メインの手段として使っており、2〜3番目に重宝している」が39.2%、「サブの手段としてたまに使っている」が29.9%でした。

これら上位3つの手段が、昔から「営業のコミュニケーション手段」のメインとして長く君臨していましたが、コロナ禍を経てオンライン商談の割合も増えました。

お客様1万人調査を行ったのは2022年5月であり、感染対策をしながらも徐々に、対面での商談が増えてきた時期でもあります。

ここで、「ZoomやTeamsなどのオンライン商談」を「メインの手段として使っており、その中でもいちばん重宝している」と答えたのは、13.2%。これは「電話」の18.4%に次ぐ4番目の数字となっています。

さらに「現在、メインの手段として使っており、2〜3番目に重

宝している」が26.3％、「現在、サブの手段としてたまに使っている」が24.7％でした。オンライン商談を何らか使っているお客様は、実に65％近くに上るわけです。

　コロナ禍のピークを過ぎた後も、多くのお客様にとっては、オンライン商談が「新しいコミュニケーション手段」として機能しているといえそうです。

　中位〜下位の項目も見ていきましょう。
「アポイントがない立ち話程度の会話」は、「現在、サブの手段としてたまに使っている」が38.4％と一定の回答割合がありましたが、メインの手段として使っている割合はオンライン商談よりも低い数字となりました。
「LINE」「携帯電話のSMS」「FacebookメッセンジャーやLinkedInなどのSNS」「SlackやChatworkなどのチャットサービス」といったデジタルサービスについては、全体としてはまだメジャーではないものの、一部のお客様では着実に浸透しつつあると言えそうです。

　なお、別の設問で「営業担当者とコンタクトする手段について、今後のご意向をお聞かせください」とも聞いてみましたが、結果は現在の状況とほとんど傾向が変わらなかったことを付け加えておきます。

場面・用途に合わせて、お客様との接点を最適化する

　さて、先ほどご紹介した結果から、「対面商談」のみに頼るので

はなく、複数の手段を組み合わせてどう使いこなすかを考えるのが、ハイブリッド営業のポイントと言えそうです。

特に、「いきなりの仮面」をつけたお客様が営業に求めるスピード感はとてもシビアですから、対面商談の場だけでお客様からの要望や宿題に応えていくのは難しいのです。

コロナ禍になってからしばらくは「対面での接触が難しいから、仕方なくオンラインで商談を」のように、対面の代替としてオンラインが使われることが多くありましたが、「対面で会えないからオンライン」という感覚は、もはや昔のものになっています。

正しいハイブリッド営業とは、次ページの右図のように、営業の生産性を大きく上げるべく、さまざまなチャネルを並行して使いながら、お客様とのコミュニケーション手段を使い分けることをいいます。「デジタルは苦手」などと敬遠せず、組織全体のITリテラシーを上げていきましょう。

当社では、年齢構成として50代以上のメンバーも一定おりますが、コロナ禍よりもだいぶ前、2015年頃からオンライン商談をフル活用していました。

以前から、私も各メンバーも全国各地への出張が多かったため、毎週のように飛行機や新幹線で移動していました。遠隔地のお客様に対して「対面のみ」では営業活動のスピードが落ちてしまうため、オンラインも並行して使いながら日常的に打ち合わせを行っていったのです。

さらに、2020年以降は、チャットツールをはじめとして、さまざまなデジタルサービスをお客様とのコミュニケーションにおいて

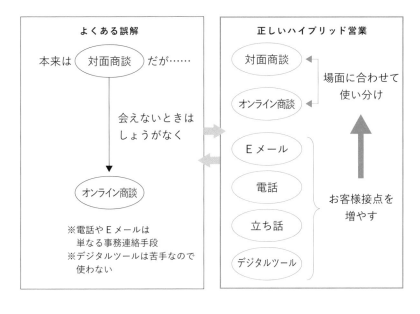

「対面商談をオンラインに置き換え」ではなく、
「場面に合わせた最適活用」が重要

積極活用しています。

その甲斐もあり、コロナ禍となってからも、ハイブリッド営業の
やり方をブラッシュアップし続け、業績も1人当たりの生産性も伸
びていきました。

オンライン商談は、対面と比べれば、もちろん得られる情報量は
少ないです。目の前のお客様の反応や表情、微妙なニュアンス、そ
の場の空気や雰囲気は、対面のほうが伝わりやすいのは紛れもない
事実です。そのため、ある特定のお客様と関係を深めたい場面では、
対面のほうが効果的でしょう。

ただ一方で、すべてのお客様との接点を対面商談にしようとする

と、今度は営業1人あたりの活動時間に限界が来てしまいます。移動にもそれなりの時間がかかりますし、ひとたび商談が始まったら、1回の対面商談にはそれなりの時間がかかります。

その点では、対面商談に加えてオンライン商談を並行して使えば、営業の持ち時間を実質的に増やすことができます。さらに、「10分電話商談」やEメール、各種デジタルツールを効率よく使えば、営業の生産性はさらに高まります。

場面や用途に合わせて複数のチャネルを使い分けることで、お客様との接点を最適化するハイブリッド営業が実現できます。

「ラリーの往復」をしながら
お客様の考えを整理する

「2～4回目の再提案で完結」を求めるお客様が8割

「いきなりの仮面」の裏にある素顔（本音）は「話が早い営業を頼りたい」ということだとお伝えしましたが、話が早い営業を求めているからと言って、お客様が1回のプレゼンで済ませてほしいと望んでいるわけではありません。

　クイックレスポンスでお客様に価値を訴求し、「話の早い営業だ」と認識してもらうことで、電話やメールを駆使した密なやりとりができるようになったら、「高速ラリーをしながらお客様の考えを整理していく」ことが必要です。

　次ページのグラフは、お客様1万人調査で、「営業担当者からの提案を受ける場合、最初の提案をもらってから何回ぐらいブラッシュアップしてくれるのが望ましいですか」と質問をした結果です。

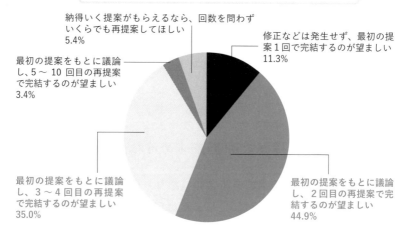

「２〜４回目の再提案で完結」を望むお客様が８割

 営業担当者からの提案を受ける場合、最初の提案をもらってから
何回ぐらいブラッシュアップしてくれるのが望ましいですか。

納得いく提案がもらえるなら、回数を問わず
いくらでも再提案してほしい
5.4%

最初の提案をもとに議論
し、5 〜 10 回目の再提案
で完結するのが望ましい
3.4%

修正などは発生せず、最初の提
案１回で完結するのが望ましい
11.3%

最初の提案をもとに議論
し、３〜４回目の再提案
で完結するのが望ましい
35.0%

最初の提案をもとに議論
し、２回目の再提案で完
結するのが望ましい
44.9%

(n=10303)

出所：TORiX株式会社実施、マクロミルパネル利用のインターネット調査（2022年５月）
「会社の予算で何かを購買したことがある」経験者による回答

　まずご覧いただきたいポイントが、「修正などは発生せず、最初
の提案１回で完結するのが望ましい」がわずか11.3％であるという
事実です。１回で済ませてほしいお客様は９人に１人の割合しかい
ません。

　逆に多いのは「最初の提案をもとに議論し、２回目の再提案で完
結するのが望ましい」が44.9％、「最初の提案をもとに議論し、３
〜４回目の再提案で完結するのが望ましい」が35.0％で、両者を合
計すると約８割になります。

「修正などは発生せず、最初の提案１回で完結するのが望ましい」
と答えるお客様の心理は、最短回数で商談を終えたいということな

のでしょう。しかし、このように考えるお客様は少数派で、ほとんどのお客様は「提案の修正はしてほしい。でも再提案の数は２〜４回目で収めてほしい」と考えています。

　お客様は、話が早い営業のことは好きですが、だからと言って、一発で提案を判断しようとは考えない場合が多いのです。

お客様の「頭の中」を一緒に整理していくことが重要

　お客様は、どのような心理で再提案を求めるのでしょうか。もちろん「営業の提案がいまいちだから、もっとブラッシュアップしてほしい」という場合もあるでしょう。

　しかし、お客様の立場からすれば、どんなに優れた提案でも、聞いた瞬間に内容が把握できるわけではありません。「まだ考えが整理されていない」ということもあるでしょう。

　お客様が求める「２〜４回目の再提案」は、単なる「最初の提案の練り直し」ではなく、「お客様の頭の中を一緒に整理していく」プロセスであると捉えましょう。

　次ページに図示したのは、営業が「お客様の頭の中を一緒に整理していく」過程における高速ラリーのイメージです。

　たとえば、お客様の現場担当者が上司から「とりあえずいくらかかるか、見積もりをとっておいて」などと指示されれば、営業に対する提案リクエストは、ふわっとしたものになりがちです。

　お客様自身、何が欲しいのかはっきりとしない状態で、なんとなくのニーズを営業に伝えるわけです。

　営業はそれを受け、課題の整理と仮提案をします。しかしお客様

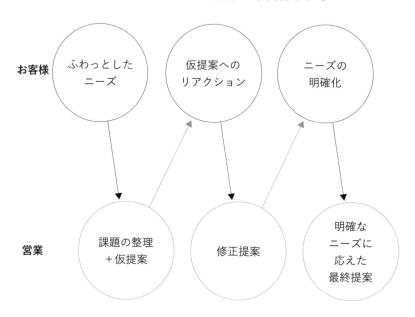

高速ラリーをしながら提案が最終化される

お客様

| ふわっとした
ニーズ | 仮提案への
リアクション | ニーズの
明確化 |

営業

| 課題の整理
＋仮提案 | 修正提案 | 明確な
ニーズに
応えた
最終提案 |

は、この段階ではニーズや課題を考え尽くすことができていません。

　お客様の多くは、営業から仮提案が出されて初めて、自分は何が欲しいのかがはっきりします。

　もし、ここでスピーディーな初期動作によって「話の早い営業だ」とポジティブな印象が伝われば、お客様の「いきなりの仮面」は少しずつ外れていきます。「もしかしたら、頼りになるかも」という期待が生まれるのです。

　それが仮提案へのリアクションとして現れます。「なるほど、ここは私が求めた通りですね。でも、この箇所はちょっと違います。ただ、私が前回うまくお伝えしきれていなかったのもあるので、改めて当社が欲しいものをお伝えしますと………」といったように、お客様は仮提案へのリアクションを通じて、「何が欲しいか」「何に

困っているか」が言語化されてくるのです。

　そのリアクションを受け、営業は修正提案を出します。修正提案を受けることによってお客様は、「何が欲しいか」というニーズをさらに明確化させることができます。

　お客様と高速ラリーを繰り返し、提案をブラッシュアップしていくプロセスから「話の早さ」を訴求できれば、仮に競合他社が先行している案件でも、十分に逆転の芽が出てきます。

お客様の「期待値」を念頭に置いてラリーする

　私自身、会社の経営者として購買側の立場になったときには、「買い手として、もっとリクエストをはっきりと整理し、営業に示したほうがいいのだろうな」と感じます。

　ただ、営業の方と商談するとき、常にニーズや課題が整理できているわけではありません。

　そこで、「ちょっとここが違いますね」と言ったときにすかさず修正して再提案してくださる営業はとても助かります。ラリーを通して、徐々に考えがはっきりしてくる実感も持てます。

　私自身の購買体験の話をしましたが、もう一度営業の立場に話を戻しましょう。

　ラリーをしながら、お客様の頭の中を一緒に整理していくうえでは、最初の仮提案をスピーディーに出すことがとても重要になります。

仮提案のつもりだったのに、それを最終提案だと受け取られ、「この営業は全然わかってない」と思われて切られたりしてしまっては、元も子もありません。

　初回訪問から1週間以上も経ってから仮提案を出すと、「こんなにじっくり考えたのだから、さぞかし練られた提案なんですよね」と、（こちらとしては仮提案であるにもかかわらず）相手の期待値が跳ね上がってしまうことも考えられます。

　それを防ぐためには、すでにお話ししたように、「初回訪問から5営業日以内」で仮提案を出す必要があります。

　最初の仮提案はお客様が期待しているスピード以上に早く出し、「あなたと一緒にこの提案を最終化していきたい」という意思を伝えることが重要なのです。そして、フィードバックをもらいながら完成させていく。これが理想の、お客様と二人三脚の営業スタイルです。

　ただし、営業がお客様と二人三脚の営業を展開しようとしたところで、お客様としては「二人三脚の営業」のイメージを当初は持っていない可能性もあります。

　イメージを共有するために、営業としては、これからどのように提案を最終化していくのかを、ラリーを重ねる前に提示しておいたほうがよいでしょう。

　お客様とラリーを重ねながら提案を最終化していく経験を積むと、仕事をお客様とともに作り上げていく喜びを感じながら営業できるようになります。

私は「営業とお客様との関係性は、ジャッジする・されるの関係ではなく、ともに作る関係（共創）であるのが望ましい」と考えています。

　なぜかというと、営業が出した提案について、購買者の仮面をつけたままのお客様が「さぁ、判断してやろう」と審判のごとくジャッジする関係性だと、お客様側の当事者意識が高まらず、結果としていい結果が生まれにくいからです。

　営業としては、「ともに作り上げる」マインドをお客様に持ってもらい、「一緒にいいものを作っていこう」と関係を築けると、提案や納品のクオリティも自然と上がっていきます。

　高速ラリーをしながら提案を最終化していく二人三脚スタイルを身につければ、「いきなりの仮面」も怖くはありません。

第 5 章 ま と め

「**いきなりの仮面**」をつけたお客様は、突然「今週中に見積もりをください」のようにリクエストしてきます。短納期の見積もり依頼は、競合他社が先行しているコンペの可能性を想定して備える必要があります。

「いきなりの仮面」の裏にある素顔(本音)は、「**話が早くて頼りになる営業にお願いしたい**」です。もしお客様が、心から「質の高い提案」を求めているとしたら、見積もり依頼をする会社に対しては十分に時間の猶予を設けるはずです。お客様の優先順位は「話の早さ」にあります。

「いきなりの仮面」を外す鍵は「**高速ラリー**」です。クイックレスポンス＋密なやりとりで、まずはスピードの差別化を図り、「この営業は頼れるかもしれない」と、お客様の期待と信頼を上げていきましょう。そこで一定のポジションを獲得してから、提案内容の質を高めていくのです。

　しかし、ここで多くの営業が陥りがちなポイントがあります。
「**いきなり提案内容で勝負**」をしようとしても、競合が先行している状態では、まだ情報が不足していますから、お客様を満足させる提案に仕上げることは困難です。
　もちろん、最終的には提案内容の質が重要なのですが、それ以前に、「話が早くて頼りになる」というポジションを獲得しにいくのがおすすめです。

　また、営業が先入観を持って「電話 NG への思い込み」をしがちなので注意しましょう。思考停止して「電話は嫌がられる」と考えるのは早計です。

　忙しいお客様の業務を妨害するような電話は嫌がられますが、社内との連携や報告・連絡・相談で困っているお客様にとって、「さっさと電話で疑問や要望が解決される」というのは大きな価値になりますし、お客様もそれを望んでいるのです。

「いきなりの仮面」を外してもらうための武器としてはこのようなものがあります。

【「いきなりの仮面」を外すためのキーワード】

- お客様を満足させる「返信 1 日、解決 2 日」のレスポンス
- コンタクトの頻度は最低でも週に 1 回以上
- 初回訪問から 5 日以内の仮提案でスピード勝負
- 電話でも 1 回の打ち合わせのごとく活用する 10 分電話商談
- 状況に合わせて最適な接点を使い分けるハイブリッド営業
- お客様が提案内容にしっくりくる、ラリーの往復

「とにかく安くの仮面」を外すには、
判断基準を作りにいくべし

判断基準があいまいなお客様は
「とにかく安くの仮面」をつける

「とにかく価格が大事」というお客様

　営業なら誰しも、お客様から「もっと安くしてほしい」と言われた経験があるでしょう。こういった局面での価格交渉はとても難しいものです。

　私は、一般公開型の営業セミナーで講師を務めることがありますが、講座の冒頭で、参加者皆さんの課題を聞くことからスタートします。何に困っているか、何に悩んでいるかを聞くわけですが、その中でいつもあがってくるお悩みの筆頭が、お客様からの値下げ要求や価格交渉です。イメージとしてはこんな場面です。

営業　　御社に貢献できるよう、提案内容をあらゆる角度から検討
　　　　　してきました。ぜひご導入ください

お客様　提案内容はいいけど、値段もやはり高くなるのですか?

営業　　やはりそれなりの価格にはなりますが、お客様にとって本
　　　　　当に必要なものに絞り、最適なプランとなるよう考えてき
　　　　　ました

お客様　でも、他社さんの提案のほうが、正直、安いですね

営業　　伺った課題を解決しようとすると、一定の品質は必要にな
　　　　　りますので……

お客様　それはわかりますが、お見積もり、何とかなりませんか？

　営業にしてみれば、せっかくがんばって提案内容を考えたのに、金額だけで判断されてしまうのは、何とも言えないつらさがあるものです。

　この章では、価格にシビアなお客様の問題を考えていきます。すなわち、「とにかく安くの仮面」です。

お客様はなぜ「安くしてほしい」と言うのか

　なぜお客様は、「とにかく安くしてほしい」と言うのでしょうか。本来、何でもかんでも安ければそれでいいかというと、必ずしもそうではないはずです。

「安物買いの銭失い」という言葉があるように、お客様にも最低限求める品質があります。価格が安いからといって、品質が悪かったり、対応が悪かったりすれば、お客様も納得はしないでしょう。

「とにかく安くの仮面」の裏側にある素顔（本音）は、「判断基準がよくわからない」です。要するに、どうやって決めたらよいかの判断基準が、価格以外についてははっきりしないので、コストに厳しい購買者を演じているわけです。

　逆に、「価格以外の判断基準」が明確になると、多少高くても、買うことがお客様の中で正当化されます。

「とにかく安くしてほしい」と言われた営業は「結局、お客様は価格で決めるんだ」と考えてしまいがちですが、これは正しくないのです。

価格以外の判断基準がはっきりしなければ
お客様は「とにかく安く」しか言えない

判断軸		基準
①	価格	安いほうがよい？
？	納期	？
？	フォロー	？
？	品質	？
？	？	？

とにかく安くなりませんか？

「見積もりだけチェックする」お客様は３％未満

「安くしてほしい」と言うお客様は、実は価格にしか興味がないというわけではありません。

　次ページのグラフは、お客様１万人調査で、「あなたは、購買の検討にあたって、提案書をどのぐらい読み込みますか」と質問をした結果です。

　「ほとんど読まず、見積もりだけチェックする」と答えた人は 2.9 ％に過ぎませんでした。一方、「隅々まで読む（81 ～ 100％程度読む）」は 33.0％、「概ね目を通す（51 ～ 80％程度読む）」は 46.4％で、

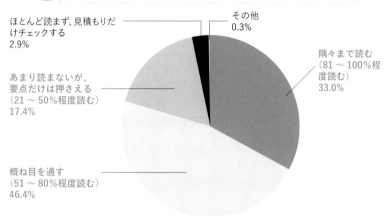

「見積もりだけチェックする」は３％もなく、
80%近くのお客様は提案書を読んでいる

Q あなたは、購買の検討にあたって、提案書をどのぐらい読み込みますか。

ほとんど読まず、見積もりだ
けチェックする
2.9%

その他
0.3%

隅々まで読む
（81 ～ 100%程
度読む）
33.0%

あまり読まないが、
要点だけは押さえる
（21 ～ 50%程度読む）
17.4%

概ね目を通す
（51 ～ 80%程度読む）
46.4%

（n=10303）

出所：TORiX株式会社実施、マクロミルパネル利用のインターネット調査（2022年５月）
「会社の予算で何かを購買したことがある」経験者による回答

　この２つの回答を足すとおよそ８割に上ります。

　多くのお客様は、提案書をある程度読み込もうと考えています。価格だけをチェックして判断するお客様はほとんどいないということがこの結果からわかります。

　お客様は価格以外の要素も含めて、総合的に判断しています。ただ、その「総合的」というのが詳しく言語化されていないのです。

　たとえば、品質や信頼性が重要な要素でしょうし、購入後のサポート体制や保証内容なども気になるでしょう。製品に関する疑問があった場合には、迅速かつ適切な回答が望まれます。さらに、扱う商材によっては、納期も大切です。

　しかし、その「大事に思える要素」について、抜け漏れなく洗い

出したり、基準を具体化したりするのが、お客様にとっては難しいのです。逆に言うと、こういったことが優先順位も含めて整理されれば、お客様にとっては「価格だけで決める」ほうがリスクの高い行為になります。

本章では、いろいろなデータをもとに、「お客様は結局、価格で決める」が間違いであることを解き明かしていきます。

実際には、多くのお客様は「価格の安さ」ではなく、「費用対効果」という相対的な比較によって決めています。

ここでキーワードとなるのが「価格以外の判断基準」です。

「とにかく安くの仮面」が登場する３つのパターン

お客様がお金を使って商品やサービスを買うとき、本来は何かしらの判断基準があるはずです。

深く考えることができていないと、真っ先に思いつく判断基準が「価格」です。安く手に入るのであれば、それに越したことはないからです。

一方、お客様の考えが深まってくると、さまざまな判断基準が具体的になっていきます。

商談でのヒアリングが進むにつれ、たとえば「タイトな製造スケジュールに合わせて柔軟に対応してくれるとありがたい」「丁寧にフォローしてほしい」といったように、価格以外の判断基準が見えてきます。

こういった判断基準を掘り起こすには、営業の実力が必要です。お客様も、最初のうちは自身で判断基準を把握していないことが多

いためです。

　お客様は、次のような場合に、「判断基準がよくわからないから、なるべく安く買おう」と考えます。

①そもそも、「何を基準に判断すべきか」が十分に洗い出されていない
②それぞれの判断基準について、どのように考えるべきかが具体化されていない
③判断基準が複数ある場合、それらの優先順位がはっきりしない

　つまり、お客様の「とにかく安くしてほしい」という声は、言い換えれば、「価格以外の判断基準がまだはっきりしていない」ということなのです。
　値引きがイコールお客様のためになると考え、とにかく安くすることだけ考えるのは正しい努力ではありません。
　そこで、本章では、お客様の判断基準を明確にすることで、「とにかく安くの仮面」を外していくやり方を解説します。

提案書はまず「わかってくれている感」
を整える

まずは「課題理解」、次第に「費用対効果」へ

　先ほど、「お客様は見積もり金額だけ見て決めるわけではない」というお話をしました。

　問題の核心は判断基準がはっきりしないことであり、お客様の真に求めていることが値下げとは限らないことを押さえて提案を進める必要があります。

　では、具体的に、どのように提案書作成を進めていったらよいのでしょうか。これは、「現場の担当者レベルで求められること」と「決裁の段階で求められること」を正確につかんでおくことで見えてきます。

　次々ページに見開きで載せているグラフのうち、左にあるものは、お客様 310 人に「営業側からの提案資料を正式な承認プロセス（社内稟議など）にあげる前、現場の議論段階において購買担当が重要視する項目はなんですか？　重要なものから順番に、1 位〜3 位まで 3 つをお選びください」と質問した結果です。

　また、「決裁者が意思決定において重要視する項目」について聞いた結果も右に並べて提示しておきます。

まず次ページの、「現場の購買担当者が議論段階において重要視する項目」を見ていきましょう。

　最も票を集めたのは、「当社の要望や悩み・課題を的確に整理してくれる」（412ポイント）です。

　次いで「当社の要望や悩み・課題に対して、提案がどうマッチしているかの納得感が高い」（327ポイント）、「提案を採用したときの費用対効果がわかりやすい」（287ポイント）と続きます。

　さらに、見開きの右側、「決裁者が意思決定において重要視する項目」のほうのグラフも見てみましょう。

　最も多くの票を集めたのは「提案を採用したときの費用対効果がわかりやすい」（364ポイント）、次いで「当社の要望や悩み・課題に対して、提案がどうマッチしているかの納得感が高い」（299ポイント）、「当社の要望や悩み・課題を的確に整理してくれている」（270ポイント）と続きます。

　上位3項目の顔ぶれは、現場の購買担当者、決裁者ともに変わりませんが、並んでいる順番が違います。購買担当者が「課題の整理」を最も重要視しているのに対し、決裁者は「費用対効果」をいちばん見ていることがわかります。

　加えて、注目いただきたいのが、「決裁者が意思決定において重要視する項目」で4番目に票を集めた項目です。
「他社に比べて金額がとにかく安いことが示されている」が210ポイントを集め、「購買担当者が意思決定において重要視する項目」で聞いたときの85ポイントから大きく上がっています。

提案書について、**現場の議論段階**で
重要視される項目

 営業側からの提案資料を正式な承認プロセス（社内稟議など）にあげる前、
現場の議論段階において購買担当が重要視する項目はなんですか？
重要なものから順番に、1位〜3位まで3つをお選びください。

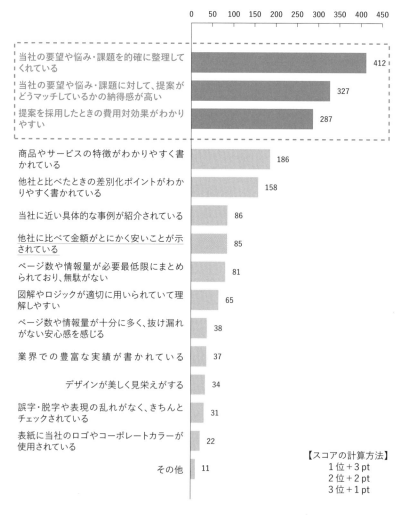

当社の要望や悩み・課題を的確に整理して
くれている　412

当社の要望や悩み・課題に対して、提案が
どうマッチしているかの納得感が高い　327

提案を採用したときの費用対効果がわかり
やすい　287

商品やサービスの特徴がわかりやすく書
かれている　186

他社と比べたときの差別化ポイントがわか
りやすく書かれている　158

当社に近い具体的な事例が紹介されている　86

他社に比べて金額がとにかく安いことが示
されている　85

ページ数や情報量が必要最低限にまとめ
られており、無駄がない　81

図解やロジックが適切に用いられていて理
解しやすい　65

ページ数や情報量が十分に多く、抜け漏れ
がない安心感を感じる　38

業界での豊富な実績が書かれている　37

デザインが美しく見栄えがする　34

誤字・脱字や表現の乱れがなく、きちんと
チェックされている　31

表紙に当社のロゴやコーポレートカラーが
使用されている　22

その他　11

【スコアの計算方法】
1位 + 3 pt
2位 + 2 pt
3位 + 1 pt

出所：マクロミルパネル利用のインターネット調査（2020年11月）TORiX調べ
「会社の予算で何かを購買したことがある」経験者による回答

（n=310）

提案書について、**決裁段階で**
重要視される項目

営業側からの提案資料を正式な承認プロセス（社内稟議など）にあげる際、
決裁者が意思決定において重要視する項目はなんですか？
重要なものから順番に、1位〜3位まで3つをお選びください。

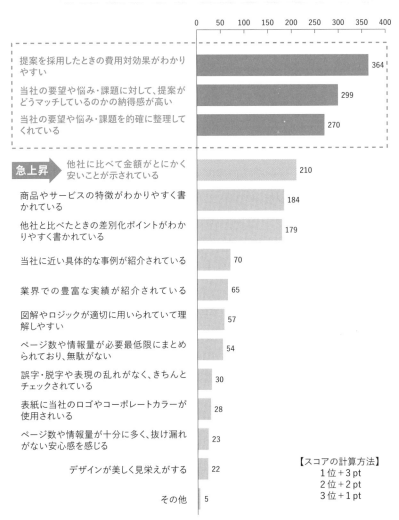

（n=310）

出所：マクロミルパネル利用のインターネット調査（2020年11月）TORiX調べ
「会社の予算で何かを購買したことがある」経験者による回答

ただし、それでも、「他社に比べた価格の安さ」は「費用対効果」の半分ちょっとのスコアです。

　やはり、金額的に安いかどうかより、効果と比べたときの相対的な納得感が重要だということです。

　改めて、「とにかく安くの仮面」を外すために、判断基準をつくりにいくことの重要性を実感いただけたと思います。

　ここまでの内容を簡単に整理してみましょう。

　現場の担当者レベルでは、まず真っ先に「課題の整理」をお客様と一緒に行うべきです。そして、整理した課題に対して、提案する「解決策がマッチ」することを示していきます。

　この提案が決裁段階にあがってくると、費用対効果を厳しくチェックされますから、「課題の整理」「解決策のマッチ」について合意が得られたら、「費用対効果」を訴求していきましょう。

　ここで、費用対効果を示しきれないと、「他より安いかどうか」で見られてしまいます。

　これが、お客様と対話するときの大まかな流れになります。その中で鍵を握るのが「要件整理」です。

要件整理でお客様の要望を押さえる

　さて、「購買担当者が意思決定において重要視する項目」と「決裁者が意思決定において重要視する項目」の上位３項目が一致しているわけですから、提案書を書くうえではこれら３項目を押さえる

自社提案がお客様要件に応えていることを
示すのが「要件整理」

今回の要件	具体的な内容		弊社の対応
1 納期の柔軟性	当社のタイトな製造スケジュールに合わせ柔軟に対応できる		営業と工場の連携が強く、お客様の事情に合わせた柔軟な対応が可能
2 フォロー体制	対応のスピード、熱意、丁寧さが高水準		各担当者の対応は勿論のこと、担当者ごとにアシスタントが1名以上ついており、手厚いサポートが可能
3 量産したときの品質	発注量が仮に現在の2～3倍になっても品質が落ちない		量産体制が充実しており、過去実績多数あり
4 価格	現在お付き合いのある会社より5％安い		段階的な見積もりオプションを作成
5 事業展開への対応	当社の今後の事業展開に対して、どう価値を出せるかが明示されている		将来の事業展開のために、貴社経営メッセージと照らし合わせた提案および社内説明資料を作成

① 網羅感の確認

③ 優先順位の確認

② 具体化

のが基本的な戦略となります。

「課題の整理」「提案内容とマッチ」「費用対効果」を表現する提案書を作るにあたっておすすめなのが、要件整理です。

要件整理とは、お客様が望むことや課題をキーワードで表現し、自社がどのように対応できるか示すことをいいます。

上に、要件整理の一例を図示しました。

たとえば、「1　納期の柔軟性」というキーワードについて、お客様が具体的に何を求めているのかを右に記しています。

ここでは「タイトな製造スケジュールに合わせ柔軟に対応できる」と書いています。そしてさらにその右に、「自社がどう対応できるか」として、「営業と工場の連携が強く、お客様の事情に合わ

せた柔軟な対応が可能」と書いています。

　左から右に見ていくと、各キーワードについて自社がどのように解釈し、どのように応えていくかが示されています。

　キーワードの裏にある具体的な内容は、お客様の言葉で基準を聞いておくことが望ましいです。

要件整理は「網羅感」「具体化」「優先順位」を押さえる

　要件整理をするうえで大事なポイントは、次の３つです。

①網羅感の確認
②具体化
③優先順位の確認

　まず、①網羅感の確認です。

　前ページの図を縦に見ていきましょう。キーワードが１から５まで並んでいます。キーワードを網羅的に整理することで、検討項目に抜け漏れがないことを示しています。
「まだ他にも検討すべき項目があるのではないか」とお客様が思うと意思決定に踏み切れませんから、網羅感の確認は大切なポイントです。

　続いて②具体化です。

　各キーワードについて、それぞれどのような基準をクリアしていたら OK なのかを明確にします。

　そして、明確にした具体的な内容に対する自社の対応を記すこと

により、お客様が持っている課題をどう解決して、理想がどのように実現されるのかを丁寧に答えられるわけです。

　最後に③優先順位の確認です。
　あげたすべてのキーワードについて100点満点の対応をすることが難しい場合もあります。
　そこで、各キーワードの優先順位を明らかにし、「優先度が高い項目が何なのか」を整理し、重要な順番に上から並べていきます。それがお客様の課題認識をアップデートすることにもつながります。

　営業が強い会社では、この「お客様とのすり合わせ」が、営業の基本動作として徹底されています。これによって、お客様との認識のズレを防ぐことができますし、判断基準を見える化した状態でお客様と議論することができるのです。

　前々ページの図では、上から4つ目のキーワードに「価格」があります。つまり価格以上に大事なキーワードが3つあるということです。
　価格以外の判断基準が明確になると、「とにかく安くの仮面」は自然と外れます。お客様としては、「価格の安さ」だけを追求するより、他に何を見て判断すべきかがはっきりしているからです。

　要件整理によって、お客様が重視する項目に対し、自社の提案がどれほどマッチしているかをわかりやすく示すことができます。

提案書では４つの観点で
「費用対効果の高さ」を伝える

「費用対効果」の重要度は群を抜いて高い

　前節では、現場の購買担当者も決裁者も、「価格の安さ」そのものより「費用対効果」のほうをより重要視することがわかりました。この事実を裏づける別のデータをご紹介します。

　次ページのグラフをご覧ください。

　これはお客様１万人調査で、「『営業担当者がこちらのやりたいことや意図を汲み取ってくれている』とあなたが感じる提案資料のポイントはどこですか。１〜３位までお選びください」と質問した結果です。

　最も多くの票を集めたのは「費用対効果が判断しやすいように書かれている」であり、「見積価格が他社よりとにかく安い価格になっている」に対して２倍近くの回答を集める結果となりました。

　いずれもお金に関する情報ですが、「価格」と「費用対効果」はやはり分けて考える必要があります。そして、お客様が「価格」よりも「費用対効果」のほうを重要視するということは、認識しておくべき重要な事実です。

　グラフを見ると、２番目以降は、「商品・サービスの機能や特徴

提案書で力を入れるべきは
「**費用対効果が判断しやすい**」こと

Q 「営業担当者がこちらのやりたいことや意図を汲み取ってくれている」と
あなたが感じる提案資料のポイントはどこですか。1〜3位までお選びください。

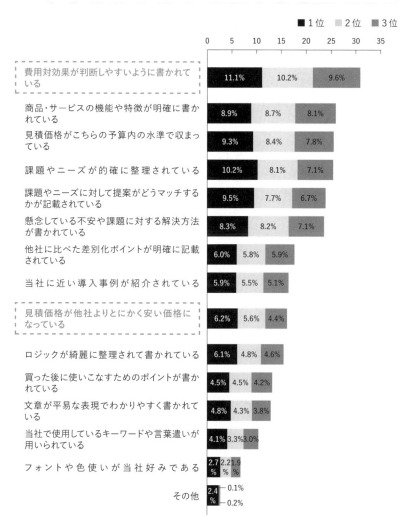

■1位　■2位　■3位

	1位	2位	3位
費用対効果が判断しやすいように書かれている	11.1%	10.2%	9.6%
商品・サービスの機能や特徴が明確に書かれている	8.9%	8.7%	8.1%
見積価格がこちらの予算内の水準で収まっている	9.3%	8.4%	7.8%
課題やニーズが的確に整理されている	10.2%	8.1%	7.1%
課題やニーズに対して提案がどうマッチするかが記載されている	9.5%	7.7%	6.7%
懸念している不安や課題に対する解決方法が書かれている	8.3%	8.2%	7.1%
他社に比べた差別化ポイントが明確に記載されている	6.0%	5.8%	5.9%
当社に近い導入事例が紹介されている	5.9%	5.5%	5.1%
見積価格が他社よりとにかく安い価格になっている	6.2%	5.6%	4.4%
ロジックが綺麗に整理されて書かれている	6.1%	4.8%	4.6%
買った後に使いこなすためのポイントが書かれている	4.5%	4.5%	4.2%
文章が平易な表現でわかりやすく書かれている	4.8%	4.3%	3.8%
当社で使用しているキーワードや言葉遣いが用いられている	4.1%	3.3%	3.0%
フォントや色使いが当社好みである	2.7%	2.2%	1.9%
その他	2.4%	0.1%	0.2%

出所：TORiX株式会社実施、マクロミルパネル利用のインターネット調査（2022年5月）
「会社の予算で何かを購買したことがある」経験者による回答
(n=10303)

第6章　「とにかく安くの仮面」を外すには、判断基準を作りにいくべし

が明確に書かれている」「見積価格がこちらの予算内の水準で収まっている」「課題やニーズが的確に整理されている」「課題やニーズに対して提案がどうマッチするかが記載されている」「懸念している不安や課題に対する解決方法が書かれている」がほぼ同じようなレベルで並んでいます。

それらとは一線を画して、「費用対効果が判断しやすいように書かれている」が頭一つ抜けているのを見ると、「費用対効果」の重要度がいかに高いかがうかがえます。

「忙しさの仮面」について解説した第4章で、アポイント許諾の基準として「課題解決力」「費用対効果」という2つの要素を強調しました。

「費用対効果」を明確にすることは、「忙しさの仮面」だけでなく、「とにかく安くの仮面」を外すうえでも重要な意味を持ちます。

「費用対効果＝売上アップ／コストダウン」だけではない

ただ、この「費用対効果」は、多くの営業が誤解しやすいポイントでもあります。

「このサービスを導入すると、これだけのコストがかかるが、これだけの売上増が見込める」「初期投資にこのぐらいかかるが、トータルでは数年間で●●円のコスト削減ができる」といったように、財務的に表現できるものだけで「費用対効果」を考えてしまいがちなのです。

「費用対効果」は、売上アップやコスト削減だけで語り尽くせるものではありません。次ページのグラフをご覧ください。

費用対効果は、財務インパクトだけでなく
「**成長イメージ**」「**理念の実現**」「**負担軽減**」もセットで

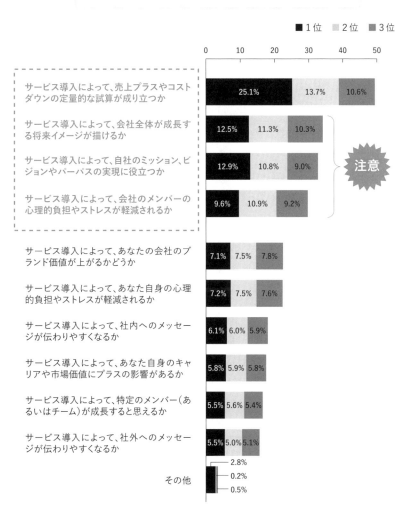

 あなたは営業担当者から見積もりを受け取ったとき、費用対効果をどこで判断しますか。1位から3位までお選びください。

■1位　■2位　■3位

	1位	2位	3位
サービス導入によって、売上プラスやコストダウンの定量的な試算が成り立つか	25.1%	13.7%	10.6%
サービス導入によって、会社全体が成長する将来イメージが描けるか	12.5%	11.3%	10.3%
サービス導入によって、自社のミッション、ビジョンやパーパスの実現に役立つか	12.9%	10.8%	9.0%
サービス導入によって、会社のメンバーの心理的負担やストレスが軽減されるか	9.6%	10.9%	9.2%
サービス導入によって、あなたの会社のブランド価値が上がるかどうか	7.1%	7.5%	7.8%
サービス導入によって、あなた自身の心理的負担やストレスが軽減されるか	7.2%	7.5%	7.6%
サービス導入によって、社内へのメッセージが伝わりやすくなるか	6.1%	6.0%	5.9%
サービス導入によって、あなた自身のキャリアや市場価値にプラスの影響があるか	5.8%	5.9%	5.8%
サービス導入によって、特定のメンバー（あるいはチーム）が成長すると思えるか	5.5%	5.6%	5.4%
サービス導入によって、社外へのメッセージが伝わりやすくなるか	5.5%	5.0%	5.1%
その他	2.8%	0.2%	0.5%

注意

出所：TORiX株式会社実施、マクロミルパネル利用のインターネット調査（2022年5月）「会社の予算で何かを購買したことがある」経験者による回答

(n=10303)

第6章　「とにかく安くの仮面」を外すには、判断基準を作りにいくべし

これは、お客様1万人調査で、「あなたは営業担当者から見積もりを受け取ったとき、費用対効果をどこで判断しますか。1位から3位までお選びください」と質問した結果です。

　最も多くの票を集めたのは「サービス導入によって、売上プラスやコストダウンの定量的な試算が成り立つか」です。これは、いわゆる売上アップやコスト削減の効果を指していますが、回答の合計を足しても50%を超えませんでした。
　実は、調査前の段階では、この項目が圧倒的な票数を獲得するのではと私は考えていました。
　しかし、この結果を見て意外に感じました。要するに、「費用対効果をどこで判断するかについて、（3つまで選べるにもかかわらず）、『売上アップやコスト削減』をまったく選ばなかった回答者が50%以上もいた」ということなのです。

　では、他に選ばれたのは、どのような項目だったのでしょうか。順番に見ていきましょう。2番目に票を集めたのは、「サービス導入によって、会社全体が成長する将来イメージが描けるか」でした。
　これは「売上がアップした」「コストが下がった」という話よりも、やや長期的な目線の話です。目先の数字のアップダウンも大切ですが、長期的に見て会社が成長していけそうかどうかということも、お客様が投資するうえでは重要な観点です。
　特に、経営者を相手に提案するときには、将来の成長イメージという費用対効果を強く印象づけたいところです。

　3番目に票を集めたのは、「サービス導入によって、自社のミッ

ション、ビジョンやパーパスの実現に役立つか」です。

「自社の理念の実現に役立つ」「パーパスの実現に役立つ」というのは、一見すると抽象的でふわっとした話に見えがちですが、きちんと整合性の伴ったロジックさえあれば、費用対効果として見なされるのです。

そして4番目に票を集めたのは、「サービスの導入によって、会社のメンバーの心理的負担やストレスが軽減されるか」です。

たとえば、それまで社内のメンバーが行っていた大変な業務を外部に発注することで、「他に時間をかけるべき業務へ安心して集中できる」というのは、金額には換算できない心理メリットがあったりします。

さて、上位4つについてコメントしましたが、ここまでお読みいただいただけでも、「費用対効果」を、単純な「売上アップ」「コストダウン」だけで語るのは危険だということを感じられたのではないでしょうか。提案書で費用対効果を訴求する際には、次の4点を意識しましょう。

- 売上アップやコストダウン
- お客様の会社全体が成長する将来イメージ
- お客様のミッション、ビジョンやパーパスの実現
- お客様の会社メンバーの心理的負担やストレスの軽減

これらをきちんと示すことで、「高い費用対効果を訴求した提案書」へと近づいていきます。

「お客様が何にお金を払っているか」を確認する

　費用対効果の訴求が上達するためのポイントは、「お客様が何に対してお金を払っているのか」を確認することです。これは、単に見積書や請求書に記載された項目を指しているのではありません。

　営業が見積もりを出している費目とは別のところにお客様が価値を見出し、購買をしている場合はよくあります。

　私が以前、あるお客様に新人研修を提案したときのことです。お客様の人事マネジャーから、「新人研修の講師には、０人目の上司になってほしい」という言葉をいただきました。

　「講師には、社会人として必要なことや仕事の基本を研修の場で教えるだけでなく、上司との付き合い方も教えてほしい。新人に、上司との付き合い方を覚えてもらうところに会社としてお金を払っている。外部の講師には、新人が現場で出会う最初の上司以前に、『０人目の上司』という存在になってほしいんです」

　これがお客様の想いでした。

　私はなるほどと感じましたが、一方で、当社がお客様に出す見積書には、「０人目の上司になります」という書き方はしていません。社内承認のための資料には「新人研修に関する費用」と書かれています。

　大事なことは、「お客様は本当のところ、何にお金を払っているのか」を正確につかむことであり、それこそがお客様の求める「費用対効果」だということです。

私は、その案件において「お客様が何にお金を払っているか」を確認し、すり合わせることで、「０人目の上司として、上司との付き合い方を教える」というポイントを強調した提案にして、受注を獲得することができました。

　新入社員が「０人目の上司（＝研修の外部講師）とのコミュニケーションを通して、上司との付き合い方を学ぶ」ことができれば、職場の配属先で上司の負担やストレスを軽減できるというロジックを資料に落としこんだのです。

　実際、この提案は、競合他社に対して２倍近い価格だったにも関わらず、受注をすることができました。

「お客様が何に対してお金を払っているのか」を確認し、費用対効果を的確に訴求することは、「とにかく安く」という値下げの圧力から脱する切り札になるのです。

仮面の裏に隠れた判断基準を、
決定場面のヒアリングで検証する

費用対効果に納得いかなかったお客様の「本音」とは？

「お客様が何にお金を払っているか」を正確に営業がつかむのは、なかなか難しいものです。「とにかく安くの仮面」をつけたお客様は、その場で正直な本音を言ってくれないからです。

　次ページのグラフは、お客様1万人調査とは別に、お客様309人へ「提案を受けたが発注には至らなかった会社について、営業担当者にどう説明しましたか？／断った本当の理由はなんでしたか？」という2つの質問をした結果です。

　要は「建前」と「本音」の両方を聞いた結果がこのグラフというわけです。

「建前（営業担当者への説明）」から「本音（提案を断った本当の理由）」を引いたスコアが高い順に上から並べました。

　提案を断った理由として、「建前－本音」の数値が最も大きかったのは、「他社が安かった」です。

　これは、「本音のところで他社のほうが安かったから断った」お客様よりも「とりあえず、建前として他社の安さを理由に断った」お客様が多かったということを意味しています。

お客様の建前と本音

Q 提案を受けたが発注には至らなかった会社について、
営業担当者にどう説明しましたか？／断った本当の理由はなんでしたか？

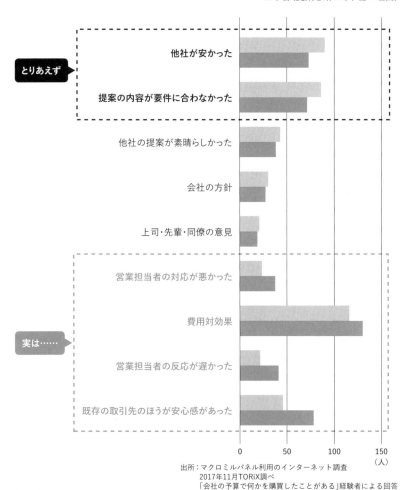

建前（営業担当者への説明）
本音（提案を断った本当の理由）

とりあえず

他社が安かった

提案の内容が要件に合わなかった

他社の提案が素晴らしかった

会社の方針

上司・先輩・同僚の意見

営業担当者の対応が悪かった

費用対効果

実は……

営業担当者の反応が遅かった

既存の取引先のほうが安心感があった

0　　　50　　　100　　　150
（人）

出所：マクロミルパネル利用のインターネット調査
2017年11月TORiX調べ
「会社の予算で何かを購買したことがある」経験者による回答
※回答は「その他」以外について集計記載

（n=309）

しかし、費用対効果は、「建前－本音」の数字がマイナスです。すなわち、「本音でそう思っていた」というスコアを、「営業にとりあえずそう説明した」のスコアが上回っているということです。

　営業には直接伝えないものの、実は「費用対効果」に不満で提案を断るお客様は多いという事実が見て取れます。

　このグラフは、「費用対効果を訴求しきれていないこと」が原因の失注にもかかわらず、それを営業が把握し切れておらず、「価格が他社より高かったから失注した」と思い込んでいる可能性を示唆しています。

案件が「決定」した場面を聞く

　仮に失注してしまった場合、営業としてはその反省を活かして次につなげたいところですが、肝心の「失注した本当の原因」がつかめないままでは、次への活かしようがありません。それどころか、的外れな改善へとつながってしまうおそれもあります。

　実際、「とにかく安くの仮面」をつけたお客様が（本当は他の原因で断っているのに）営業に対して「他社が安かったんです」と伝えている場合、営業は「価格の安さで負けたのか」と誤解して帰ってしまいます。

　こんなことが起こらないよう、失注した真の原因を知りたいものです。ここで判明する事実から、お客様の求める費用対効果について理解を深めることができます。

　そこでおすすめなのが、お客様が判断に迷うような「接戦商談」については、商談が決着したら、「何が決定的な場面だったのか」

をお客様に尋ねることです。

　先ほどのグラフでお見せしたように、お客様に「理由」を尋ねても、本音を言ってくれるとは限りません。「理由」は主観的な情報です。

　私は、「理由」を尋ねて終わりにするのではなく、「どの瞬間に決まったのか（場面）」をお客様に質問することを強く推奨します。

　以前に、案件の難易度に応じて「楽勝」「接戦」「惨敗」に分ける考え方を解説しました。

　楽勝案件は、発生時点で実質的に当社に発注されることが決まっている商談で、惨敗案件は案件発生時点でほぼ勝ち目がないことが決まっている商談です。

「楽勝」や「惨敗」は、営業活動以前のところで勝敗が決しているので、分析しても、商品開発やマーケティングの要因に帰結しがちです。

　営業活動を改善するなら、接戦案件を詳しく振り返ることが効果的です。「接戦」は、お客様がすぐに判断できず、迷うような案件ですから、もし仮に接戦の商談を失注してしまったとしたら、そこには「防げたはずの取りこぼし」という営業活動の改善点が存在するはずです。

　したがって、詳しく検証すべきは「接戦だったものの、惜しくも落としてしまった」商談です。

　これは、コンペで競合に負けた場合のみならず、「保留と比べられた失注（自社しか提案していないが、今やるべきではないと判断された）」や「内製と比べられた失注（外部発注より内製化を選ば

れてしまった)」も含みます。

　途中までお客様が迷っていて、最終的に自社の提案を選んでいた
だけなかった場合、「なぜダメだったのか」（理由）をお客様に尋ね
ても、はぐらかされてしまう場合があります。

　そこで、第３章でご紹介した「枕詞」を使って、「途中まで迷わ
れていたと思うのですが、当社が落ちてしまった瞬間はいつだった
のでしょうか」のように、決定の「場面」を尋ねるのです。すると、
「本当の敗因」が見えてきます。

　あるいは「（当社に対して）マイナスに思われた瞬間があったな
ら、差し障りのない範囲でお聞かせいただきたいのですが……」の
ように尋ねるのもよいでしょう。

　このようにして聞き出した情報は、耳に痛いものですが、得られ
た具体的な答えは、今後の成長につながる貴重な言葉です。

「接戦の決定場面を問う質問」をマスターする

　さて、決定場面をヒアリングすることのメリットについてお伝え
してきました。次ページにあげるのが、「決定の場面」を聞いたと
きに返ってくる答え（真の原因のヒントになるもの）の例です。

当社の提案を聞いた瞬間に

　これは、当社のプレゼンの内容に、商談を左右するポイントがあ
ったということです。具体的にどんなメッセージが影響を与えたの
かについて聞いておきましょう。

決定の場面を問う質問「どの瞬間に決まったのか?」
で、本当の決定要因を突き止める

「御社のプレゼン直後」 ➡	**自社のプレゼン内容**
「他社のプレゼン直後」 ➡	**競合のプレゼン内容**
「上司の一声で」 ➡	**上司の評価ポイント**
「会議で議論して」 ➡	**関係者の意見**
「資料をじっくり見て」 ➡	**資料の記載内容**

他社の提案を聞いた瞬間に

　競合他社のプレゼンの内容に、商談を左右するポイントがあったということです。惜しくも失注してしまった場合、「当社の提案にはなくて他社の提案にあったものは何か」を確認しておきましょう。

上司の一声で

　これは、どんなセリフだったのかを詳しく聞いておきたいところです。その上司の一言は、いわゆる会社の評価基準を反映しているということですから。次回、同じお客様へ提案するときに役立つ情報です。

社内会議における誰かの発言で

　会議の中にどなたが参加されていたのか、まで確認しておきましょう。もし、把握しきれていなかった参加者がいて、その方の声のインパクトが大きかったのであれば、これを機会に押さえておきたいところです。

担当者が資料をじっくり見て

　これは、その場で提案資料を出して、「特に何ページ目が？」というポイントまで突き止めておきましょう。それによって、同じ資料を使って別のお客様にプレゼンするときの貴重なヒントが得られます。

　仮に10件の失注があったとして、真っ向から「なぜダメだったのか」を聞いたとしても、10件すべてにおいてお客様から答えていただけるとは限りません。
　しかし「失注決定の場面」を尋ね、10件のうち2件でもお客様が本音を話してくれたなら、営業としてはとても貴重な情報を得られることになります。

　ここで得られるのは、「お客様は結局、費用対効果を何で判断するのか」に関わる重要情報です。
　提案中の段階では、「とにかく安くの仮面」をつけたお客様は本音を話したがりません。
　案件が決定した直後というのは、お客様の本音が出やすい瞬間ですから、そのタイミングを見計らって質問することにより、「結局、費用対効果を何で判断していたのか」を知ることができるのです。

「受注が決まった瞬間」のヒアリングから、
自分や自社の強みを探る

　先ほどまで「失注の決定場面」のヒアリングすることについて解説しました。もちろん、これは、接戦の受注においても同様に聞くべきです。

　受注の決定場面を聞くと、「費用対効果を何で判断していたのか」に加えて、「自分や自社の強み」を知ることもできます。

　受注後に「なぜ当社を選んでくださったのですか？」と理由を尋ねるだけだと、「納得いく提案をいただいたので」「寄り添っていただけたので」といった抽象的な回答が多いでしょう。

　そこで、「実際にはどの場面で決まったのですか？」「当社に対してグッと心が動いた瞬間はありましたか？」と具体的に質問し、強みのヒントを探るのです。

　決定場面を聞いたら、さらに深掘りしていきましょう。「提案時には見えていなかった、当時の背景や文脈」をさらに聞いていくのです。

- なぜ、コンペ中、当社に貴重な情報を教えていただけたのか？
- キーパーソンが当社の価値をご理解くださったのはなぜか？
- 当社を選ぶロジックは社内でどのように作ってくださったのか？
- なぜ、（お客様社内の）各関係者に必要なアクションを取っていただけたのか？

決定場面を特定した後に、裏にあった背景を細かく聞いていくと、「ああ、そうやってお客様の側では検討が進んでいたのか！」ということがわかります。そうすると、自社（自分）の「強み」の具体的な活かし方も見えてきます。

　難しい接戦で成果を出せたのは、強みがよい形で発揮されていたからです。ただ、それを単なる偶然で片付けず、再現性を上げていく必要があります。

　お客様のフィードバックから得られた貴重な情報は、先々のリピート案件やクロスセル・アップセルの手がかりにもなりますし、他のお客様への提案の場でも役に立つことでしょう。

「とにかく安くの仮面」をつけたお客様の声を聞いていると、いかにも「お客様は価格で決める」と思いこんでしまいがちなのですが、その思い込みを組織ぐるみで取り払うためにも、「接戦の決定場面を問う質問」は効果的です。

　当社でも、受注・失注が決定した場面の確認と共有を、会議の場においてメンバー全員で行っています。

　ただ、特に失注した場合の振り返りは、やり方に注意することが必要です。たとえばこれを「失注原因の分析」のように名付けてしまうと、ともすると失注した本人を責めるような雰囲気になりがちです。

　そこで、当社は会議の場でこれをやるときには「ケーススタディ」と定義し、決定した場面の情報からみんなで学ぶ大事な取り組みと位置付けています。

　受注か失注かは、あくまでも結果です。大切なのは、その結果に

至った過程を正しく分析することです。**接戦商談で受注できたにしろ、失注してしまったにしろ、そこからみんなで学び、将来の受注率を上げることが重要です。**

　結果に一喜一憂することなく、そこから学ぶことができれば、次に活かすマインドがメンバーの中に育ちます。この積み重ねによって、お客様の判断基準に対する理解を深め、「とにかく安くの仮面」に動じることなく提案ができるようになるのです。

見積もり提示前に「狙って」決めにいく

お客様は、思いのほか早く購入を決めている

　先ほどご紹介した「決定場面を問う質問」を実践していただくと、お客様が見積もりを見る前に決めているケースが多々あることに気づかれるでしょう。「実際に心が動いたのはいつですか？」とお客様に尋ねると、「実は、見積もりを見るよりも前に決めていた」という答えが返ってくることは多いのです。

　しかし、「とにかく安くの仮面」をつけたお客様に対して、「ガンバリズムの罠」にハマっている営業組織では、お客様との価格交渉や社内の値引き申請対応で消耗しがちです。

　そこには「がんばって安くしないと買ってもらえない」という、営業の思い込みがあります。

　もし、見積もりを出す前に「とにかく安くの仮面」を外してもらい、「買いたい」と思ってもらえたら、提案活動はだいぶ有利に進められるはずです。では、早い段階で「買いたい」とお客様の心が動くためにはどうしたらよいでしょうか。次ページのグラフは、お客様1万人調査で「あなたは、正式な見積もりをもらう前に『この会社に発注したい』と心が決まっていたことがありますか。当てはまるものをお選びください」と質問した結果です。

約8割のお客様は
「見積もり提示前に決めた」経験がある

 あなたは、正式な見積もりをもらう前に「この会社に発注したい」と心が決まっていたことがありますか。当てはまるものをお選びください。

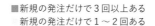
- ■ 新規の発注だけで3回以上ある
- 　新規の発注だけで1〜2回ある
- ■ 新規の発注では0回だが既存の発注では何回かある
- ■ 新規の発注でも既存の発注でも、そういったことはない

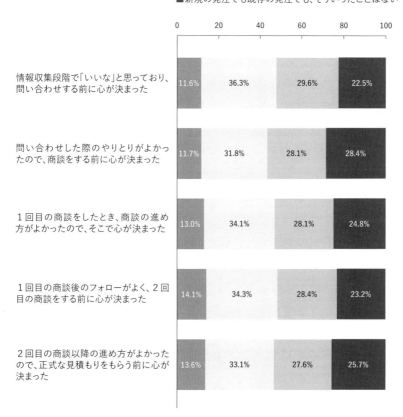

情報収集段階で「いいな」と思っており、問い合わせする前に心が決まった
11.6% / 36.3% / 29.6% / 22.5%

問い合わせした際のやりとりがよかったので、商談をする前に心が決まった
11.7% / 31.8% / 28.1% / 28.4%

1回目の商談をしたとき、商談の進め方がよかったので、そこで心が決まった
13.0% / 34.1% / 28.1% / 24.8%

1回目の商談後のフォローがよく、2回目の商談をする前に心が決まった
14.1% / 34.3% / 28.4% / 23.2%

2回目の商談以降の進め方がよかったので、正式な見積もりをもらう前に心が決まった
13.6% / 33.1% / 27.6% / 25.7%

出所：TORiX株式会社実施、マクロミルパネル利用のインターネット調査（2022年5月）「会社の予算で何かを購買したことがある」経験者による回答

(n=10303)

第6章 「とにかく安くの仮面」を外すには、判断基準を作りにいくべし

タイミングを「情報収集段階」「問い合わせした際のやりとり」「1回目の商談」「1回目の商談後のフォロー」「2回目の商談以降の進め方」のように、5つの項目で設定しました。

　それぞれについて、「新規の発注」「既存の発注」という切り口から答えていただきました。

　たとえば「情報収集段階で『いいな』と思っており、問い合わせする前に心が決まった」という項目について見てみましょう。

　まず、この「情報収集段階」というタイミングについて、「新規の発注だけで3回以上ある」と回答したお客様は11.6％いました。

　さらに「新規の発注だけで1～2回ある」が36.3％ですから、これらを足し合わせると、**お客様のうち47.9％は、たとえ新規の取引であっても、情報収集の段階で「買いたい」と心を決めた経験があるということです。**

　加えて「新規の発注では0回だが既存の発注では何回かある」の29.6％を合わせると77.5％に上ります。既存取引も含めれば、**8割近くのお客様は、情報収集段階で購買の意思を固めた経験があるということになります。**

　私は調査結果を見て、「お客様はこんなにも早めの段階で購入の意思を固めているんだな」ということを実感しました。

　ちなみに、「問い合わせした際のやりとり」「1回目の商談」「1回目の商談後のフォロー」「2回目の商談以降の進め方」他の項目でも、傾向は同様です。

　これらの調査結果から、価格を提示する前に購入の意思を固めて

いただくことは十分に可能なのだということが改めてわかります。

見積もりを見る前に決める要因は「レスポンス」 「わかってくれる営業」「熱意」

　では、お客様にどのようなアプローチをすれば、見積もり提示前に「買いたい」と思ってもらえるのでしょうか。先ほどの設問において、正式な見積もりをもらう前に「この会社に発注したい」と心が決まっていた経験があるお客様に聞いてみました。「どこがよかったと感じたから発注したいと思ったのか」について質問したのです。

　これは、自由記述の形で回答を集めました。7667人にも上る回答から、コメントの傾向を示してみると、次ページの図のようになりました。

　すべてのコメントを列挙することはできませんが、私が目視で確認する中で、全体の半数以上を占めていたのが、「レスポンス」でした。本書でもレスポンスの重要性はお話ししてきましたが、ここでもやはりその大切さが現れています。

　次に目立った傾向は「お客様理解」という要素です。
「いきなりの仮面」のところでも解説しましたが、高速ラリーをしながらお客様が求めていることを鮮明にしていくと、営業が「わかってくれる存在」として認識されやすくなります。

　また、本章「2　提案書はまず『わかってくれている感』を整える」でも説明した「要件整理」は、まさしく「お客様理解」を伝え

お客様が「見積もり前に決めた瞬間」

Q 正式な見積もりをもらう前に「この会社に発注したい」と心が決まっていたことがある方にお聞きします。どんなことが「よかった」と感じたのでしょうか。

① レスポンス	② お客様理解	③ 熱意
• すごく丁寧に対応していただけたこと • 質問や疑問に対してのリアクションがスムーズだった • 営業担当者の誠実さと購入後のアフターサービスがよかったです • 担当者の熱意・フォローアップに限る • 対応が誠実だと感じたとき • こちらの疑問点にその場ですぐ対応してくれたから • 初回の相談で懸念な点に対してすぐに回答をくださったことが非常によかったと思います • ピンポイントな回答が即日できた • 担当者のレスポンスの早さ、的確なアドバイスや回答をもらえたこと。対応のよさ • 質問事項に対するレスポンスがよかった • 素早い対応で心が動いた • 対応がとても早く時間が有効に使えて売り上げ向上に貢献した • レスポンスが早い。これがいちばんの決め手 • 問い合わせに対するレスポンスのよさ • 対応が迅速かつ適切で、サービスに情熱と親切心を感じ、是非お願いしたいと感じた	• こちらのニーズを、ファンダメンタルを理解したうえで会話をしてくれた • 思った通りの企画提案としっかりとした対応、文句なく • 営業担当者の課題に対する認識がしっかりしていてコストパフォーマンスに対する認識も信頼できた • 2回目の商談で課題がクリアになった • 気になることをしっかり理解して、専門的な言葉を使わずに丁寧に提案してくれたから • 当社の状況をよく理解してくれて的確かつ効率的に優れた提案をくれた • こちらのニーズ把握	• 熱意が感じられた • 担当者の熱意が素晴らしかったから • 説明と熱意 • 営業のやる気と熱意が感じられたとき

（自由回答について、回答が多かったものを抜粋）

出所：TORiX株式会社実施、マクロミルパネル利用のインターネット調査（2022年5月）
「会社の予算で何かを購買したことがある」経験者による回答

(n=7667)

る武器になります。

　そして、3番目に多く見られた回答は「熱意」です。営業が「お客様にお役立ちするのだ」という熱意を持って、真摯にコミュニケーションを重ねることも重要です。

　さて、ここまで解説してきましたが、価格を提示する前に勝負できるポイントをあらかじめ認識しておくと、営業活動は大きく変わります。

「とにかく安くの仮面」をつけたお客様からの値引き要請に消耗するのではなく、もっと手前の段階で勝負できるわけですから。

　改めて、手前の段階で勝負できることに気づくためには、「接戦の決定場面を問う質問」が有効です。

　決定理由を聞くだけでは「営業がんばってくれたから」のような、ふわっとした理由を聞いて終わりがちですが、「場面」という客観的な時間の情報を確認できれば、「初回訪問の後の『10分電話商談』によるフォローが効果的だった」のように、お客様の心が動いたタイミングを特定できるのです。

　この「決定的な場面」を受注のたびに確認していくと、営業が思っているよりも早く、実はお客様の心が動いていることへの確信が深まっていきます。

「ガンバリズムの罠」にハマらず、営業としてのレベルを上げる

　見積もり提示前に心が決まっていたお客様の声について、多かった回答の並びを見ると、「ガンバリズムの罠」にまつわる難しさを感じます。

インパクトとしては「レスポンス」や「お客様理解」のほうが大きいのですが、「熱意」を評価するお客様も一定数、存在します。

　私は、営業において「熱意」を否定するつもりはありませんし、お客様の成功をサポートするうえでとても大事なものだと思っています。

　たとえば、受注が厳しい状況でも諦めずにアプローチし続ける、お客様への連絡を欠かさないなど、こういった姿勢が土台にあるからこそ、お客様は営業を信頼してくれるわけです。

　しかし、「熱意さえあれば大丈夫」と思考停止し、営業として他に磨くべきポイントを一切おろそかにしてしまうのは危険です。

　営業組織が「ガンバリズムの罠」にハマっていると、「熱意でなんとかすること」が極端に美化されがちです。その結果、「熱意で勝負」を言い訳にし、お客様へのレスポンスやニーズ理解を後回しにしてしまうと本末転倒です。

　本来、提案活動の初期段階には、レスポンスやお客様理解によって「購買者の仮面」を外すチャンスがあります。

　その機会を逃し、仮面をかぶったままの「難易度が高いお客様」からの要求に対して、「がんばって熱意でなんとかする」しか武器がないと、商談は（なかなか決着がつかずに）長期化し、仮に値引きによって受注できたとしても、利益率が下がってしまいます。

　見積もり提示前に「狙って」決めにいくことで、価格以外で勝負できる武器を増やしていきましょう。

「予算額」に対するお客様の心理を
捉えて提案する

「予算額からプラス10％」が注意すべきライン

「価格そのものより費用対効果のほうが大事」「見積もり提示前のタイミングでもお客様の心を動かすことができる」について、本章でお伝えしてきました。

　特に、見積もり提示前においては、**クイックレスポンス**や**要件整理**がキーアクションになります。

　とはいえ、「見積もり価格がお客様の予算より高すぎたら、さすがに買ってもらえないのでは？」という懸念もあるでしょう。実際、お客様の予算は無尽蔵にあるわけではありませんから、「これ以上高いと買えない」というラインもあるはずです。

　そこで、予算額に対してどのぐらい上回ると危険水域になるのかを見ていきます。

　次ページのグラフは、お客様1万人調査で「あなたが当初想定していた予算額に対して、下記のような価格で購買したことはありますか。ある場合はその回数としてあてはまるものをお選びください」と質問した結果です。

予算＋**10%**のラインから購買率が下がる

Q あなたが当初想定していた予算額に対して、下記のような価格で購買したことはありますか。ある場合はその回数としてあてはまるものをお選びください。

■ その提示価格で購買したことが３回以上ある
■ その提示価格で購買したことが１〜２回ある
■ その提示価格で購買したことはない

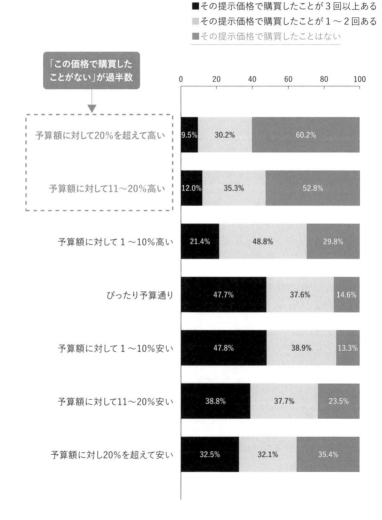

「この価格で購買した
ことがない」が過半数

| | 0 | 20 | 40 | 60 | 80 | 100 |

予算額に対して20%を超えて高い：9.5% / 30.2% / 60.2%

予算額に対して11〜20%高い：12.0% / 35.3% / 52.8%

予算額に対して１〜10%高い：21.4% / 48.8% / 29.8%

ぴったり予算通り：47.7% / 37.6% / 14.6%

予算額に対して１〜10%安い：47.8% / 38.9% / 13.3%

予算額に対して11〜20%安い：38.8% / 37.7% / 23.5%

予算額に対し20%を超えて安い：32.5% / 32.1% / 35.4%

出所：TORiX株式会社実施、マクロミルパネル利用のインターネット調査（2022年５月）
「会社の予算で何かを購買したことがある」経験者による回答

(n=10303)

価格を「予算額からどれくらい離れていたか」に応じて7カテゴリーに分け、それぞれに「その提示価格で購買したことが3回以上ある」「その提示価格で購買したことが1〜2回ある」「その提示価格で購買したことはない」という3つの選択肢で答えていただきました。

　まずは、縦の並びで真ん中にある「ぴったり予算通り」の項目から見ていきましょう。「その提示価格で購買したことが3回以上ある」は47.7％、「その提示価格で購買したことが1〜2回ある」は37.6％で、合計すると85.3％になりました。
　同じような傾向が見られたのが「予算額に対して1〜10％安い」で、「その提示価格で購買したことが3回以上ある」は47.8％、「その提示価格で購買したことが1〜2回ある」は38.9％でした。足し合わせると86.7％です。
　ここから言えることは、「予算額ちょうどか、1〜10％安い金額で買っている」お客様が実態としては多いということです。

　次に、予算額より安い価格帯について見ていきます。
「予算額に対して11〜20％安い」「予算額に対して20％を超えて安い」のように、予算額から離れていくにつれて、購買したことのないお客様の割合は増えていきます。
　これは、「何がなんでも安ければそれでいいわけではない。一定の予算があるなら、それなりに品質のよいものを買いたい」ということなのでしょう。

　一方、予算より高くなるとどうでしょうか。

「予算額に対して1〜10％高い」「予算額に対して11〜20％高い」と、予算額を離れて高くなっていくにつれ、こちらもまた同様に、購買したことのないお客様の割合は増えていきます。この傾向は、予算より安い場合に比べて顕著です。

「予算額に対して11〜20％高い」場合は、「その提示価格で購買したことはない」が52.8％、「予算額に対して20％を超えて高い」場合は、「その提示価格で購買したことはない」が60.2％にも上ります。

　すなわち、予算額に対して「プラス10％」が、購買率が下がり始めるラインと考えられます。

「予算をあえて低めに伝えてくるお客様」の心理

　お客様1万人調査の結果を踏まえると、「予算額から10％以上高い価格で見積もりを出すときは気をつけたほうがよい」ということになります。

　一方、「とにかく安くの仮面」をつけたお客様は、予算額を尋ねた営業に対して「本当の予算よりも保守的に、低めの額で」伝えてくることがあります。

　「えっ、それはいくら何でも安すぎでは……」そのように感じたときは、その予算をターゲットに提案の見積もりを考える前に、「『購買者の仮面』によって、安すぎる金額を伝えられている」可能性を疑う必要があります。

　次ページに、お客様が会社としては本来もっと大きな金額を用意できるはずなのに、「とにかく安く」予算を伝達するケースについ

「予算額」の伝え方

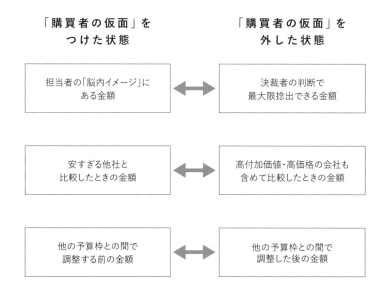

「購買者の仮面」を つけた状態		「購買者の仮面」を 外した状態
担当者の「脳内イメージ」に ある金額	⟷	決裁者の判断で 最大限捻出できる金額
安すぎる他社と 比較したときの金額	⟷	高付加価値・高価格の会社も 含めて比較したときの金額
他の予算枠との間で 調整する前の金額	⟷	他の予算枠との間で 調整した後の金額

て図で示しました。

　上から順に見ていきましょう。まずは「担当者の『脳内イメージ』にある金額」を伝えてくるケースです。

　現場の購買担当者が個人的に「このぐらいの金額だったらいいかな」と感じる金額は、担当者自身の権限の範囲内であることがほとんどです。

　決裁者と折衝して予算を調整するのは、担当者としては負担になりますから、わざわざ決裁者にかけ合って大きな予算を引き出すより、まずは自分が扱える金額で伝えておこうというのは、ある意味で自然な反応とも言えます。

　決裁者の判断で捻出できる予算は、担当者の「脳内イメージ」の金額よりも大きくなるわけですから、営業としては、決裁者の判断

で最大限に捻出できる金額をつかんでおく必要があります。

　続いて、「安すぎる他社と比べた金額」を伝えられるケースです。お客様が競合からすでに見積もりを取っている場合、その中に「安さだけが売り」の会社が紛れ込んでいることがあります。
　すると、予算の基準がその会社に引っ張られてしまい、あなたの出す見積もりが割高に捉えられてしまうこともあります。
　そのような局面では、価格以外の機能やサービス面についての訴求が必要です。「安かろう悪かろう」の競合他社とは一線を画し、予算の基準を上げてもらわなければなりません。

　最後は「他の予算枠との間で調整する前の金額」を伝えられるケースです。
　会社における予算は基本的に、部署やプロジェクト間の「獲得競争」です。そのため、他の件ですでに予算額が確保されてしまっていると、「余っている金額」レベルの予算をこちらに伝えてこられるときがあります。
　しかし、お客様が社内折衝の結果、予算を引っ張ってくることができれば、「当初の枠は300万円だったが、調整の結果、400万円まで予算が増えた」ということもありうるわけです。
　これを実現するためには、営業としては「本領域に予算を割く意味」をお客様が社内プレゼンしやすいように伴走支援することが求められます。

　さて、3つのケースについてお伝えしました。お客様が「とにかく安くの仮面」をつけることによって、過度に低い予算額を、その

裏事情が隠されたまま伝達してくる場合があります。

　そんなとき、予算の枠を最大限に広げてもらえるようにお客様とコミュニケーションを取るのも、営業の腕の見せどころです。

余裕のある予算を確保してもらうコツ

　「とにかく安くの仮面」をつけて予算を低めに伝えてくるお客様に対しては、判断基準を明確にすることによって「低すぎる予算だとよい提案はこない（＝予算額を引き上げるほうがよい提案を受けられる）」と早めの段階で思ってもらうのがいちばんです。

　それには、お客様の期待値を超えた行動を見せることが重要です。特に、新規の営業においては、お客様の期待値が最も低い初期段階のうちに付加価値を感じさせることで、高めの予算を用意してもらう布石を打つのです。

　第4章「2　アポイント獲得の鍵は『課題解決』『費用対効果』」でも説明しましたが、お客様が初めて会う営業に期待しているのは「課題解決」や「費用対効果」を感じさせてくれることです。

　さらに、前節でも説明したように、「レスポンス」や「要件整理」によって見積もり提示前に営業の実力を訴求することができます。

　こういった要素がそろってくることで、「購買者の仮面」は外れていき、「この営業はアタリの営業だな」と思ってもらえます。お客様のほうから、本音や内部情報を教えてくれるようになるのです。

　ここで、お客様のリアクションから、当初期待値を大きく超えることができたと確認できたら、「条件付きオープンクエスチョン」で予算額の上限を尋ねましょう。

「ご予算はいくらですか？」という直接的な聞き方ではなく、「この金額を超えたらさすがに検討対象外という金額があると思いますが、その金額はいくらでしょうか？」のように聞くのです。

「きちんと予算を確保したほうが、その分よい提案をもらえる」と考えてもらえれば、実質的な予算額の上限がわかるはずです。
　これは、「とにかく安くの仮面」が外れたことによって出てくる情報です。お客様にしっかりと予算を確保してもらうためには、初動のアクションが重要なのです。

　さらに、下記のように「多めに確保いただいたほうがプラスになりますよ」というメッセージを伝えられると効果的です。

- ある程度の予算をご用意いただいたほうがROI（投資収益率）が上がる
- 投資額に応じてお客様のビジネス競争力が上がる
- 業界トレンドの観点から、各社このぐらいの規模の予算を用意されていることが多い
- この投資は、短期的に考えると損をするので、中長期的な観点から考えていただくべきである

　お客様とこの議論をする際には、費用対効果の判断基準で説明した4点、「売上アップやコストダウンの財務効果」「会社の将来成長イメージ」「ミッションやビジョン、パーパスの実現」「メンバーの負担やストレスの軽減」をしっかり訴求していきましょう。

高くても買ってもらうには
「判断基準」に変化を起こす

お客様が予算より高い金額でも購入する理由

　予算額より10％以上高い金額が「危険水域」であること、および、あらかじめ予算を多く確保してもらうためにどうするかについて前節で解説しました。

　予算額を引き上げてもらえたとして、それでも予算額を超える提案になった場合、どうやって買ってもらうか。本節では、それについて考えていきます。

　先ほどご紹介したお客様1万人調査では、「予算額からどれくらい離れた金額で買った経験があるか」という質問でした。そのうち「予算額より高くても買ったことがある」と答えたお客様に対し、「それはなぜですか」と尋ねた結果が次ページのグラフです。

　ちなみに、「予算額より高くても買ったことがある」と答えたお客様は、10303人のうちの7965人です。実にお客様の8割弱が、想定予算よりも高い買い物をした経験があるということです。

　では、この7965人が「高くても買った理由」を見てみましょう。

　最も回答が多かったのは「予算を上回った提案と予算を下回った提案が両方あったが、提案の質や内容を重視した」（28.1％）、2位

高価格帯での提案は
判断基準に変化を起こせるかどうかが鍵

 あなたが想定予算より高い価格で購買した理由は何ですか。
最大2つまでお選びください。

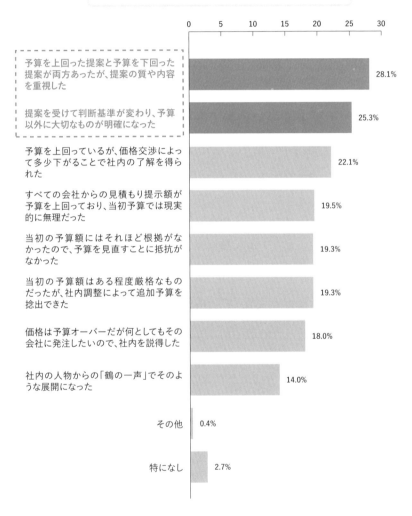

予算を上回った提案と予算を下回った提案が両方あったが、提案の質や内容を重視した	28.1%
提案を受けて判断基準が変わり、予算以外に大切なものが明確になった	25.3%
予算を上回っているが、価格交渉によって多少下がることで社内の了解を得られた	22.1%
すべての会社からの見積もり提示額が予算を上回っており、当初予算では現実的に無理だった	19.5%
当初の予算額にはそれほど根拠がなかったので、予算を見直すことに抵抗がなかった	19.3%
当初の予算額はある程度厳格なものだったが、社内調整によって追加予算を捻出できた	19.3%
価格は予算オーバーだが何としてもその会社に発注したいので、社内を説得した	18.0%
社内の人物からの「鶴の一声」でそのような展開になった	14.0%
その他	0.4%
特になし	2.7%

出所：TORiX株式会社実施、マクロミルパネル利用のインターネット調査（2022年5月）
「会社の予算で何かを購買したことがある」経験者による回答

(n=7965)

が「提案を受けて判断基準が変わり、予算以外に大切なものが明確になった」（25.3%）です。

　重要なポイントは、この２つの回答では、営業とお客様との間で価格交渉が発生していないことです。営業側が提示した、いわば「高い価格」のまま買ってもらっているのです。

　その下の回答は、３番目に「予算を上回っているが、価格交渉によって多少下がることで社内の了解を得られた」（22.1%）、４番目に「すべての会社からの見積もり提示額が予算を上回っており、当初予算では現実的に無理だった」（19.5%）、５番目に「当初の予算額にはそれほど根拠がなかったので、予算を見直すことに抵抗がなかった」（19.3%）、６番目に「当初の予算額はある程度厳格なものだったが、社内調整によって追加予算を捻出できた」（19.3%）と、価格交渉や社内調整を要した回答が続きます。

　つまり「予算に合わせて営業が見積もりを下げた」か、「社内調整で予算が増えた」かが、３～６番目の回答として並んでいるのです。これら３～６番目の回答を抑えて、価格交渉なしで購入された項目が上位２つを占めていることに、改めてご注目ください。

要件整理の「網羅感」「具体化」「優先順位」が鍵

　先ほどの調査でトップの回答は「予算を上回った提案と予算を下回った提案が両方あったが、提案の質や内容を重視した」でした。
　これは言い換えれば、「予算を下回った提案を選ぶこともできたはずなのに、提案の質や内容を重視して、わざわざ予算よりも高い

提案を選んだ」ということです。

2位の「提案を受けて判断基準が変わり、予算以外に大切なものが明確になった」も、「営業が提示した価格自体は変わっていないが、買い手の判断基準が変わった」と言い換えられます。

上位2つの回答からは、お客様の判断基準に変化を起こせるかどうかが、高い価格帯で買ってもらうための大切なポイントであると読み取れます。

利益を削ることなく、お客様の判断基準に変化を起こすような提案をする。営業としては理想ではありますが、どうすればこのような提案ができるのでしょうか。

鍵は、本章ですでにご説明した「要件整理」にあります。要件整理における3つのポイントは「網羅感」「具体化」「優先順位」でした。お客様の中ではっきりしていない部分を改めて問い直すことで、お客様の判断基準を見直してもらう議論に入ることができます。

お客様が「あれも大事、これも大事」と言って、いちばん大事なことがはっきりしなかったり、お客様の要望が漠然としていたりといったことはよくあります。

そのようなとき、営業から「網羅感」「具体化」「優先順位」について確認していくと、お客様の判断基準が明確になるのです。

次ページに、その掘り下げ方を図示しました。

3つのポイントのうち、「網羅感」からまず見ていきましょう。

お客様からニーズを聞いていく中で「あれ？　何か抜けていそうだな」と感じたら、網羅感について確かめる必要があります。特に、

判断基準の「**網羅感**」「**具体化**」「**優先順位**」を
はっきりさせる質問が有効

今回の要件		具体的な内容
①	納期の柔軟性	お客様のタイトな製造スケジュールに合わせ柔軟に対応できる
①	フォロー体制	丁寧なほうが望ましい
①	量産したときの品質	発注量が仮に現在の2～3倍になっても品質が落ちないこと
？	価格	安いほうがよい？
？	？	？

網羅感	今挙げられた「納期の柔軟性」「フォロー体制」「量産したときの品質」や「価格」以外にも要件があったりされますか？ もしかしたら、「今後の事業展開への対応」などありなのでは、と思いましたが……
具体化	「フォローは丁寧なほうがいい」とおっしゃいますが、導入後にご使用される場面を想像して感じられる不安にどんなものがありますか？
優先順位	「納期の柔軟性」「フォロー体制」「量産したときの品質」どれも重要とおっしゃいましたが、その中でも「特にこれは外せない」というものは、3つのうちどれになりますか？

「とにかく安くの仮面」をつけたお客様は、価格については細かい要望を言ってくるものの、それ以外のことを考えきれていない可能性が高いのです。

　たとえば、他の会社に提案をするときにはよく耳にするようなキーワードが、今回の商談ではまだ出てきていないなと感じたら、お客様に尋ねましょう。

「まだ御社とのお話では XXX が話題に出てきていませんが、もしかしたらこれも検討されたほうがよいのではないでしょうか」のように、判断基準をこちらから示唆するのが「網羅感」への働きかけです。

「抜けていた論点」が営業からの働きかけで出てくると、お客様は判断基準がブラッシュアップされます。このようにして、「価格だ

けで判断するのは危険だ」と考え直してもらうのです。

　続いて「具体化」です。たとえばお客様が「なるべくいいものを、より安く」のような抽象的な基準のまま検討しようとされている場合、「なるべくいい」とは具体的にどういうことなのかをこちらから質問し、明確にするのが「具体化」への働きかけです。

　お客様は忙しい中で仕事がうまく回っていないと、一つひとつの判断基準について練りきれていないということが多々あります。「このあたりはまだざっくりしているな」と感じたら、漠然としたポイントを具体化する質問で、お客様の判断基準をはっきりさせるお手伝いをするのです。

　たとえば、「サービスを導入しても使いこなせるか不安」というお客様がいたとします。そのまま「当社はアフターフォローがしっかりしているからその分、高価格なのです」と伝えるだけでは、アフターフォローに高いお金を払う気持ちになりません。

　そこで、「具体的に、導入後に使う場面を想像すると、どのような不安があるか」を確認しましょう。

　すると、「そういえば、こういうときは問い合わせ対応もしていただけるのでしょうか？」「このメンテナンスには費用もかかりますか？」のように、「導入後の不安」が具体化されていきます。

　これによって「アフターフォローにお金を払う理由」が明確になります。

　そして最後に「優先順位」です。お客様が「あれも大事、これも大事」のように、大事なことを絞りきれていない場合、「Aを優先すると、Bが犠牲になります。AとBとではどちらを優先されま

すか？」のように確認していきます。

　トレードオフ（片方を追求すると、もう片方が犠牲になる）の関係を営業が明示することで、お客様は大事なことを絞りやすくなります。これが「優先順位」への働きかけです。

　特に、「とにかく安くの仮面」をお客様がつけているときは、価格以外に重要な判断基準が明確になっていないわけですから、「優先順位を問いかける」はとても重要なアクションです。

　ただ、注意点としては、優先順位を尋ねたときに「どれも大事なんです」と返ってくることがあります。これはお客様の思考が進んでいないサインなので、この言葉を真に受けて引き下がってはいけません。

　たとえば、「もし価格がまったく同じ提案が来たら、次にどこを見ますか？」のように尋ねて、判断基準を明らかにしていきましょう。「同じ価格の提案が来たら、その次に見るポイント」というのは、「価格以外に大事な要素」をあぶり出すために有効な視点です。

　「網羅感」「具体化」「優先順位」の観点から、お客様の頭の中をすっきり整理していくことが、「お客様に判断基準に変化を起こすディスカッション」になります。

「とにかく安く」と言われたら、
価格以外のポイントを深掘りする

　よく、「判断基準のディスカッション」は難しいという声をいただきます。

　そのような方にまずお伝えしたいのは、「考えることを『網羅感』『具体化』『優先順位』の３つに絞り込みましょう」ということです。「何が抜けているか」「何があいまいになっているか」「何が大事か」だけをはっきりさせれば、おのずとお客様の判断基準は明確になります。

　判断基準のディスカッションを難しく感じるのは、この３つ以外をごちゃごちゃと複雑に考えてしまうことが原因です。

　そして、「網羅感」「具体化」「優先順位」を押さえられるようになるためには、社内でロールプレイングをして経験値を積み重ねることをおすすめします。

　３人１組となり、１人が「まだ考えが整理されていないお客様役」、もう１人が「営業役」を演じて、残りの１人は気がついた点をフィードバックする「オブザーバー」となります。この役割をローテーションしながら練習するのです。

　このとき、お客様役になる人は、手加減せず、とことん「考えが整理されていないお客様」を演じましょう。営業から提案を受けても、最初のほうは「そうですね、やっぱり価格が気になりますね」と返すのです。

多くの営業は、ここで手順を間違えてしまいます。お客様から「価格が気になる」と言われると、一生懸命、価格について説明するなど、価格のところをなんとかできないか話し始めるのです。

　しかし、これでは、「価格」という判断軸をより強化することになるため、お客様が「より一層、価格にこだわる」結果を生んでしまいます。

　営業が行うべきは「価格以外に、何か見落としているポイントはないか（網羅感）」「費用対効果として、具体的にどんなことが気になるか（具体化）」「価格以外に大事なことは何か（優先順位）」をお客様と議論することです。

　すなわち、「とにかく安く」と言われたら、価格以外のポイントを深掘りすることが重要なのです。

「何が抜けているか」「何があいまいになっているか」「何が大事か」をはっきりさせる練習を積むことで、「とにかく安くの仮面」を外し、価格を下げずに買ってもらえるようになります。

「見積もりサプライズ」を起こさない
テストクロージング

お客様は「見積もりサプライズ」を嫌う

　予算より高くても買ってもらえる方法について先ほど解説しました。とはいえ、見積もりを提出する段階で、「見積もりサプライズ」を起こさないよう、注意しておきたいところです。

　「見積もりサプライズ」とは、営業からもらった見積もりが思いのほか高く、お客様がびっくりしてしまうことです。

　本章の「6 『予算額』に対するお客様の心理を捉えて提案する」でも解説しましたが、予算額より10％以上高い価格で提案を出すときは、注意する必要があります。

　お客様1万人調査で、「購買プロセスの途中で優先順位が下がり、結果として購買自体を行わなかったことがありますか」と質問をしたところ、「3回以上ある」「1〜2回ある」と答えた人が合計で7908人いました。

　8割近くのお客様は、「買おうと思って営業から提案を受けたが、途中でやめたことがある」ということです。

　さて、その7908人に、「購買の優先順位が再び上がるためには何が必要でしたか」と質問した結果が次ページのグラフです。

「**見積もりサプライズ**」を起こすと
購買の優先順位が下がりやすい

Q 「購買プロセスの途中で優先順位が下がり、結果として購買自体を行わなかったことがある」と回答された方に質問です。購買の優先順位が再び上がるためには何が必要でしたか。

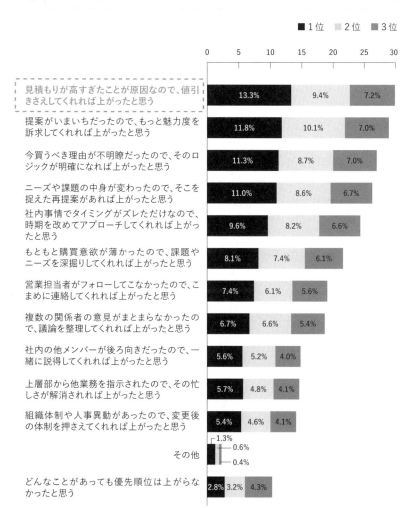

■1位　■2位　■3位

項目	1位	2位	3位
見積もりが高すぎたことが原因なので、値引きさえしてくれれば上がったと思う	13.3%	9.4%	7.2%
提案がいまいちだったので、もっと魅力度を訴求してくれれば上がったと思う	11.8%	10.1%	7.0%
今買うべき理由が不明瞭だったので、そのロジックが明確になれば上がったと思う	11.3%	8.7%	7.0%
ニーズや課題の中身が変わったので、そこを捉えた再提案があれば上がったと思う	11.0%	8.6%	6.7%
社内事情でタイミングがズレただけなので、時期を改めてアプローチしてくれれば上がったと思う	9.6%	8.2%	6.6%
もともと購買意欲が薄かったので、課題やニーズを深掘りしてくれれば上がったと思う	8.1%	7.4%	6.1%
営業担当者がフォローしてこなかったので、こまめに連絡してくれれば上がったと思う	7.4%	6.1%	5.6%
複数の関係者の意見がまとまらなかったので、議論を整理してくれれば上がったと思う	6.7%	6.6%	5.4%
社内の他メンバーが後ろ向きだったので、一緒に説得してくれれば上がったと思う	5.6%	5.2%	4.0%
上層部から他業務を指示されたので、その忙しさが解消されれば上がったと思う	5.7%	4.8%	4.1%
組織体制や人事異動があったので、変更後の体制を押さえてくれれば上がったと思う	5.4%	4.6%	4.1%
その他	1.3%	0.6%	0.4%
どんなことがあっても優先順位は上がらなかったと思う	2.8%	3.2%	4.3%

(n=7908)

出所：TORiX株式会社実施、マクロミルパネル利用のインターネット調査（2022年5月）
「会社の予算で何かを購買したことがある」経験者による回答

315

最も多くの回答を集めたのは「見積もりが高すぎたことが原因なので、値引きさえしてくれれば（購買の優先順位が再び）上がったと思う」でした。「思っていたよりも見積もりが高すぎる」ことはそのまま、お客様にとっての購買の優先度が下がってしまう原因になり得るということです。

　２番目に回答を集めたのは「提案がいまいちだったので、もっと魅力度を訴求してくれれば上がったと思う」でした。
　提案よりも「見積もりサプライズ」によって購買の優先順位が下がることのほうが多い事実をふまえ、今回は見積もりサプライズを起こさない提案の段取りについてご紹介していきます。

見積もり提示前に「テストクロージング」をすべし

「見積もりサプライズ」を起こさないアプローチを考えるにあたり、お客様にとっての「価値」と「価格」に目を向けてみます。
「価値」とは、商品を買うことで得られるメリットのことです。そして「価格」とは、商品を買う際に払う金額です。
　価格より価値のほうが上回るとお客様は「安い」と感じます。逆に、価値よりも価格のほうが上回ればお客様は「高い」と感じてしまいます。これが費用対効果の考え方です。

　そう考えると、「見積もりサプライズ」が起きるのは、お客様が（事前に）想定していた価値に対して、（後から提示された）価格が上回った場合です。
　であれば、お客様が「価格」を見る前に感じる「価値」が高まる

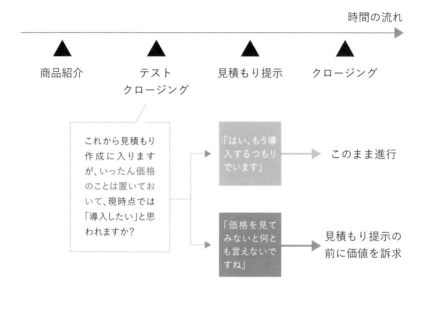

見積もり提示前にテストクロージング

時間の流れ

商品紹介　　テスト　　　見積もり提示　　クロージング
　　　　　クロージング

これから見積もり
作成に入ります
が、いったん価格
のことは置いてお
いて、現時点では
「導入したい」と思
われますか？

「はい、もう導
入するつもり
でいます」

このまま進行

「価格を見て
みないと何と
も言えないで
すね」

見積もり提示の
前に価値を訴求

ことで、見積もりサプライズを減らすことができるわけです。

　そのための具体的な策としては、「見積もりを提示する前のテス
トクロージング」という方法があります。テストクロージングとは、
お客様の購買意向の確認です。お客様がどれくらい「買いたい」と
思っているのかを、本格的なクロージングの前に確かめるのです。

　見積もりを出した後にテストクロージングをする営業もいますが、
それは得策ではありません。いったん見積もりを出してしまうと、
価格という判断基準が存在感を増し、お客様の「とにかく安くの仮
面」が外れにくくなるからです。
　そこで、いったん「価格」の話は抜きにして、「買いたいかどう

か」にだけ着目してもらい、お客様が感じる「価値」がまだ足りないと感じたら、その価値を高める行動を取る。これこそがテストクロージングの役割です。

「価格を見てから判断します」と言うお客様に 価格を見せるリスク

テストクロージングの方法としては、たとえば「これから見積もり作成に入りますが、いったん価格のことは置いておくとして、現時点で導入したいと思われますか」と聞くのが一例です。

お客様から「はい、もう導入するつもりでいます」という答えが返ってきたとしたら、それはもう、お客様に価値を十分に感じていただいているということです。

たとえ価格が多少高くなろうとも、社内で予算を調整したり、決裁者が納得のいく理由をお客様のほうで作ってくれたりすることが期待できます。

一方、「価格を見てみないと何とも言えないですね」という答えが返ってきたとしたら、それはまだ、価値についてはいまいち感じとれていないということです。

この状態のお客様にそのまま見積もりを出してしまうと、「価格が高すぎる」といったコメントが出やすくなるでしょう。お客様にしてみれば、まだ価値を認めていないのですから、自然な反応です。

また、そこまでいかなくても、価格交渉に持ち込まれるリスクも生じます。

「価格を見てみないと何とも言えない」というお客様にそのまま見

積もりを提示するのは、とても危険なことなのです。

「価格を見てみないと何とも言えないですね」という返答をもらったら、見積もりを提示するのではなく、その前に今一度、価値を訴求する必要があります。

　そもそもお客様は今、なぜこの商談に時間を使っているのかをもう一度確認しつつ、お客様が何を課題と感じているのかについて深く掘り下げていくのです。

　これは、いわば、「価格以外の判断基準」をあぶり出すということです。質問によって、お客様がまだ解決できていない課題をお客様自身の口から話してもらい、そこに「自社の商品でその課題を解決できる」と訴求できれば、お客様が感じる価値は高まるでしょう。

「値引きでクロージング」は麻薬

　営業支援の現場で「クロージング場面のロールプレイ演習」をすると、よく起こることがあります。

　成果が出ずに苦しんでいる参加者と商談の練習をすると、お客様役の私が迷う素振りを見せた瞬間に、営業が（お客様からリクエストされてもいないのに）「御社には特別にお安くできますので……」と、値引きを自ら打診してくるのです。

　私は、この場面に、何回も繰り返し遭遇しました。

　成果が出ない営業は、ふだんの営業活動でも、似たようなことをしている可能性が高いことが容易に想像できます。

ハイパフォーマー営業が価格を原因に断られることが少ないのは、早い段階でテストクロージングを行っているからです。価格を提示する前に、お客様から早めに「買いたい」という意思を示してもらえるプレゼンができているのです。

　一方、ローパフォーマー営業の多くは「最後は何とか値引きをしてクロージングしよう」と考えます。そもそも価格交渉が前提にあるため、お客様にとっての価値を高めるようなプレゼンをせず、結果として安く引き受けてしまうのです。

　「見積もりサプライズ」を防ぐキーワードは、価値の訴求です。価格を提示する前に、お客様に「買いたい！」と思ってもらえるコミュニケーションを磨く必要があります。

　「とりあえず安くの仮面」をつけたお客様のプレッシャーに負けて、「お安くしますから」で何とか受注を獲得しようとするのは、自らの首を絞めてしまう行為です。

　まず、リスク要因として、スキルが上がらないまま、値引き以外のクロージングができなくなってしまうことがあげられます。

　さらに、値引きと同時に発注を迫ることによって、「完全には納得していないが、安くしてくれるなら買う」お客様が増えてしまいます。安くしてくれるなら買うというお客様は、今後、他社がより安い価格を提示してきたら安易にそちらに流れてしまうでしょう。

　さらに、最後の決め手を「値引き」に頼っていると、営業自身の中で「なんだかんだ、お客様は価格で決めるのだ」という思い込みが強化されやすくなります。

　営業組織の中には「値引きを連発するが成果があがらない人」と

「値引きをしないのにどんどん売れる人」が存在します。

　同じ商品を扱っているのに違いが出る理由は、ハイパフォーマーほど「値引きで勝負せず、費用対効果の納得感を生み出すやり方」を体得しているからです。

　価格を武器にクロージングする癖が残っていると、「費用対効果の納得感を生み出すやり方」はいつまでたっても身につけられません。

　やるべきは「価格を下げる前に、買いたいと思ってもらうこと」です。そのために必要なのがテストクロージングです。

　見積もり提示をする前にテストクロージングができるようになると、「とにかく安くの仮面」を外し、価値を理解されたうえで気持ちよく買ってもらえるようになります。

第6章　「とにかく安くの仮面」を外すには、判断基準を作りにいくべし

第 6 章 ま と め

「とにかく安くの仮面」をつけたお客様は、どんなに質の高い提案を出しても「もっと安くなりませんか？」のように、シビアな値下げ要求や価格交渉をしてきます。こちらの価値を認めてもらえず、コスト一辺倒に考えられてしまうのは辛いものです。

「とにかく安くの仮面」の裏にある素顔（本音）は、「判断基準がよくわからない」です。もしお客様が、どのような判断基準で買えばよいかについて具体的な考えを持つことができれば、単なる安さだけでは判断しないはずです。

「とにかく安くの仮面」を外す鍵は「価格以外の判断基準」です。「そもそも、何を基準に判断すべきか」を漏れなく洗い出し、その判断基準化を具体化したうえで、何が大事かの優先順位をはっきりさせましょう。

　しかし、ここで多くの営業が陥りがちなポイントがあります。
「安くしないと買ってもらえないのではないか」という不安が先行し、「値引きクロージング」がクセになってしまうと、値引き以外のやり方で受注を獲得することができなくなります。

　また、お客様が事前に「このぐらいの金額で提案が来るかな」と予想している水準を大きく上回って提示してしまう

「見積もりサプライズ」を起こすと、お客様の購買意欲が大きく下がってしまうので注意しましょう。

「とりあえずいくらでできるかご提案ください」と言われても、お客様の判断基準を明確にし、価値を訴求してから提案しないと、「思っていたより高かった」と案件消滅してしまいます。

「とにかく安くの仮面」を外してもらうための武器としてはこのようなものがあります。

【「とにかく安くの仮面」を外すためのキーワード】

- 提案書のすり合わせは課題理解→費用対効果の順番で
- 「網羅感」「具体化」「優先順位」という3つの観点で要件整理
- 「財務インパクト」「成長イメージ」「理念の実現」「負担軽減」という4種類の費用対効果
- お客様の判断基準をあぶり出す、接戦の決定場面を問う質問
- 見積もり提示前に決める経験をしたお客様は8割近く
- 保守的になりがちな予算額へのお客様心理
- お客様の認識に変化を起こす、判断基準のディスカッション
- 「見積もりサプライズ」を起こさないテストクロージング

「検討しますの仮面」を外す鍵は
「助け舟」の出し方にあり

面倒やリスクを背負いたくないお客様は「検討しますの仮面」をつける

「とりあえず検討します」と言うお客様

　お客様から「検討しますのでお待ちください」と言われたものの、実際にはどのような検討をしているのか教えてもらえず、蓋を開けてみると失注……このような経験は、営業ならば誰にでもあるものです。

　提案に対して「ありがとうございます。検討します」と言ってくるお客様でも、実はそれほど前向きではなかったりします。

　たとえば、お客様が提案を受けた段階で「ちょっとイメージが違うな……」のようなネガティブ感情を抱いていても、営業にははっきりと言わず、「とりあえず社内で検討します」と伝えるお客様は少なからず存在します。

　そして、あたかも検討し尽くした結果、購入が見送られたかのように、断る段階になって「今回は残念ですが、別の会社で……」と営業に切り出すのです。

　営業にしてみれば「気になることがあるなら、早く正直に言ってくれれば……」と思うところです。早めに改善点を教えてもらえれば、それを受けて提案をブラッシュアップすることができるからです。

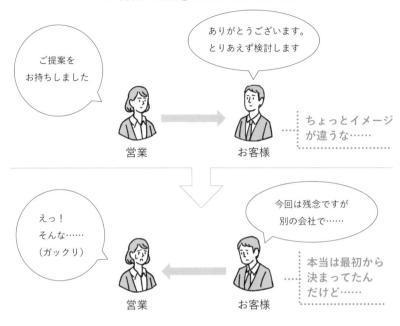

「お客様の感触」を教えてもらえない

他にも、たとえば、担当者が「周りの人の意見も聞いてみよう」と思い、「検討します」と答えるケースもあるでしょう。あるいは、他の会社の提案も見てみないと答えようがないから「検討します」と言っていることもあり得ます。

そんなとき、もし「社内のどんな人物に聞こうとしているか」「どの競合から提案を受けるのか」といった状況がわかれば、営業としては対策が立てやすくなります。

しかし、詳細の情報は教えてもらえず、ただ「検討します」の一点張りだと、その後のアプローチが難しくなります。これらの難しさを発生させるのが「検討しますの仮面」です。

お客様は「何かが足りない」を言わない

　営業であれば、お客様から「検討しますのでお待ちください」と言われるのは不安です。

　しかし、お客様にしてみれば、「購買する」という重大な意思決定を前に「とりあえず保留をしたい」という心理が働くのは当然です。その心理になると、「検討しますのでお待ちください」と営業に伝え、営業活動をシャットアウトします。

　さて、「検討します」と営業をシャットアウトするお客様の本音はどこにあるのでしょうか。

　次ページのグラフは、第2章でもご紹介しましたが、「見積もり提示後にさらなる説明をしたいと言ってきた営業担当者に『検討しますのでお待ちください』とシャットアウトしたことが「ある」と回答された方にお伺いします。営業担当者からの追加説明にOKを出すためには、何が必要でしたか」と質問した結果です。

　設問では、「なぜシャットアウトしたのですか」ではなく、「OKを出すためには、何が必要でしたか」と聞いています。

　上位3項目を見ると、お客様はいずれも、営業から受けた提案に対して何らかの不満を持っていて、その不満が解消されるなら再度、提案を聞こうという気持ちがあったことを指しています。

　しかしお客様は、不満に対して改善要望を出すでもなく、何かのリクエストをするでもなく、実際には「検討しますのでお待ちくだ

「検討しますのでお待ちください」に
何のアクションもしないのはただの損

Q 「見積もり提示後にさらなる説明をしたいと言ってきた営業担当者に『検討しますのでお待ちください』とシャットアウトしたことが「ある」と回答された方にお伺いします。営業担当者からの追加説明にOKを出すためには、何が必要でしたか。

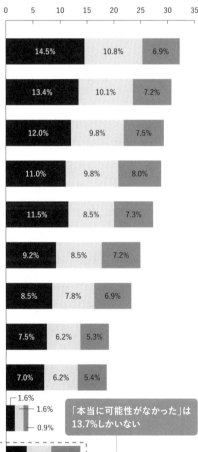

■1位　□2位　■3位

	1位	2位	3位
提案内容に不満があったので、そこを改善することを示してくれれば話を聞いたと思う	14.5%	10.8%	6.9%
高すぎる見積もりが不安だったので、値引きの可能性を示してくれれば話を聞いたと思う	13.4%	10.1%	7.2%
実際は他社へ傾きかけていたので、もっと強い差別化ポイントを提示してくれれば話を聞いたと思う	12.0%	9.8%	7.5%
他社から提案を待っていたので、他社提案後のタイミングに再アプローチしてくれれば話を聞いたと思う	11.0%	9.8%	8.0%
上司や社内の意見をまだ聞いていなかったので、社内議論後のタイミングに再アプローチしてくれれば話を聞いたと思う	11.5%	8.5%	7.3%
このままの状態で結論を出すことのリスク要因をはっきり示してくれれば、話を聞いたと思う	9.2%	8.5%	7.2%
会社や営業担当者の実力が未知数だったので、価値の根拠を明確に示してくれれば話を聞いたと思う	8.5%	7.8%	6.9%
営業担当者に不安を覚えていたので、上司を連れてきてくれるなら話を聞いたと思う	7.5%	6.2%	5.3%
なんとなく「お待ちください」と伝えただけなので、熱意を持ってアプローチしてくれれば話を聞いたと思う	7.0%	6.2%	5.4%
その他	1.6%	1.6%	0.9%
どんなことがあっても話は聞かなかった思う	3.8%	4.5%	5.4%

「本当に可能性がなかった」は13.7%しかいない

出所：TORiX株式会社実施、マクロミルパネル利用のインターネット調査（2022年5月）「会社の予算で何かを購買したことがある」経験者による回答

(n=7339)

第7章　「検討しますの仮面」を外す鍵は「助け舟」の出し方にあり

さい」と営業に伝えた後は、それっきりなのです。

　これはなぜかというと、その場で的確な改善要望を出すのは「面倒くさい」からです。いったん「検討します」と保留しておき、後で必要があれば改善要望を出せばよいというのがお客様の心理です。

　さらにグラフを見ていきましょう。

　4番目に回答を集めたのは「他社から提案を待っていたので、他社提案後のタイミングに再アプローチしてくれれば話を聞いたと思う」、5番目は「上司や社内の意見をまだ聞いていなかったので、社内議論後のタイミングに再アプローチしてくれれば話を聞いたと思う」でした。

　これら2つは、上位3項目のように営業の提案に不満があったわけではなく、単にタイミングの問題です。

　しかるべきタイミングに再アプローチしていればチャンスはあったのですから、「検討します」と言われて営業がアクションを起こさないのは、とてももったいない話です。

　さらに6番目から9番目は、営業から何かしらの価値の提示が必要だったというケースです。これも、「どんなことを示してほしいのか」をお客様が教えてくれれば、営業としては補足のアクションができるはずです。

　そしてグラフをいちばん下まで見ていくと、「どんなことがあっても話は聞かなかったと思う」という回答は、1位〜3位を合計してもわずか13.7％しかいません。

　「検討します」と言われた時点で本当にノーチャンスだったのは、

7件に1件程度の割合でしかないということです。

「検討しますのでお待ちください」と言われるケースについて、7件のうち6件は、「実はチャンスがあった」ということになります。

しかし、その事実にほとんどの営業は気づいていません。

「検討しますの仮面」を外すには「助け舟」を用意する

「検討しますのでお待ちください」と言われて、本当にそのまま待つのは、ただの損です。

しかし、実態としては、多くの営業は「検討しますのでお待ちください」と言われたら、そのまま待ってしまっています。「待つ」というアクションをなくすだけで、受注率は上がります。

「検討しますの仮面」を外してもらうために重要なのは、お客様に対してうまく助け舟を出すことです。

営業から提案を受けたとき、お客様が「イエス」か「ノー」かを答えるのは、意外とストレスのかかる行為です。

イエスと言うことは、購買を決めるわけですから、いったん承諾の返事をしてしまったら、ビジネス上、「やっぱりやめた」と後戻りすることはできません。一方で、ノーと伝えるのは、相手に嫌な気分を味わわせてしまうという抵抗感があります。

これらと比較して、「検討します」と言っておくことは、目の前の営業に嫌われることなく、後でイエスにもノーにもできますし、場合によってはうやむやにして自然消滅に持ち込むこともできる最強の選択肢です。

とりあえずその場の回答を保留にして決断を先延ばしにするのがいちばん楽だということです。いわば、一時しのぎの現実逃避とも言えるでしょう。

　しかし、お客様も、この「一時しのぎの現実逃避」がいつまでも続くわけではないことはわかっています。

　どこかで決めなくてはいけないことは頭でわかっていつつも、目の前の営業に対して何かしらのスタンスをはっきりと表明することを避けたいということです。

　「検討しますの仮面」の裏にある素顔（＝本音）は、「一時しのぎの現実逃避をしたい」という気持ちです。「検討しますの仮面」を外してもらうためには、お客様に対して、リスクの小さい現実的なアクションを用意することが必要です。

　そのためには、どうすればよいのか。ひと言でいえば、目の前に「助け舟」としての小さな一歩を用意することです。これは、お客様にとって踏み出しやすいスモールステップを指します。

　先ほどご紹介した１万人調査の回答では、営業をシャットアウトしたお客様が考える「営業担当者の追加説明にOKを出すために何が必要だったか」は、大きく３つに分類されました。

　それは、「潜在的な不満を解消すること」「タイミングを合わせること」「価値の根拠を示すこと」です。

　では、これら３つに対して、どのような手順を踏んで「検討しますの仮面」を外していくのか。

　次節から、具体的な方法を見ていくことにしましょう。

「気になる点はありませんか？」といきなり聞かず、"終盤の10ヶ条"を実行する

お客様の7割は「検討しますのでお待ちください」とシャットアウトした経験あり

　先ほど「検討しますの仮面」について定義しましたが、実際、これはどのぐらいの頻度で出てくるものなのでしょうか。

　お客様1万人調査では、「見積もり提示後にさらなる説明をしたいと言ってきた営業担当者に『社内で検討しますのでお待ちください』とシャットアウトしたことがありますか」と質問をしました。

　結果は「3回以上ある」が31.0％、「1～2回ある」が40.3％。実に70％を超えるお客様が、「検討しますのでお待ちください」と営業をシャットアウトした経験を持っているのです。

商談終盤の「10ヶ条」

　多くの営業は、提案した後、「何か気になる点はありませんか？」という質問をしがちです。

　しかし、この質問を無意識にしてしまうのは危険です。というのは、「気になる点？　なんだろう……ちょっと考えようかな」とい

333

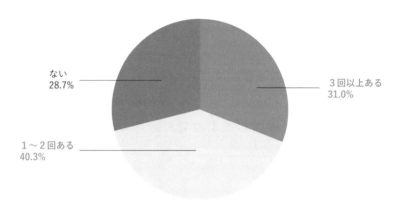

「検討しますのでお待ちください」と
シャットアウトした経験ありのお客様は**7割超**

Q 見積もり提示後にさらなる説明をしたいと言ってきた営業担当者に
「社内で検討しますのでお待ちください」とシャットアウトしたことがありますか。

ない
28.7%

3回以上ある
31.0%

1〜2回ある
40.3%

(n=10303)

出所：TORiX株式会社実施、マクロミルパネル利用のインターネット調査（2022年5月）
「会社の予算で何かを購買したことがある」経験者による回答

うことで、「検討してご回答します」という反応を容易に引き起こ
すのです。

　いきなり「気になる点は？」と聞かれて、答えるのをちゅうちょ
するお客様は「検討しますの仮面」をつけてしまいます。

　ここでは、いきなり「気になる点」を質問するのではなく、あく
までもお客様の頭の中を整理する「助け舟」を出しながらコミュニ
ケーションしていく必要があります。

　その方法として、提案のクロージング段階で使えるのが、これか
らご紹介する「商談終盤の10ヶ条」です。

　10ヶ条を示すと、次の通りになります。

①今ここに時間を使っている理由

②提案への感触

③進め方の意向

④BANTCH 情報

⑤社内における次のアクション

⑥検討上のネックや判断基準

⑦ネクストステップ

⑧当社へのリクエスト

⑨こちらの熱意

⑩直後のコミュニケーション許可

　この「10ヶ条」は、順番に大きな意味があります。①から⑩へと順番に進めることが、お客様の検討を前に進める「助け舟」になると同時に、営業にとっても、商談の前進につながるのです。

1　今ここに時間を使っている理由

　お客様は永遠に「その場の一時しのぎ」を続けるわけにはいきません。ただ、いきなり大きな決断をするのは怖いという気持ちがあります。

　そこで、「そもそも、今回、当社のウェビナーへご参加いただいた背景を確認させていただくと……」のように、まずは「今ここに時間を使っている理由」を思い出してもらいます。お客様がそもそも、なぜ今回の検討に時間を使っているのかに立ち戻ることが、その後の足がかりとなるのです。

2　提案への感触

　会社としての公式見解を「この提案を御社として採用されます

か？　お返事をください」のようにいきなり迫る前に、まずは「個人的な感触」を聞きます。この感触を聞く前に「今この場に時間を使っている理由」を聞いているので、お客様としても「この場に時間を使っている理由」を思い浮かべながら答えやすくなります。

3　進め方の意向

提案への感触を確認したら、「個人的には、この後どのように進めていきたいか」を尋ねます。まだ「会社としてのジャッジ」へ進まず、個人的な考えを聞くというステップを小さく刻んでいくのです。ここで、お客様がまだ乗り気ではないと感じたら、無理に④に進まず、もう一度①に立ち戻って購買意欲を高める必要があります。

4　BANTCH 情報

個人としてある程度の「前向きな意向」が確認できたら、次に「会社としてどうか」という領域に踏み込んでいきます。

ただ、いきなり会社としての判断を迫るのではなく、意思決定のための項目を順次確認していきます。第3章で説明した BANTCH（バントチャンネル）です。「Budget（予算）」「Authority（決裁者／意思決定に関わる重要人物）」「Needs（ニーズの詳細）」「Timeframe（検討スケジュール）」「Competitor（競合）」「Human Resources（社内の組織体制）」の不明点を確認していきます。

5　社内における次のアクション

BANTCH を確認すると、この提案に対する検討状況が徐々に見えてきます。そこで「お客様の社内で、部の会議など本件に関する検討アクションがいつ設定されているか」を尋ねます。ポイントは、

主観情報として「この提案を採用しますか？　どうですか？」と迫る前に、客観情報である社内の予定を確認することです。

6　検討上のネックや判断基準

　この段階にきてから、「気になっている点」を伺います。よく、提案内容をプレゼンした直後に「何か気になることはありますか？」と聞いてしまう営業がいるのですが、あまりにも早く「気になること」を聞くと、お客様も何が引っかかっているかをうまく言語化できず、とりあえず「検討しますの仮面」をかぶりがちです。

　しかし、⑤（社内における次のアクション）まで聞いてからネックを聞くことで、たとえば「役員から突っこまれそうなので、こういう情報が欲しい」など、引っかかっていることを具体的に聞き出し、次の段取りにつなげやすくなります。

7　ネクストステップ

　これは「お客様と自社の間でのネクストステップ」を指します。ネックや判断基準を洗い出した後だからこそ、「検討しますの仮面」でシャットアウトされず、「これから両社でどう進めていきましょうか」という話ができるのです。

8　当社へのリクエスト

　よく、クロージング段階で「何か当社にできることはありますか？」と聞くものの、「いえ、大丈夫です。社内で検討して、何かあればご連絡します」と言われてしまう営業は多いです。

　そうならないよう、①から⑦まで進めた後に当社へのリクエストを確認するのがおすすめです。きちんと手順を踏むことで、具体的

な宿題をもらいやすくなります。

9　こちらの熱意

　もしお客様が提案に対していいと思っているのに決断できない場合、何よりの助け舟は「熱意」です。ただし、熱意を示すタイミングは重要です。①〜⑧をクリアした後だからこそ、熱意が響くのです。

10　直後のコミュニケーション許可

　この段階までくれば、ある程度、受注への感触を得ていることでしょう。後は「社内のメンバーと話してみないと……」というケースです。ここで、他のメンバーと話した後の時間に「10分電話商談」のアポイントをもらっておきます。

　仮に、あなたの提案がお客様にとって「採用の可能性はあるが、今すぐには返事できない」状況だとします。これは、「楽勝」「接戦」「惨敗」で言えば「接戦」の状況です。
　そこでいきなり「気になる点はありませんか？」と聞くのではなく、順序立ててお客様の思考を整理することで、潜在的な不満を解消するための助け舟を出せるのです。
　この10ヶ条によって、接戦の商談で「検討しますのでお待ちください」と言われる確率をグッと下げることができます。

　それぞれの項目を確認したり伝えたりするための「切り出しゼリフ」を、次ページに記しました。ぜひ参考にしてみてください。

受注率を上げる、商談終盤の「10ヶ条」

①	今ここに時間を使っている理由	「改めての確認になりますが、今回こうやってわざわざお時間を頂いているのは……
②	提案への感触	お話を聞かれてみて、実際、いかがでしたか？ （→この後に枕詞＆特定質問＆深掘り）
③	進め方の意向	●●様ご本人としては、この後、どう進めていかれたいですか？ （→この後に枕詞＆特定質問＆深掘り）
④	BANTCH 情報	いくつか確認させていただきたいのですが…… （→この後に枕詞＆特定質問＆深掘り）
⑤	社内における次のアクション	今日明日、あるいは今週に……
⑥	検討上のネックや判断基準	少し踏み込んだ質問になってしまうのですが…… （→この後に枕詞＆特定質問＆深掘り）
⑦	ネクストステップ	そうすると、次のステップとしては…… （→この後に特定質問）
⑧	当社へのリクエスト	当社に求められることとしては…… （「宿題」をもらう）
⑨	こちらの熱意	本日、こうしてお話しさせていただいて、最後にお伝えしたいのは……
⑩	直後のコミュニケーション許可	ちなみに、皆様でお話しされた後、10分ほどお話しさせていただくことは可能ですか？」

判断基準が決まらないお客様には
「予算化の道筋」をガイドする

予算が定まらない中で検討を進めるお客様

　先ほどは「商談の終盤で、潜在的な不満を捉えて解消する」ための助け舟について解説しました。一方、潜在的な不満がなくとも、お客様のほうで意思決定の準備ができていないために「検討しますのでお待ちください」と言われることがあります。

　すなわち、お客様が判断基準についてアイデアを持っておらず、案件自体がゆるい状態にあるときです。

　お客様の判断基準が定まっていなければ、商談終盤の10ヶ条を進めようとしても「まだ、その段階にないので、もう少し社内の検討が進んだらご連絡します」と言われがちです。

　お客様1万人調査で「判断基準が決まりきっていない状態で営業担当者からの提案を受け、見積もりを検討したことがありますか」と質問をしたところ、「3回以上ある」が36.1%、「1〜2回ある」が39.0%でした。

　約75%のお客様が、判断基準が決まりきっていない状態で営業担当者からの提案を受け、見積もりを検討したことがあるということです。

さらに「3回以上ある」「1〜2回ある」のお客様に、その背景を質問した結果が次ページのグラフです。回答者には9項目の中から最大2つまでを選んでいただきました。

最も回答が多かったのは「社内でもまだ予算が取れておらず、見積もりをもらってから検討しようと自分自身で考えた」で32.8％、2位は「社内でもまだ予算が取れておらず、見積もりをもらってから検討するように上司や他部署から依頼された」で28.8％でした。

自分自身で考えたか、上司・他部署から依頼されたかの違いはありますが、いずれにしても「まだ予算が取れていない状態で営業からの提案を受けていた」というのが上位2項目の共通点です。

「この類のサービスだと、検討における上限は300万円ぐらいだろうな」のように担当者が想定していても、まだ正式に社内で予算承認が降りていないということがあります。

会社の予算がまだ取れていない状態では「この先、どう予算化していくか」をお客様自身もわかっていないことがあります。

そんなお客様に「当社のご提案、いかがでしょうか？」と聞いたところで、「社内で検討してからお返事します」という答えが返ってくるのが関の山です。

「検討しますの仮面」を外すためには、「予算化の道筋をガイドできます」ということを営業が示し、気持ちのよいスモールステップに落とし込んでいく必要があるのです。

判断基準があいまいなお客様に必要なのは、「**予算化の道筋**」をガイドすること

Q 判断基準が決まりきっていない状態で営業担当者からの提案を受け、見積もりを検討したことがある方にお伺いします。
そのときの背景として近いものを、最大2つまでお選びください。

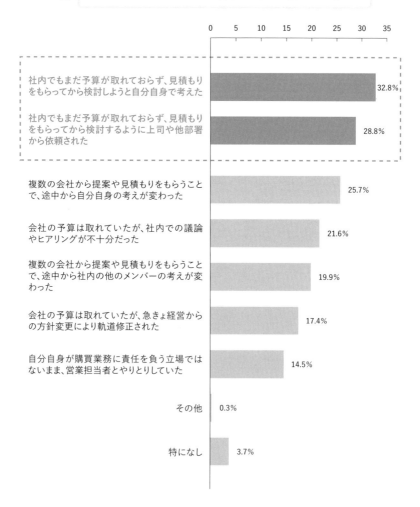

	0 5 10 15 20 25 30 35
社内でもまだ予算が取れておらず、見積もりをもらってから検討しようと自分自身で考えた	32.8%
社内でもまだ予算が取れておらず、見積もりをもらってから検討するように上司や他部署から依頼された	28.8%
複数の会社から提案や見積もりをもらうことで、途中から自分自身の考えが変わった	25.7%
会社の予算は取れていたが、社内での議論やヒアリングが不十分だった	21.6%
複数の会社から提案や見積もりをもらうことで、途中から社内の他のメンバーの考えが変わった	19.9%
会社の予算は取れていたが、急きょ経営からの方針変更により軌道修正された	17.4%
自分自身が購買業務に責任を負う立場ではないまま、営業担当者とやりとりしていた	14.5%
その他	0.3%
特になし	3.7%

出所：TORiX株式会社実施、マクロミルパネル利用のインターネット調査（2022年5月）
「会社の予算で何かを購買したことがある」経験者による回答

(n=7742)

予算策定に伴う「4階層コミュニケーション」を押さえる

予算化の道筋をガイドするには、予算がどのように決まり、執行されるかを理解しておかなければなりません。

一定規模の会社における意思決定と実行のプロセスは、一般的に次ページの図のような「4階層コミュニケーション」で行われます。それは、予算策定についても例外ではありません。

4階層とは、「経営レベル」「事業レベル」「部署レベル」「担当レベル」を指します。

会社で予算が策定される際には、まず、経営レベルから事業レベルに「この事業ではこれくらい売上を立ててほしい」と指示が下ります。

続いて事業レベルから部署レベルへ、「事業の目標をどのようにして達成するか、計画を立ててくれ」と指示が下ります。

部署レベルに下りてきた予算計画の中で、「外部から何かを買う」という購買行為が登場します。商品を買ったり、サービスを利用したりして、目標を達成するためのアクションを取る必要があるからです。

すると、部署内で現場の担当者に「いくらぐらいかかるか調べてよ」と指示が出ます。

その担当者が「いくらくらいか調べよう」と営業に接触する段階では、まだ本格的な検討が開始されていません。「とりあえず金額感だけつかんで上に報告しよう」と考えるにとどまっています。

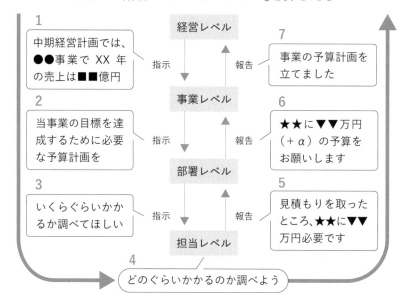

予算策定プロセスを理解するには、
まず「4階層コミュニケーション」を押さえる

1
中期経営計画では、
●●事業で XX 年
の売上は■■億円

経営レベル

指示　　　報告

7
事業の予算計画を
立てました

2
当事業の目標を達
成するために必要
な予算計画を

事業レベル

指示　　　報告

6
★★に▼▼万円
（＋α）の予算を
お願いします

3
いくらぐらいかか
るか調べてほしい

部署レベル

指示　　　報告

5
見積もりを取った
ところ、★★に▼▼
万円必要です

担当レベル

4
どのぐらいかかるのか調べよう

　ここで、営業がお客様の現場担当者に出した見積もりは、お客様
にとって「どのぐらいかかるか」の参考情報にすぎません。
　営業が「見積もりは出しましたが、御社はこれを買うのですか、
買わないのですか？」と迫っても、いわゆる BANTCH 情報ははっ
きりしていませんから、判断基準を明確に答えられないわけです。
　一方、見積もり金額の情報があれば、担当部署としては必要な計
画が立てられます。その金額がまた報告として上がっていき、会社
から承認されると予算枠が確保されます。

　この一連のプロセスが「4階層コミュニケーション」です。
　お客様の判断基準が定まっておらず、案件自体がゆるい状態では、
購買判断を迫っても正式な回答が返ってきません。営業としては、

「もし仮に予算承認が下りたらこの会社から買いたい」というポジションを獲得し、社内の予算策定プロセスを支援していく必要があります。

そこで、4階層コミュニケーションの中で自社を「最適な購買先候補」として組み込んでもらうのです。

「予算化」における難所は「価格の妥当性」を示すこと

予算化の道筋をガイドするためには、お客様が前ページの図のどの段階にあるかを、営業が把握しておく必要があります。これがわからないと、予算化の道筋を支援しようとしても、なかなかうまくいきません。

そのうえで、これから発生する社内の承認プロセスについてもイメージしておきましょう。

承認プロセスで大切になるのは、価格の妥当性を示すことです。「このようなことをやろうと思ったら、お金がこれくらいかかることを覚悟してください」と担当者が社内に伝え、承認を得るのです。

いくつかのパターンを例示します。

- 得られる利益やコスト削減効果など、価値を数値化することによって「こんなメリットが得られるならこの価格は妥当」と示す
- 業界におけるトレンドや動向を分析し、「相場観としてはこのぐらいの価格が妥当」と示す
- 過去における社内の稟議実績を確認したうえで「過去の社内実績を踏まえると、最も費用対効果が高いのはこのオプションであ

る」と示す

- 決定権を持つ人物（経営陣など）を巻き込んだうえで「このぐらいの価格がかかるのは妥当」と言ってもらう
- 「本来だったらこのぐらいかかるが、削減の工夫をした結果としてこのぐらいのコストはどうしてもかかる」と示す
- 今回の投資の影響が及ぶ範囲を「長期で考えるとこの価格なら十分に投資回収できる」とシミュレーションする

　価格の妥当性を示すということは、すなわち、なぜこの価格なのかという疑問に答えるロジックを用意することです。

　ただ、価格の正当性を理詰めで証明するだけでなく、担当者を味方につけて、「何が何でもやりたい」という気持ちを固めてもらい、社内の上層部を説得してもらうことで、商談が成功する確率は高まります。

　そこで、先ほど紹介した「商談終盤の10ヶ条」が強力な武器になります。最初の入口段階で「お客様が今この場に時間を使う理由」から入り、個人的な気持ちを確かめていきながら徐々に社内を巻き込んでいくプロセスを細分化しているからです。

　あとは、投資がお客様の社内で納得されるための根拠をどのぐらい精緻に作り込むかが勝負になってきます。

　このような、予算化の道筋をガイドする助け舟によって、予算がまだ定まっていないお客様の「検討しますの仮面」を外すことができるのです。

関係者が多い中で
キーパーソンにたどり着く方法

「キーパーソンがはっきりしない商談」はなぜ生まれるか

お客様のほうで意思決定の準備ができていないケースとして、先ほどご説明した「まだ予算が決まっていない」以外にもありえるのは、「誰がキーパーソンかはっきりしない」場合です。特に、関係者が多すぎるとこうなりがちです。

お客様1万人調査で「実質的に誰が決定権を持つのかがあいまいなまま、2人以上の参加者で営業担当者との商談に臨んだことがありますか」と質問したところ、「3回以上ある」と答えたお客様は25.3％もいました。「1〜2回ある」は36.0％であり、合わせるとその数は60％以上にも上ります。

6割以上のお客様は、キーパーソンがはっきりしない商談を経験しているということです。

この回答を踏まえ、「実質的に誰が決定権を持つのかがあいまいなまま、2人以上の参加者で営業担当者との商談に臨んだのは、どのような状況でしたか。最大2つまで選んでください」と質問した結果が、次ページのグラフです。

最も回答が多かったのは「検討プロセス自体がまだ整わない状態

お客様の検討プロセスを
営業がリードすることが必要

 実質的に誰が決定権を持つのかがあいまいなまま、2人以上の参加者で
営業担当者との商談に臨んだことが「ある」と回答された方にお伺いします。
それはどのような状況でしたか。最大2つまで選んでください。

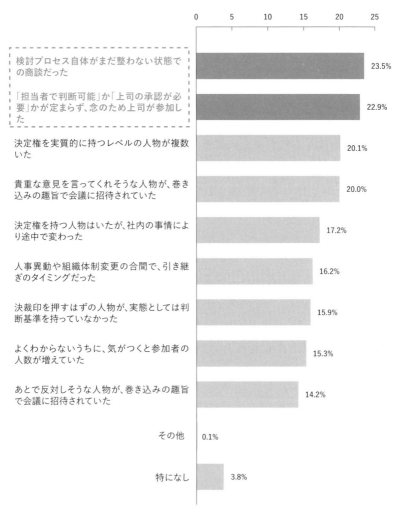

| | 0 | 5 | 10 | 15 | 20 | 25 |

検討プロセス自体がまだ整わない状態での商談だった … 23.5%

「担当者で判断可能」か「上司の承認が必要」かが定まらず、念のため上司が参加した … 22.9%

決定権を実質的に持つレベルの人物が複数いた … 20.1%

貴重な意見を言ってくれそうな人物が、巻き込みの趣旨で会議に招待されていた … 20.0%

決定権を持つ人物はいたが、社内の事情により途中で変わった … 17.2%

人事異動や組織体制変更の合間で、引き継ぎのタイミングだった … 16.2%

決裁印を押すはずの人物が、実態としては判断基準を持っていなかった … 15.9%

よくわからないうちに、気がつくと参加者の人数が増えていた … 15.3%

あとで反対しそうな人物が、巻き込みの趣旨で会議に招待されていた … 14.2%

その他 … 0.1%

特になし … 3.8%

出所：TORiX株式会社実施、マクロミルパネル利用のインターネット調査（2022年5月）
「会社の予算で何かを購買したことがある」経験者による回答

(n=6310)

での商談だった」（23.5％）です。その次に、「『担当者で判断可能』か『上司の承認が必要』かが定まらず、念のため上司が参加した」（22.9％）が続きます。

そもそも決める体制が整っていないのに商談が設定されているケースが多いことを、営業は認識しておく必要があります。

さて、3番目に多かった回答は「決定権を実質的に持つレベルの人物が複数いた」、4番目に多かった回答は「貴重な意見を言ってくれそうな人物が、巻き込みの趣旨で会議に招待されていた」、5番目に多かった回答は「決定権を持つ人物はいたが、社内の事情により途中で変わった」と並んでいます。

3番目以降の回答は、「あらかじめ意思決定者はある程度決まっていたが、複数の人数で商談に臨んだ」事情があったということです。

これらの回答傾向を見ると、お客様側が複数人での商談では、あらかじめ誰が決定権を持つのか決まっていないことを想定して準備するのがよさそうです。

いきなり意思決定者へ行く前に「情報提供者」「協力者」を探す

複数の関係者がいる場合、「購買の意思決定において、誰がどのように影響を与えているか」をフレームワークで整理するのが効果的です。その一例を、次ページの図に挙げました。

まず、「窓口担当者」とは、外部発注先（当社含む）との実務的

お客様内での購買意思決定には、
以下の関係者が影響を与えている

役割	定義
窓口担当者	外部発注先（当社含む）との実務的なやりとりを行う
実質的な意思決定者 （キーパーソン）	関係者の意見を取りまとめ、発注先を実際に判断・決定したうえで、形式的な意思決定者への承認を得る
形式的な意思決定者	手続き上の最終決裁を行う （※実質的な意思決定者と同一の場合もあり）
情報提供者	課題や組織体制、提案の検討状況など、社内の情報を営業へ親切に教えてくれる
協力者	意思決定者に対して効果的な意見を提言したり、導入後の進行を担ったりするうえで、当社に好印象を持ち、当社を推進してくれる
反対者	当社に好印象を持たず、当社に対して反対の立場（内製・保留・競合）を取る

なやりとりを行う人です。いわゆる、あなたにとってのカウンターパートです。

　窓口担当者を相手にコミュニケーションするだけでは、お客様社内の検討プロセスが進まないということがよく起こります。そこで、窓口担当者以外に存在する関係者を押さえていきましょう。

　法人営業においてはよく「意思決定者を押さえよ」とアドバイスされますが、この「意思決定者」は、実は2種類に分かれます。「実質的な意思決定者」と「形式的な意思決定者」です。

　「実質的な意思決定者」とは、発注先を実際に判断決定するうえでの大きな影響力を持ち、「この人の意見を抜きにしては物事が進ま

ない」と目される人物のことです。

一方、「形式的な意思決定者」とは手続き上の最終決裁を行う人物のことです。形式的な意思決定者のハンコが書類に捺印されるにしても、実際の判断内容は「実質的な意思決定者」に任せられていることは多々あります。

単に役職が高い人物を追えばそれでよいというものではなく、「実質的に影響力を及ぼしているのは誰か」という目線で考える必要があります。経営者クラスが「形式的な意思決定者」となっていても、現場の中に「実質的な意思決定者」が存在するケースに注意しましょう。

もちろん「実質的な意思決定者」と「形式的な意思決定者」が同一人物の場合もありますが、分けて考えておくことに大きな意味があります。

営業が「意思決定者」だと思っている人物が「形式的な意思決定者」にすぎず、「実質的な意思決定者」を押さえられていないというのが、特に法人営業におけるリスク要因です。「実質的な意思決定者」を見極めてアプローチしましょう。

しかし「実質的な意思決定者」はとても忙しいので、そう簡単にアポイントは取れません。そこで、「実質的な意思決定者」にたどり着くまでに、お客様社内の巻き込みを進めていくことが必要になっていきます。

その中で、重要になってくるのは「情報提供者」や「協力者」という存在です。

「情報提供者」とは、課題や組織体制、提案の検討状況など、社内

の情報を親切に教えてくれる人です。こちらが聞いたときに包み隠さず教えてくれる場合もあれば、こちらがリクエストしていないのにわざわざ教えてくれる場合もあります。

多くの営業は、いきなり意思決定者を捕まえようとしますが、当然ながら簡単に意思決定者のアポイントは取れません。

そこで、「誰が誰に影響力を持っているのか」「意思決定者の関心がどこにあるのか」など、情報収集が必要になります。「情報提供者」はそのとき、とても貴重な役割を担ってくれるのです。

「情報提供者」は、うわさ話が大好きな社内の情報通だったりしますが、実はそれほど忙しくないケースが多々あります。

そのような人物に対して、営業は「忙しくない人＝重要ではない人」と位置付けがちですが、特に相手の組織規模が大きくなってくると、「どのような組織状況になっているのか」を教えてくれる「情報提供者」はとても重要な存在です。

意思決定者に早くたどり着こうとして、「意思決定者の方をご紹介ください（会わせていただけませんか）」とリクエストしても、なかなかたどり着けないときは、情報提供者から組織のいろいろな情報を教えていただき、作戦を立ててから臨むのも一つの手です。

「協力者」とは、単なる情報提供にとどまらず、社内で「実質的な意思決定者」へ効果的な提言をしたり、検討プロセスの進行を助けてくれたりと、営業を後押ししてくれる人物です。

「情報提供者」が「いい情報を提供してくれる人」であるのに対し、「協力者」は実際に社内で立ち回ってくれる（＝実働がある）とい

う点に大きな特徴があります。

　よく、大手組織向けの提案活動で「担当者が動いてくれないから話が進まない」と嘆く営業を見かけますが、これは、目の前のカウンターパートが協力者でないということです。

　そんなときは、「情報提供者」にコンタクトして、「協力者」になってくれそうな人物を探すのがおすすめです。

　カウンターパートの方が「情報提供者」だったり「協力者」であれば大変心強いのですが、相手の組織が大人数であればあるほど、その可能性は少なくなります。

　そんなときの手順としては、当社に対して内情をいろいろと教えてくれる「情報提供者」をまずは探し、そして「協力者」にアプローチしていくという流れで進めていきましょう。

「情報提供者」は、「社内のことを教えてくれる行動」がヒントになります。そして、「協力者」は「当社の提案に対して強く賛同してくれていること」が目印です。

組織の合意を得るために「反対者」をどう口説くか？

「実質的な意思決定者」へたどり着くにあたり、「当社の提案に対して後ろ向きな人物」である「反対者」が途中で見つかることがあります。

「反対者」とは、当社の提案推進にあたって抵抗を示す人物を指します。

　否定的な意見を提供したり、「今すぐに決めなくてもいいんじゃないか」と保留しようとしたり、「外部に頼まなくても内部ででき

るじゃないか」といったように内製を示唆したりと、「協力者」とはまったく逆の動きを示します。

　あるいは、このような行動パターンでなくとも、競合他社の提案に心惹かれていて、他社を支援しようと立ち回る人もいます。他社を応援する結果として、あなたの提案が社内で前向きに検討されることを妨げようとするのです。

　このような「反対者」をうまく巻き込めないと、「提案がいいところまでいったけれども結局落ちてしまった」という結果になります。

　法人営業においては、当社にとって「協力者」となる人物に「外部の立場から、反対者を説得してくれないか」という依頼を受けることがあります。これは要注意です。というのは、いきなり真正面から「反対者」を説得しようとすると、感情的な反発を招くことがあるからです。

　私のおすすめは、2つのパターンに分けてアプローチすることです。一つは「反対者が対案を持たない場合」、もう一つは「反対者が対案を持っている場合」です。

「反対者」が対案を持たない場合は、「なんとなく保留（NG）」をくらわないよう、まず、「反対者」の「想い」をしっかりと受け止めることが重要です。

　いきなり「当社の提案を説明させていただきますので、ご不明点があればご質問ください」などと正面切って説得しに行くのではなく、「当社の提案はいったん置いておいて、社内で重要な役割を担

われている●●様がどのような想いでお仕事をされているか、じっくり聞かせてください」から入るのです。

「なんとなく保留（NG）」の原因は、提案そのものに反対するわけではなく、「（「反対者」が）自分自身が大切にされていない」と感じることからの抵抗であるケースがほとんどです。そこで、「反対者」の感情を丁寧に汲み取る必要があります。

　さて、難しいのは「反対者が対案を持っている場合」です。

　このときは、当社の提案に対して、「いや、こっちのほうがいいでしょう」という具体的なアイデアを「反対者」が持っていることになります。

　営業がよくやりがちなのは、その対案に対して「当社提案のほうがメリットがありますよ」と説得しにかかってしまうことです。それでは、相手が頑なに心を閉ざしてしまいます。

　ここでは、「どのような考えで、対案を推しているのか」をまずはじっくり聞きましょう。

　そのうえで、「実は当社の提案でも、●●様のお考えには沿っていると思うんです。ただし、現状ではまだ、●●様にとって不十分と感じられる点があるかもしれません。そこで、当社の案に対してご要望をいただくことは可能でしょうか？」のように、まずは「宿題」をもらいに行くのです。

　宿題さえもらえたら、あとは「いきなりの仮面」のところで説明した「高速ラリー」の出番です。他社が優位にいる場合でも、クイックレスポンス＋密なやりとりによって、スピードを訴求し、逆転を図るのです。

ここまで、「反対者」へのアプローチについてご説明してきましたが、実はこのタイミングを見計らうのがなかなか難しいので要注意です。

　あまりにも早めに行きすぎると勝ちの算段が立てられず臨むことになってしまいますし、遅すぎると当社の提案を排除する行動を先に取られてしまうこともあります。

　そこで、「反対者」を巻き込む前に、「情報提供者」「協力者」を味方につけ、盤石の体制で臨むようにしましょう。

　「誰がキーパーソンかはっきりしない」場合、お客様の社内には、意思決定者以外にもさまざまな重要人物がいることを改めて押さえておきましょう。「意思決定者へまっすぐに突撃する」だけでなく、各関係者を巻き込み、味方につけていく行動は、「検討しますの仮面」をつけたお客様に対する重要な「助け舟」になります。

「決めきれずに悩む決裁者」を
支援する

「決裁者＝決める人」と思い込むのは危険

　前節で関係者の役割を説明してきましたが、お客様社内の承認を得るためには「実質的な意思決定者」の合意を得、「形式的な意思決定者」のハンコをもらう必要があります。

　意思決定を下す人物は、しばしば「決裁者」と呼ばれます。ここでは、決裁者とコミュニケーションできる段階までたどり着いたら、そこからどう進めるかについて解説します。

　現場の担当者より権限が大きいのが決裁者です。そのため多くの営業担当者は、「決裁者は担当者と違って意思決定ができるから、決裁者に提案を持っていけば返事がもらえるだろう」と考えがちです。

　とは言え、決裁者を商談の場に引っ張り出せたら「検討しますの仮面」は出てこない、と考えるのは早計です。

　決裁者もしばしば「検討しますの仮面」をかぶります。決裁者だからといって「すぐに、その場で」決められるわけではありません。「決裁者＝決める人」という認識で営業活動をするのは危険です。

　むしろ「決裁者＝決めきれずに悩む人」くらいに捉え、「決めき

357

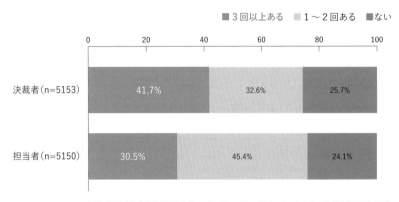

「判断基準が決まりきっていない状態で3回以上
見積もり検討した経験」は決裁者になると増える

Q あなたは、判断基準が決まりきっていない状態で営業担当者からの提案を受け、見積もりを検討したことがありますか。

■3回以上ある　■1～2回ある　■ない

決裁者（n=5153）　41.7%　32.6%　25.7%

担当者（n=5150）　30.5%　45.4%　24.1%

出所：TORiX株式会社が実施した、マクロミルパネル利用のインターネット調査（2022年5月）
「会社の予算で何かを購買したことがある」経験者による回答

（n=10303）

れずに悩む人に対して、どうやったら的確な支援ができるか」と考えるほうが、営業活動はうまく進みます。

　決裁者が「検討しますの仮面」をかぶっているときに、どう助け舟を出すかが重要です。

　上のグラフは、お客様1万人調査で「判断基準が決まりきっていない状態で営業担当者からの提案を受け、見積もりを検討したことがありますか」と質問した結果です。回答者の内訳は、決裁者5153人、購買担当者5150人です。

「3回以上ある」と答えたのは、決裁者が41.7％、購買担当者が30.5％でした。

担当者よりも権限があり、決められる立場にある決裁者のほうが、スコアが高いのです。それも 10 ポイント以上の差がついています。

決裁者だからといって判断基準が決まっているわけではないことを示唆しています。

提案に「3つのサブメッセージ」を込める

調査結果を見ると、「決裁者だから決めてくれる」と考えるのではなく、むしろ、決裁者はなかなか決めきれないのだと思って商談に臨んだほうがよいことがわかります。

決裁者に会いにいくときは、「判断基準が決まりきっていない人物」を想定した緻密な準備が必要なのです。

では、どのような準備が必要なのでしょうか。

次ページに図示しました。

決裁者とのアポイントに向けては、図のように、提案を採用するべき理由をまずは漏れないように準備しておきましょう。

たとえば「当社は貴社の課題解決に貢献できるので、提案を採用してください」がメインのメッセージだとしたら、その下に「貴社はこのような課題にお悩みではありませんか？（課題の把握）」「当社のサービスは、貴社の課題を解決できる希少な選択肢です（解決策の希少性）」「買っていただく費用を上回るメリットを生み出せます（費用対効果）」という3つのサブメッセージを用意します。

サブメッセージの一つ目は「課題の把握」です。

決裁者に
伝えるべきメッセージ

当社は貴社の課題解決に貢献できます。
ぜひ当社の提案をご採用ください。

【課題の把握】	【解決策の希少性】	【費用対効果】
貴社の課題として、このようなことにお悩みではありませんか？	当社のサービスは、貴社の課題を解決できる希少な選択肢です	買っていただく費用を上回るメリットを生み出せます

【解像度の高い理解】	【営業としての優秀さ】	【判断基準への＋α】
①課題の粒感が適切 ②原因の構造への納得感 ③各人の認識の理解	①知識やスキル ②人柄・振る舞い	①売上アップ／コスト削減 ②会社の成長イメージ ③理念の実現 ④ストレスや負担の軽減

　決めきれない決裁者に対してまず伝えるべきは、あなたがお客様の課題を的確に把握していることです。それによって、「この営業の提案をもう少し詳しく聞いてみるか」と思ってもらえます。

　ここで、「課題の把握」というメッセージを後押しするのは、「解像度の高い理解」です。

　たとえば、売上の低下に悩む決裁者に売上アップのための商材を提案するなら、「御社は売上低下に悩まれていますよね」と伝えるだけでは不十分です。

　売上低下という事象を緻密に捉えたうえで、なぜ売上が下がっているかについての考察がされており、さらに、決裁者に見えていない現場の実情を把握していることを示さなければなりません。

そのためには、①課題の粒感が適切②原因の構造への納得感③各人の認識の理解、という３つの要素が必要です。

　まず、①「課題の粒感が適切」とは、お客様の課題をどれほど具体的に把握できているかということです。
「御社は売上が伸び悩んでいますから、売上が伸びるご提案をします」だと大ざっぱすぎますが、「御社は新規顧客の獲得で悩んでいるとお伺いしています。今まで広告やSEO対策は万全にしてきて、問い合わせ数も多いのに、そこから先の案件には結びつかないのですよね。今回はそこを解決するためのご提案です」だと、何が課題なのかがより明確になるでしょう。

　②「原因の構造への納得感」とは、「なぜ伸び悩んでいるのか」について、納得のいく分析ができているかどうかです。
「問い合わせ数は多いのに案件数が伸び悩んでいる原因は、御社のホームページの表現内容にあるのではないかと考えました。現状では、お客様が商談する前の段階で、何を頼めるかがはっきりしないのではないでしょうか。商談設定の前に、解決できる課題がはっきりわかるように表現を改善すると、有効商談の率が上がるのではないでしょうか」というような分析が加わると、お客様の納得度はグッと増します。

　③「各人の認識の理解」とは、お客様（ここで言えば決裁者）の周りにいる他部署やメンバーひとりひとりの、課題に対する感じ方の違いを捉えていることを指します。

　決裁者の中には、現場の実態がよくわからず、個人ごとの認識を

つかめていないケースも多く見られます。そのまま提案を進めても、決裁者は「現場がどう考えているかを確かめないと決められない」となってしまいます。

　営業が各人の認識整理を支援することで、決裁者は決めやすくなります。

　さて、サブメッセージの2つ目は「解決策の希少性」です。

　決裁者のもとには、いろいろな会社からの提案が山ほど来ます。そのため、「どれが本当にいい提案なのか」がわからず、決めきれないことも多くあります。

　また、他社との相見積もりをとっていないとしても、「今回決めなくても、いい提案は他の会社からももらえるだろう」と思われたら、決断を保留されてしまいます。

　そうならないためには「当社のサービスは御社の課題を解決できる希少な選択肢である」ということを示す必要があります。

　一つ、おすすめのやり方は、「従来の（他の）サービスではなぜその課題をうまく解決できないのか」を明確にしたうえで、「当社のサービスだと、なぜそれが解決できるのか」を伝えるというアプローチです。

　もし、あなたの取り扱うサービスが「他の会社に真似できない独自性」をすでに備えているなら、それを伝えればよいのですが、実は、そこまで差別化が明確にできていない商材を扱っているという場合もあるでしょう。

　こんなときは、「他社では解決できないが、当社なら解決できる」ということをロジックで示すのです。

加えて有効なのは、「営業としての優秀さ」を訴求することです。

　お客様からすれば、「大半はハズレの営業」ですから、「アタリの営業」は逃したくない希少な存在です。

「営業としての優秀さ」は、知識やスキルで示すこともできますし、人柄・振る舞いから伝わるものもあります。

　たとえば「レスポンスが早い」「わかってくれる」「熱意がある」といった資質を伝えるには、「忙しさの仮面」のところで解説したように、事前準備で「あらかじめ聞かれそうなこと」を想定し、それに対する答えを商談の場で明快に提示するのがよいでしょう。

「優秀な営業」は、それだけで希少な存在なのです。

　そしてサブメッセージの３つ目は、「費用対効果」です。

「費用対効果」の大切さは、本書で何度もお伝えしてきました。売上アップやコスト削減の効果を語るだけでなく、会社の成長イメージ、理念の実現、ストレスや負担の軽減といった「判断基準への＋α」を訴求できると、お客様がより納得しやすい提案となります。

　特に、決裁者になると（現場担当者に比べて）費用対効果を重視する度合いが強くなります。できれば、費用対効果の高さを示すシナリオは、一つだけでなく複数考えておけると望ましいです。

　たとえば、「将来的には X 億円のプラスインパクトが望める」のような訴求に加えて、「従来の業務で現場担当者に発生していた負担を軽減できる」といったシナリオも準備しておくのがおすすめです。

　さて、３つのサブメッセージについて解説してきました。決裁者とのアポイントが取れたからといって、「さあ、決めてもらうぞ！」

と楽観的に商談に臨むのは危険です。

「決裁者は、権限はあるが決められずに悩む人。提案がきちんと腹落ちするよう、緻密に提案を練り込もう」と考え、どう支援するかを周到に準備することで、結果的にはうまくいきます。

　この準備こそが、決めきれず悩む決裁者にとって、何よりの「助け舟」となるのです。

お客様の組織規模が大きくなったら「合意のしやすさ」を考える

大企業のお客様ほど「密な連絡」を求める

　先ほど、「検討しますの仮面」をつけた決裁者へどう助け舟を出すかについて解説しました。

　中小企業相手の商談であれば、比較的、決裁者にたどり着きやすいのですが、大手企業にアプローチしていると、決裁者と接触できるまでにかなりの時間がかかることがあります。

　企業規模が大きくなればなるほど、意思決定はスムーズに進まず、「検討します」と言われることが増えます。

　大企業を相手に、関係者の役割を洗い出してアプローチをやっていこうとすると、窓口の担当者に助け舟を出すうえで、密なコミュニケーションが求められます。

　次ページのグラフは、お客様1万人調査で「あなたが過去において信頼関係を築いた営業担当者との『商談』と『電話・メール・チャット・SNSなどを通したやりとり』は、案件発生から発注決定までどのぐらいの頻度で行われていましたか」と質問した結果です。

　第5章では「いきなりの仮面」の解説で（企業規模の観点が入っていない）全体の結果を見ましたが、ここでは各項目の回答者の企

企業規模が大きくなるほど、
密な連絡が求められる

あなたが過去において信頼関係を築けた営業担当者との「商談」と「電話・メール・チャット・SNSなどを通したやりとり」は、案件発生から発注決定までどのぐらいの頻度で行われていましたか。

■ほぼ毎日　　　■週に2〜3回程度
　週に1回程度　■月に2回程度
■月に1回程度　■半年に1回程度、あるいはそれより少ない

■このやりとりはしていない■3ヶ月に1回程度
□営業担当者と信頼関係を築けた経験がそもそもない

商談

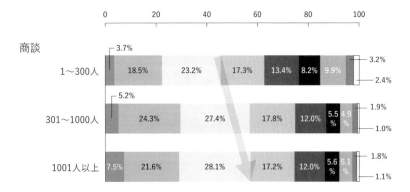

電話・メール・チャット・SNSなどを通したやりとり

出所：TORiX株式会社が実施した、マクロミルパネル利用のインターネット調査
（2022年5月）「会社の予算で何かを購買したことがある」経験者による回答

(n=10303)

業規模を「1 〜 300 人」「301 〜 1000 人」「1001 人以上」に分けて
載せています。

　結果を見ると、「商談」「電話・メール・チャット・SNS などを
通したやりとり」ともに、「ほぼ毎日」と答えた人の割合は、企業
規模が大きくなればなるほど多いことがわかります。
　また、「週に 2 〜 3 回程度」「週に 1 回程度」を合わせた数字も同
様に、企業規模に比例して大きくなる傾向があります。
「企業規模が大きくなるほど、より密なコミュニケーションが求め
られる」のが、この結果から浮き彫りになってきます。

関係者が増えたら「質問や要望の背景」を探る

　企業規模が大きくなるということは、その分、関係者が増えると
いうことです。社内でメンバーの誰かが意見を言ってきたり、上司
から質問が来たり、他部署から問い合わせが来たりと、社内コミュ
ニケーションも多く発生します。

　そのようなとき、窓口に立っているカウンターパートからすれば、
たくさんの関係者から来るリクエストや、数々の報告・説明負担を
抱えるのはとても大変です。
「いきなりの仮面」のところでも解説しましたが、営業と密に連絡
が取れていると、いざというときに頼れるので安心なのです。

　特に大企業へアプローチする場合、お客様から質問や要望が来た
ときにすぐ対応するだけでなく、窓口のお客様から来ている質問や

要望が、お客様社内でどのような背景の下に生まれたのかを入念に探る必要があります。後の工程として、窓口のお客様は必ず、社内の誰かとコミュニケーションを取ることになるからです。

ただ、窓口のお客様から質問や要望が来るたびに「それはどなたがおっしゃっているのですか」と聞いていては、相手の気分を害してしまうでしょう。

そこで私がおすすめしたいのは、お客様から連絡が来たときではなく、商談の終わり際の雑談のときにそれとなくヒアリングしておく方法です。

たとえば、対面の商談であれば会議室からエレベーターに向かう数分の間に聞いたり、オンライン商談なら会議終了の時間を予定より少し早めて、「●●さん、この後、少しよろしいでしょうか？」など話しかけたりするわけです。

そこで、この場にいないキーパーソンの意見や社内の状況を確認することで、商談の時間にはなかなか聞けないようなコア情報が得られることもあります。

このような細かい情報収集は、いっぺんにまとめて行うのではなく、日々の営業活動の中で少しずつ集めていくほうが効果的です。

さらにその情報を、営業支援システムなどに蓄積していくと、社内でも共有できるので、重要な局面で上司に営業同行してもらう場合などに便利です。同行を依頼したときに、お客様の情報はわかっているほどよいのですから。

大企業向けの営業は個人戦にするのではなく、チームプレーを組んで対応することがとても重要です。

担当者と決裁者との日常会話をつかめ

　相手の組織規模が大きくなると、決裁者にまだ会えていない状態で、決裁者に見てもらう提案書を作る場面が増えます。お客様の担当者に提案内容へ賛同いただき、そこから決裁者の同意に向けて社内を巻き込んでいくわけです。

　そこで、どのような助け舟を出せば、決裁者を説得したい担当者を適切に支援することができるのでしょうか。

　多くの営業は、担当者に「決裁者が重視されるポイントを教えてください」と聞きますが、担当者からの「また聞き情報」だけで終わらせては一歩足りず失注リスクが高まります。なぜなら、担当者には決裁者の頭の中が見えていないからです。

　決裁者と担当者とでは視座・視野・視点が違います。担当者には、「決裁者の頭の中の全体像」は見えていないので、営業が担当者に対して、間接的に決裁者の判断基準をヒアリングしたところで、一部しか把握できません。

　そこで聞くべきは、「担当者と決裁者との間の日常会話」です。

　私がおすすめするのは、「決裁者が現場に対してどんなことを日常的に言っているか」、つまり「決裁者の口ぐせ」を聞くことです。

　そして、提案に関係ないものでもかまわないので、「決裁者が組織全体に送ったメール」や「決裁者が全体MTGで発信した資料」などを可能な限り見せてもらうお願いをすることです。

　多くの営業が、提案の山場になって「決裁者が重視する判断基

準」を聞きますが、それだけでは断片的な情報しか得られません。

　本当のヒントは「決裁者の日常」にあります。いつも何を言っているのか、何が口ぐせなのか、何にイライラしているのか、どんな資料で発信しているのか、どんなメールを書いているのかが鍵となります。

　そして、何よりも、「決裁者の日常」はファクトで追えます。人の頭の中（＝判断基準）は目に見えませんが、セリフは耳で聞き取れますし、メールは文字が残ります。資料もファイルが残るわけです。

　そういったファクトから「決裁者が何にこだわっているか」「決裁者が何にイライラしているか」を早めにキャッチしておきましょう。

　担当者に「決裁者の判断基準は？」と聞いただけでは、担当者のバイアスに左右されるリスクもあります。多くの営業が、「担当者の個人的な意見」を「会社のビジョンや課題」と勘違いし、浅い提案を出してしまっています。「判断基準は？」という問いから得られる情報は、あくまでも一つの側面でしかありません。

　本当の判断基準は「決裁者のイライラ」に眠っています。それはずっと解決されずに残っていること、いつも繰り返し言っているが理解されないこと、なぜ皆わかってくれないのかということにあります。日常における決裁者のストレスに「琴線」があるのです。

　そこを捉えて提案するのが、お客様のことを「わかってくれる営業」なのです。

大企業ほど「ソロバン」だけでなく「ロマン」も求める

さて、企業規模によって、「費用対効果」の感じ方にも差が出て
くることも押さえておきましょう。

次ページのグラフは、「あなたは営業担当者から見積もりを受け
取ったとき、費用対効果をどこで判断しますか。1位から3位まで
お選びください」と質問した結果です。この設問も第6章「とにか
く安くの仮面」のところですでに示しましたが、ここでは各項目の
回答者の企業規模を「1〜300人」「301〜1000人」「1001人以上」
に分けて載せています。

グラフを見ると、「売上アップやコストダウンの定量的試算」と
「ミッション、ビジョンやパーパスの実現」の2項目で、明確な傾
斜がついていることがわかります。

企業規模が小さいうちは会社の全体像が見渡しやすいため、定量
的試算がしやすい「売上アップ」や「コストダウン」といった要素
が響きやすいのでしょう。

一方で企業規模が大きくなってくると、「売上アップ」や「コス
トダウン」の定量的試算を正確に行うのが難しくなってきます。そ
こで「ミッション、ビジョンやパーパスの実現」のほうにも目を向
けられるのだと考えられます。

とはいえ、「売上アップやコストダウンの定量的試算」がどの企
業規模においても1位であることに変わりはありません。

その中で、「企業規模が大きくなるほど、『ミッション、ビジョン

企業規模が大きくなるほど、
「ソロバンだけでなくロマンも」求められる

Q あなたは営業担当者から見積もりを受け取ったとき、費用対効果をどこで判断しますか。1位から3位までお選びください。

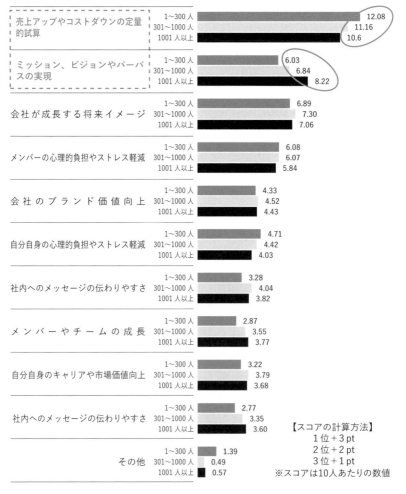

		スコア
売上アップやコストダウンの定量的試算	1〜300人	12.08
	301〜1000人	11.16
	1001人以上	10.6
ミッション、ビジョンやパーパスの実現	1〜300人	6.03
	301〜1000人	6.84
	1001人以上	8.22
会社が成長する将来イメージ	1〜300人	6.89
	301〜1000人	7.30
	1001人以上	7.06
メンバーの心理的負担やストレス軽減	1〜300人	6.08
	301〜1000人	6.07
	1001人以上	5.84
会社のブランド価値向上	1〜300人	4.33
	301〜1000人	4.52
	1001人以上	4.43
自分自身の心理的負担やストレス軽減	1〜300人	4.71
	301〜1000人	4.42
	1001人以上	4.03
社内へのメッセージの伝わりやすさ	1〜300人	3.28
	301〜1000人	4.04
	1001人以上	3.82
メンバーやチームの成長	1〜300人	2.87
	301〜1000人	3.55
	1001人以上	3.77
自分自身のキャリアや市場価値向上	1〜300人	3.22
	301〜1000人	3.79
	1001人以上	3.68
社内へのメッセージの伝わりやすさ	1〜300人	2.77
	301〜1000人	3.35
	1001人以上	3.60
その他	1〜300人	1.39
	301〜1000人	0.49
	1001人以上	0.57

【スコアの計算方法】
1位 + 3 pt
2位 + 2 pt
3位 + 1 pt
※スコアは10人あたりの数値

出所：TORiX株式会社が実施した、マクロミルパネル利用のインターネット調査
（2022年5月）「会社の予算で何かを購買したことがある」経験者による回答

(n=10303)

やパーパスの実現』の重要度が増してくる」と把握しておくことには大きな意味があります。

　大企業ほど、ソロバンだけでなく、ロマンも求められるのです。この傾向を踏まえると、特に大企業へ提案をする場合、営業としてはあらかじめ、お客様企業の裏側にある「ミッション、ビジョン、パーパス」について理解を深めておく必要があります。

　特に上場企業であれば、IR資料が充実しています。そのような対外的な資料を読み込み、どのように経営理念を実現しようとしているのか、押さえておきましょう。

　最近では、中小企業向けの営業と大企業向けの営業とでチームを分けている会社が増えてきました。

　中小企業向けから大企業向けの営業チームに異動して戸惑う方も多いのですが、中小企業と大企業の特性の違いをつかんでおけば、その戸惑いも小さくなることでしょう。

お客様のタイプを
「論理」「感情」「政治」で捉える

お客様は「論理」「感情」「政治」の3タイプに分けられる

「検討しますの仮面」を外してもらうには、助け舟の出し方がポイントであるということをお伝えしてきました。

特定の役割（決裁者）や企業規模（大企業）に合わせた助け舟について解説したところで、今度は「相手の特性に応じた助け舟」をテーマに扱います。

相手が動きやすい助け舟を出すことはとても重要ですが、人によって「助かると感じるツボ」は異なります。ここから、相手個人のタイプに合わせた動かし方についてお伝えしていきます。

ここでは、お客様を「論理タイプ」「感情タイプ」「政治タイプ」の3つに分けて考えてみます。

これは意思決定や判断の傾向による分類です。相手のタイプによって「動くツボ」は異なるので、助け舟の出し方も、タイプに合わせて工夫することが大切です。

「論理タイプ」は、「理屈が通っているかどうか」「客観的にわかりやすいかどうか」を重視します。「筋の通った説明ができれば前に進めてもよい」「ロジックで納得できなければNG」と捉えるため、

論理的に納得しないと先に進みづらくなります。

「感情タイプ」は、「好きか嫌いか」で物事を捉えがちで、ちょっとしたストレスや不快なことがあると前に進みづらくなります。「自分のこだわっている部分が反映されていればOK」「感情面でマイナスの印象を持つとNG」というタイプです。

「政治タイプ」は、「自分の社内評価はどうなのか」に関心のあるタイプです。リスクがないかどうかをとにかく気にします。「自分の評価が高まることにつながるのはOK」とする一方、評価が下がるリスクがあるとノーに傾きやすくなります。

　さて、「論理タイプ」「感情タイプ」「政治タイプ」の実際の分布はどのようになっているのでしょうか。
　次ページに挙げたのは、お客様1万人調査で「購買判断にあたって、最も近いあなたのタイプを教えてください」と質問した結果です。
「他人の意見はあまり参考にせず、『理屈として正しいか』で判断することが多い」と答えた論理タイプは27.2％、「他人の意見はあまり参考にせず、『感覚的に好きか嫌いか』で判断することが多い」と答えた感情タイプは14.9％、「他人の意見をある程度参考にし、自分だけでなく関係者の総意で判断することが多い」と答えた政治タイプは57.9％いました。

　日本企業では政治タイプが圧倒的に多く、次いで論理タイプ、感情タイプと続くことがわかります。

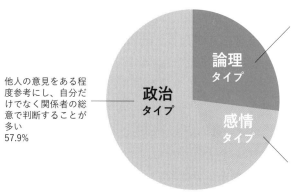

BtoBにおける購買判断のタイプは、
おおよそ**論理：感情：政治＝2：1：4**の比率

 購買判断にあたって、最も近いあなたのタイプを教えてください。

他人の意見はあまり
参考にせず、「理屈
として正しいか」で
判断することが多い
27.2%

論理
タイプ

政治
タイプ

感情
タイプ

他人の意見をある程
度参考にし、自分だ
けでなく関係者の総
意で判断することが
多い
57.9%

他人の意見はあまり
参考にせず、「感覚的
に好きか嫌いか」で
判断することが多い
14.9%

（n=10303）

出所：TORiX株式会社実施、マクロミルパネル利用のインターネット調査（2022年5月）
「会社の予算で何かを購買したことがある」経験者による回答

　日常生活の感覚では、もう少し感情タイプが多いような気もしますが、「仕事として、会社のお金を使って購買する」という前提で聞いていることを考慮すると、この結果に落ち着くのも頷けます。

「３つのタイプ」それぞれの特性

「論理」「感情」「政治」それぞれのタイプの概要をまとめたのが次ページの図です。

「論理タイプ」は、自分の意見や主張がある程度はっきりしていて、感覚より理屈を重視します。「結論は」「理由は３つ」といった話し方をすることが多く、情報整理力に長けています。そしてこの情報

３つのタイプ（まとめ）

	論理	感情	政治
定義	・自分の意見や主張が強く、理屈を重視	・自分の意見や主張が強く、感覚を重視	・自分の意見や主張は弱く、人がどう思っているかを重視
特徴	・「結論は」「理由は３つ」など情報整理力が高い ・原則や整合性を重視 ・一見クールでドライ	・「すごい」「〜な感じ」など感覚的表現 ・好き嫌いや感情を出す ・正直でオープン	・「●●さんは」と、第三者を気にする ・順位やブランド重視 ・意見表明のリスク回避
動く理由	「正しいかどうか」 ・メリット ・話のつながり	「好きかどうか」 ・本音 ・人間関係	「安全かどうか」 ・みんな ・評価
こちらが控えるべき行動	・まとまらないまま話す ・客観性のない発言 ・時間を浪費させる ・ロジックの不足を他でごまかそうとする	・感情や主観を否定する ・大量の情報や文書 ・本音を見せずに話す ・決まりやルールを押しつける	・いきなり決断を迫る ・リスクを感じさせる ・実績や前例のない意思決定 ・本人の評価を脅かす

整理力を営業に対しても求めます。

「論理タイプ」が動く理由は「論理的に正しいかどうか」であり、動くだけのメリットがあるかどうかや、話のつながりが担保されているかどうかを気にします。

「論理タイプ」のお客様に対して、まとまらないまま話してしまうと前に進みません。客観性のない発言をしたり、「時間の浪費」と思われるような行動を強いてしまったりしても、商談を前に進めづらくなります。

また、ロジックの不足を他でごまかそうとするのは逆効果です。しっかりとロジックを固めて臨むことが求められます。

「感情タイプ」は、自分の意見や主張が強いのですが、理屈より感

覚を重視します。「すごい○○」「〜な感じ」といった感覚的な表現が口ぐせであり、好き嫌いが表情に出やすいタイプです。

「好きかどうか」がいちばんの基準ですから、本音でコミュニケーションが取れていたり、人間関係ができていたりすると前に進みやすくなります。一方で、感情や主観を否定してしまうと前に進みづらくなります。「感情タイプ」のお客様は、大量の情報や文書を受け取るのが苦手です。渡す情報は多くなりすぎないほうが望ましいと言えます。加えて、本音を出さずに話すと警戒されることがありますから、こちらもオープンな心持ちで商談に臨むことが必要です。

　また、「感情タイプ」のお客様から何かの要望やリクエストが来たときに、「ルールなのでできません」と突っぱねると一気に関係が悪化することもあるので気をつけましょう。

「政治タイプ」は、自分の意見や主張がそこまで強くはなく、「人がどう思っているか」を重視します。「●●さんは」と、第三者を気にする傾向にあるのです。

　ちなみに「●●」にあたるのは、社内の重要人物であったり、お客様にとっての同業他社であったり、世界的な有名企業であったりとさまざまです。

　順位やブランドを重視するのも特徴ですから、あなたが業界シェアやブランドを訴求できる場合は、アピールしたほうが効果的です。

　一方で「政治タイプ」は、意見表明のリスクを回避したがります。はっきりとした意見を求めるとはぐらかされやすいのは、政治タイプが自分の意見を控える傾向が強いためです。

「政治タイプ」が動く理由は「安全かどうか」です。「世の中での

評価がどうなっているか」「他の会社も導入しているか」がクリアにならないと、リスクを感じて前に進みづらいので注意しましょう。実績や前例のない決定には慎重になりがちです。

また、本人の評価を脅かすようなリスクを嫌いますから、もしもチャレンジングな提案をする際には、かなり堅実なロジックを積み重ねて臨むことが必要となります。

お客様の関係者としてたくさんの人物が出てきたときには、「誰がどのタイプなのか」を探っていきましょう。そうすると、ひとりひとりの特性に合わせたコミュニケーションが取れるようになり、話が前に進みやすくなります。

「3つのタイプ」の見極め方

何かを決めるとき「私はこうしたい！」とはっきりしている人もいれば、まわりの意見に流されがちな人もいます。タイプ分けをするときは、まずここに注目します。

ここで、自分の意見や主張が弱く、周囲の意見を気にしている人は「政治タイプ」、逆に主張を強く持っているなら「論理タイプ」か「感情タイプ」の可能性が高くなります。

「論理タイプ」か「感情タイプ」の違いは、「理屈」で決めるか、「感覚」で決めるかです。理屈派なら「論理タイプ」、感覚派なら「感情タイプ」と想定しておきましょう。

3つのタイプのどれに当てはまるかを考えたとき、ちょっとした会話だけでは相手のタイプが「まぎらわしい」ときがあります。

「タイプ分けの難しさ」については、私も感じます。

　たとえば、複数の料金プランを前にして「必要な機能が使えるからこっちがいいかな。でも……こっちもなんとなく気になって捨てがたいんだよね」と言うお客様は「論理タイプ」か「感情タイプ」かが判断がつきづらいでしょう。

　そんなとき、私はあたかも（暗い海の中を光で探りながら泳ぐ）「チョウチンアンコウ」のようになって、質問を重ねることで絞り込んでいくアプローチを取ります。

　たとえば「このプランですと、この機能を使ってこんな便利なことができます。数字で表すと、このような違いがあります」と言ってみて、心が動いたらその人は「論理タイプ」、それでもやはりフィーリングを重視したらその人は「感情タイプ」の可能性が高いと言えます。

　迷ったら質問を重ねることで、相手のタイプを考えましょう。

8

論理タイプのお客様には、
端的で簡潔なコミュニケーションを

「論理タイプ」のお客様は時間への意識が高い

「論理」「感情」「政治」の3タイプのうち、本節では「論理タイプ」のお客様への対応を考えていきます。

「論理タイプ」は、自分の意見や主張がはっきりしていて、感覚より理屈で判断する傾向があります。お客様1万人調査で分析してみると、「論理タイプ」は他の2タイプに比べ、端的で簡潔な提案を好む傾向が見られました。

次ページのグラフは、お客様1万人調査で「営業担当者からの提案を受ける場合、課題やニーズを伝えてからどのぐらいの時間で最初の提案が欲しいですか」と質問した結果です。

「いきなりの仮面」の第5章で「どのぐらいの時間で最初の提案が欲しいですか」と質問をしたときには、「5営業日以内に提案が欲しい」と答えたお客様が8割に上り、お客様の時間に対する切迫感は強いと説明をしました。

ここでは、さらにそのお客様を「論理」「感情」「政治」の3タイプに分けてみます。

すると、「論理タイプ」は、他のタイプに比べてさらに時間への

「論理タイプ」は、
端的で簡潔な提案を好む①

 Q 営業担当者からの提案を受ける場合、課題やニーズを伝えてから
どのぐらいの時間で最初の提案が欲しいですか。

■ 1営業日未満で欲しい　■ 1〜2営業日で欲しい　□ 3〜5営業日で欲しい
■ 6〜10営業日で欲しい　□ 11〜20営業日で欲しい　■ 20営業日より先でも構わない

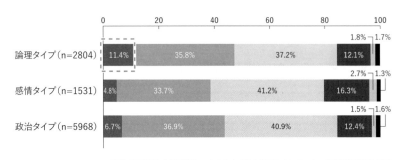

出所：TORiX株式会社実施、マクロミルパネル利用のインターネット調査（2022年5月）
「会社の予算で何かを購買したことがある」経験者による回答

（n=10303）

要望ハードルが高いことがわかりました。

　時間軸で見ると、「1営業日未満で欲しい」と答えた論理タイプ
は11.4％に上ります。感情タイプの4.8％、政治タイプの6.7％と比
べると、明らかに高い数字です。

　続いて次ページのグラフは、「営業担当者からの提案を受ける場
合、最初の提案をもらってから何回ぐらいブラッシュアップしてく
れるのが望ましいですか」と質問した結果です。

　第5章では「2〜4回のブラッシュアップで提案が完結するのが
望ましい」という回答がお客様全体の8割であることをお伝えしま
した。

　これも「論理」「感情」「政治」の3タイプに分けてみると、「論

「論理タイプ」は、端的で簡潔な提案を好む②

 Q 営業担当者からの提案を受ける場合、最初の提案をもらってから何回ぐらいブラッシュアップしてくれるのが望ましいですか。

- ■修正などは発生せず、最初の提案1回で完結するのが望ましい
- ■最初の提案をもとに議論し、2回目の再提案で完結するのが望ましい
- 最初の提案をもとに議論し、3〜4回目の再提案で完結するのが望ましい
- 最初の提案をもとに議論し、5〜10回目の再提案で完結するのが望ましい
- ■納得いく提案がもらえるなら、回数を問わずいくらでも再提案してほしい

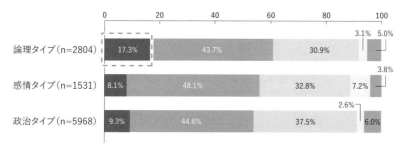

論理タイプ（n=2804）　17.3%　43.7%　30.9%　3.1%　5.0%
感情タイプ（n=1531）　8.1%　48.1%　32.8%　7.2%　3.8%
政治タイプ（n=5968）　9.3%　44.6%　37.5%　2.6%　6.0%

出所：TORiX株式会社実施、マクロミルパネル利用のインターネット調査（2022年5月）
「会社の予算で何かを購買したことがある」経験者による回答

(n=10303)

理タイプ」の要求するハードルが高いことがわかります。

「修正などは発生せず、最初の提案1回で完結するのが望ましい」と答えたのは、「論理タイプ」が17.3%、「感情タイプ」が8.1%、「政治タイプ」が9.3%だったのです。

「論理タイプ」はとにかく、時間意識が高いことがこの結果から伺えます。営業としては、無駄な時間を使わせないように配慮し、またその努力をしていることを「論理タイプ」のお客様にわかっていただくのが重要となります。

　ちなみに、私が「論理タイプ」のお客様と話すときに心がけているのは、次の3点です。

①結論を先に伝える

②話の塊がいくつあるかを、たとえば「ポイントが3つありまして」のように、具体的な数字を用いて示す

③ストーリーを伝えるときに、「なぜなら」「それゆえ」など、論理的なつながりを示しながら話す

　論理タイプのお客様には、回りくどい表現を避け、定量表現や因果関係を端的に盛り込むことが重要です。このタイプのお客様に動いてもらうコツを、次にもう少し補足します。

「論理タイプ」のお客様に動いてもらうためのポイント

　論理タイプとやりとりするうえでは、コミュニケーションの端々に「相手の忙しさを考慮した発言があるかどうか」が重要です。論理タイプは時間を無駄にすることを極端に嫌います。

　たとえば60分の打ち合わせ予定だったが50分で必要なことを話し終えてしまった場合には、「今日はもう必要なことを話し合いましたので、少し早めに終わりましょうか」と切り出してみましょう。

　そうすると、お客様は「こちらの忙しさを考えてくれているのだな」と感じます。

　さらに、ミーティングの冒頭に「まず今日のポイントを簡単にお伝えします」と最初の段階で全体像を伝えることで、相手の忙しさに配慮している印象を与えることができます。

　また、論理タイプは、過去における自身の発言との整合性を気にする傾向があることを押さえておきましょう。これはなぜかという

と、論理タイプは矛盾や不整合を嫌うからです。

　私は論理タイプのお客様とコミュニケーションするとき、「前回
のお打ち合わせでこのようなことをおっしゃっていましたよね」と
確認するようにしています。時にはお客様の発言を引用する形で確
認し、「お客様が前回おっしゃったことを踏まえていますよ」と示
すように心掛けているのです。
　それが、お客様の過去の発言に対してきちんと対応している旨を
示すことにつながります。

　さて、論理タイプには端的なコミュニケーションが重要であると
お伝えしましたが、提案する側として、「補足情報」を盛り込みた
いこともあるでしょう。
　そのようなときは、重要なポイントを簡潔に伝えたうえで、「参
考資料」という位置付けで、本編資料とはファイルを分けて渡して
おくのがおすすめです。
「論理タイプ」は、簡潔さを好む一方、情報処理能力がずば抜けて
いるため、仮に営業から渡される情報量が多くても、取捨選択しな
がら必要な情報を選び出すことができます。

「論理タイプ」のお客様への対策

　論理タイプのお客様は、理屈でスッと納得できないときに「検討
しますの仮面」をつける傾向があります。
　本節の最後に、論理タイプの見極め方と対策をまとめておきます。

論理タイプの口ぐせ

- 「要するに」「結論は」「ポイントは」←情報が整理されていることを求める
- 「なぜなら」「理由は」「根拠は」「だから」「すると」←話のつながりを求める
- 「メリット」「費用対効果」←損得に敏感である
- 「そもそも」「本質的には」「〜べき」←原理原則に立ち戻る
- 「〜って言ってましたよね」「矛盾していませんか?」←整合性を大事にする

論理タイプの特徴

- 話すスピードが速い
- 数字やロジックによる説明を求める
- 概念を図解するのが得意
- 感情の起伏があまりない
- 「正しくない」ことに出会うとイライラする

論理タイプが動くツボ

- 「メリット」が明確だと動きやすい
- 「一貫性」があると動きやすい

論理タイプにやってはいけないこと

- 考えがまとまらないまま、だらだらと一方的に話す
- 「損している(割に合わない)のでは」と感じさせる
- 時間をムダに奪う
- 大げさな感情表現で強引に動かそうとする

- 中身をともなわない「形式」や「建前」を押しつける

論理タイプに対して危険なフレーズ
- 「まだまとまっていないのですが」
- 「数字は弱いのですが」
- 「とりあえず思いついたのですが」
- 「なんとなくの主観ですが」
- 「昔からこうなっているので」

　論理タイプは、自分の意見や主張が強く、「理屈が通っているか」「正しいかどうか」を重視します。お客様にとって、ロジックや時間感覚の面で「わかってくれているな」と感じてもらえるコミュニケーションが助け舟になるのです。

9

感情タイプのお客様には、
言語化をサポートする

「感情タイプ」のお客様は、言葉にして伝えることが得意ではない

　続いて、本節では「感情タイプ」のお客様への対応を考えていきます。「感情タイプ」は、自分の意見や主張がありつつ、理屈より感覚で判断する傾向にあります。

　次ページのグラフは、お客様1万人調査で「営業担当者があなたの会社のニーズや課題を聞いてきたとき、最も多い状況はどれですか」と質問した結果です。

「自分の会社が抱える真のニーズや課題をよくわかっているが、多少はぐらかして営業担当者に伝えている」という回答を見ると、「論理タイプ」の31.1%、「政治タイプ」の29.6%と比べ、「感情タイプ」の54.9%が突出していることがわかります。

「感情タイプ」は、言葉にして伝えることが得意ではない傾向があります。そのため、うまく言葉にして表現できないことについては、はぐらかして伝えがちなのです。

　「感情タイプ」という言葉の響きから、陽気で明るく、感情の起伏が激しいタイプを想像するかもしれませんが、「感情タイプだから、よくしゃべる」とは限りません。むしろ、口数が少ないことのほう

感情タイプのお客様は、「ニーズや課題をはぐらかして営業担当者に伝える」傾向が非常に強い

 Q 営業担当者があなたの会社のニーズや課題を聞いてきたとき、最も多い状況はどれですか。

■自分の会社が抱える真のニーズや課題をよくわかっているし、すべて正直に営業担当者へ伝えている
■自分の会社が抱える真のニーズや課題をよくわかっているが、多少はぐらかして営業担当者へ伝えている
■自分の会社が抱える真のニーズや課題が実はよくわからず、「私にはわからない」と正直に営業担当者へ伝えている
■自分の会社が抱える真のニーズや課題はよくわからないが、多少はぐらかして営業担当者へ伝えている
その他

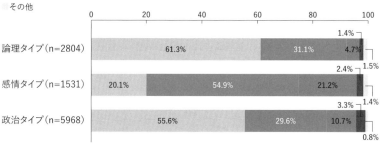

(n=10303)

出所：TORiX株式会社実施、マクロミルパネル利用のインターネット調査（2022年5月）
「会社の予算で何かを購買したことがある」経験者による回答

が多いくらいです。

次ページのグラフは、お客様1万人調査で「あなたは商談で口数が多いほうですか」と質問した結果です。

「普段も口数は少なめで、商談も同様に口数が少なくなりがち」と答えたお客様は、「論理タイプ」が30.3％、「政治タイプ」が26.5％であるのに対し、「感情タイプ」は42.2％にも上りました。「感情タイプ」は決して、普段から口数が多いわけではないということです。

「感情タイプ＝おしゃべり」ということではなく、
むしろ、もともと口数は少ない傾向

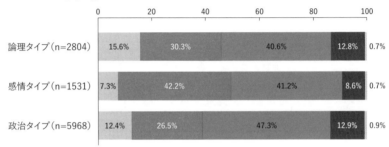

　あなたは商談で口数が多いほうですか。最も近いものをお選びください。

■普段はある程度しゃべるが、商談のときは口数が少なくなりがち
■普段も口数は少なめで、商談も同様に口数が少なくなりがち
■普段はある程度しゃべるし、商談においても口数は多くなりがち
■普段は口数が少ないが、商談においては口数が多くなりがち
■その他

論理タイプ（n=2804）　15.6%　30.3%　40.6%　12.8%　0.7%

感情タイプ（n=1531）　7.3%　42.2%　41.2%　8.6%　0.7%

政治タイプ（n=5968）　12.4%　26.5%　47.3%　12.9%　0.9%

出所：TORiX株式会社実施、マクロミルパネル利用のインターネット調査（2022年5月）
「会社の予算で何かを購買したことがある」経験者による回答

（n=10303）

「感情タイプ」のお客様に動いてもらうためのポイント

　感情タイプのお客様と接するときのポイントは3つあります。

　一つ目は、「お客様は言語化があまり得意ではない」と心得たうえで商談に臨むことです。

　感情タイプのお客様は、たとえばニーズや課題について聞かれたとき、うまく言葉にできないときがあります。

　そのときは営業のほうから「もしかしてお客様がお考えなのはこういうことでしょうか？」と助け舟を出し、相手の言いたいことや考えていることの言語化をサポートしていきましょう。

2つ目は「たくさんの情報を渡しすぎない」ことです。感情タイプは情報が多いと面倒くさく感じてしまい、一度にたくさんの情報を見ると思考停止になってしまいがちです。

　実際、お客様1万人調査において「あなたは、購買の検討にあたって、提案書をどのぐらい読み込みますか」という設問では、「隅々まで読む」という回答結果が、論理タイプ34.9％、感情タイプ13.3％、政治タイプ37.2％という結果でした。

　感情タイプのお客様に提示する資料は、できる限り絞ったほうがよいでしょう。

　3つ目は「お客様と一体感を作る」ことです。感情タイプは共感を大切にします。

　営業が一方的に提示した提案に対してイエスと言ってもらうことを目指すより、「この企画は一緒に作りましたよね」と言えるような双方向のディスカッションが効果的です。

　お客様の意見を取り入れつつ、こちらが出した内容についてもフィードバックをもらい、やりとりのキャッチボールを増やしながら商談を進めましょう。

　また、感情タイプのお客様から抱いている葛藤やグチ、悩みを吐露されることがあります。

　そのようなときには、寄り添って共感を示しながら聞いていくことが大事です。そしてこちらも本音をさらけ出しながら、「お客様の気持ちが乗っかる提案」をともに作りあげていくことが大切になってきます。

「感情タイプ」のお客様への対策

　感情タイプのお客様は、気持ちの面で腹落ちできないときに「検討しますの仮面」をつける傾向があります。

　本節の最後に、感情タイプの見極め方と対策をまとめておきます。

感情タイプの口ぐせ

- 「僕は好き」「私はなんかイヤ」←好き嫌いに敏感である
- 「なんとなく」「主観だけれど」「〜という感じ」←言葉にならない感覚を表に出す
- 「モヤッとくる」「ピンとくる」「ヤバい」「ガーン」←感覚的な表現をする
- 「超○○」「ウルトラ○○」←大げさな表現をする
- 「ぶっちゃけ」「実際」←本音のコミュニケーションを求める

感情タイプの特徴

- 感情の起伏が激しい
- 大げさなジェスチャーをする
- たくさんの情報や長い文章を読むのが苦手
- うまく言葉にできず、もどかしそうにする
- 人に共感を求める

感情タイプが動くツボ

- 営業の「本音」が見えると動きやすい
- 「連帯感」を感じると動きやすい

感情タイプにやってはいけないこと

- ノリや雰囲気を合わせない
- 大量の情報や文書を送りつける
- （こちらが）あまりしゃべらない
- 本音を隠し、第三者の意見やロジックだけでドライに話す

感情タイプに対して危険なフレーズ

- 「結論から（端的に）言うと」
- 「やらない理由がないですよね」
- 「お気持ちはいったん置いといて」
- 「データではこうなっています」
- 「ルールなので」

　感情タイプは、自分の意見や主張が強く、自分で決めたい人ではあるものの、「好きかどうか」や「言葉にしにくい感覚を重視する」点で論理タイプと異なります。

　相手と通じ合うことを求める感情タイプは「察してほしい」「わかってほしい」という気持ちが強く、こちらの表情や雰囲気についても敏感に察知してきます。

　こちらの心をオープンにしないと、「本音が見えない」「共感できない」と判断されてしまうこともありますので、過度にロジカルになり過ぎないよう、共感を意識した助け舟を出していきましょう。

10

政治タイプのお客様には、
万全のリスク対策で

「政治タイプ」のお客様は、薄いリアクションで様子見の傾向が強い

　3つのタイプのうち、本節では「政治タイプ」のお客様への対応を考えていきます。

「政治タイプ」は、自分の意見や主張を押し通すことは少なく、「みんながどう考えるか」を重視します。社内における上位役職者や周囲の意見を気にする傾向が強く、自分の評価が上がるように（下がらないように）と考えているのです。

　そのため、「政治タイプ」のお客様に、**自身の評価が下がるリスクを感じさせると、検討はストップ**してしまいます。

　本章「7　お客様のタイプを『論理』『感情』『政治』で捉える」のところで、3つのタイプの比率についてグラフをお見せしましたが、日本の購買者は「政治タイプ」が最も多く、半数を超える比率になります。

　余談ですが、お客様1万人調査において、「政治タイプ」のお客様は、企業の規模が大きくなればなるほど増える傾向にありました。大きな会社ほど社内評価は減点主義になりやすいため、お客様は危険やリスクを冒さないような行動を取りがちなのでしょう。

この「政治タイプ」には、営業の多くが苦手とする傾向がありま
す。それは**リアクションの薄さ**です。

営業1万人調査の中で「反応が薄いお客様との商談は難しい」と
感じる営業の悩みが浮き彫りになりました。

次ページは「お客様との関係を深め、キーパーソンとのアポイン
トや当社への依頼を増やすうえで苦手意識を感じる場面」について
聞いた結果です。

苦手とする場面で1位にあがったのは「口数が少なく、反応が薄
いお客様との会話」で28.7％でした。

さらに、次々ページ（見開きの右側）にあるグラフをご覧くださ
い。お客様はどういう事情でリアクションが薄いのかを聞いてみま
した。

お客様1万人調査で「商談で口数が少ないのはどんな理由による
ものですか。最大2つまでお選びください」と質問した結果です。

論理・感情・政治それぞれのタイプで分けて比較しています。

「政治タイプ」で際立って多かった回答が、「『**まずは最後まで話を
聞こう**』とあらかじめ決めているから」でした。

「論理タイプ」が32.0％、「感情タイプ」が27.9％なのに対して
「政治タイプ」は44.3％でしたから、これは顕著な傾向と言って差
し支えないでしょう。

「政治タイプ」は、考えていることを積極的に話さず、まずは相手の
出方を見て、その後に自分のスタンスや意見を示す傾向があります。

多くの営業が苦手とするのは
「口数が少なく、反応が薄いお客様」

Q お客様との関係を深め、キーパーソンとのアポイントや当社への依頼を増やすうえで苦手意識を感じる場面として、どのようなものがありますか（複数ある場合は、3つまで選んでください）。

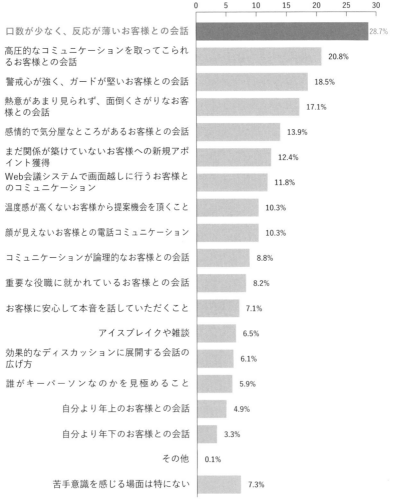

項目	割合
口数が少なく、反応が薄いお客様との会話	28.7%
高圧的なコミュニケーションを取ってこられるお客様との会話	20.8%
警戒心が強く、ガードが堅いお客様との会話	18.5%
熱意があまり見られず、面倒くさがりなお客様との会話	17.1%
感情的で気分屋なところがあるお客様との会話	13.9%
まだ関係が築けていないお客様への新規アポイント獲得	12.4%
Web会議システムで画面越しに行うお客様とのコミュニケーション	11.8%
温度感が高くないお客様から提案機会を頂くこと	10.3%
顔が見えないお客様との電話コミュニケーション	10.3%
コミュニケーションが論理的なお客様との会話	8.8%
重要な役職に就かれているお客様との会話	8.2%
お客様に安心して本音を話していただくこと	7.1%
アイスブレイクや雑談	6.5%
効果的なディスカッションに展開する会話の広げ方	6.1%
誰がキーパーソンなのかを見極めること	5.9%
自分より年上のお客様との会話	4.9%
自分より年下のお客様との会話	3.3%
その他	0.1%
苦手意識を感じる場面は特にない	7.3%

出所：TORiX株式会社が実施した、マクロミルパネル利用のインターネット調査（2022年2月）
法人営業従事者による回答
※営業スキルに関する設問は全体がn=5003。そのうちn=3933に対しては、
マルチアンサー（複数回答）形式でさらに深掘り調査し、適宜クロス集計で分析した。

「政治タイプ」のお客様は
様子見傾向が顕著

 商談で口数が少ないのはどんな理由によるものですか。
最大2つまでお選びください。

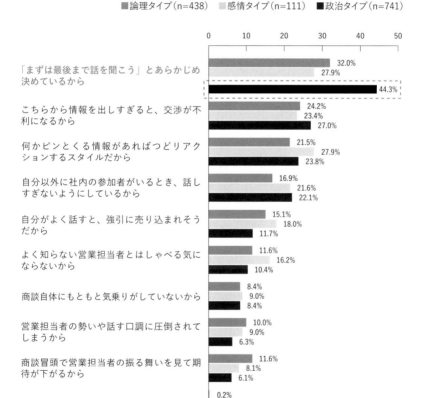

■論理タイプ(n=438)　■感情タイプ(n=111)　■政治タイプ(n=741)

「まずは最後まで話を聞こう」とあらかじめ決めているから
- 32.0%
- 27.9%
- 44.3%

こちらから情報を出しすぎると、交渉が不利になるから
- 24.2%
- 23.4%
- 27.0%

何かピンとくる情報があればつどリアクションするスタイルだから
- 21.5%
- 27.9%
- 23.8%

自分以外に社内の参加者がいるとき、話しすぎないようにしているから
- 16.9%
- 21.6%
- 22.1%

自分がよく話すと、強引に売り込まれそうだから
- 15.1%
- 18.0%
- 11.7%

よく知らない営業担当者とはしゃべる気にならないから
- 11.6%
- 16.2%
- 10.4%

商談自体にもともと気乗りがしていないから
- 8.4%
- 9.0%
- 8.4%

営業担当者の勢いや話す口調に圧倒されてしまうから
- 10.0%
- 9.0%
- 6.3%

商談冒頭で営業担当者の振る舞いを見て期待が下がるから
- 11.6%
- 8.1%
- 6.1%

その他
- 0.2%
- 0.0%
- 0.8%

特になし
- 2.7%
- 3.6%
- 2.4%

(n=1290)

出所：TORiX株式会社実施、マクロミルパネル利用のインターネット調査(2022年5月)
「会社の予算で何かを購買したことがある」経験者による回答

営業がズカズカと踏み込み、「あなたの意見は何ですか。ご判断ください」と迫りすぎると、途端に「検討しますの仮面」をかぶりやすくなるので要注意です。

「政治タイプ」のお客様には、お客様自身にリスクや危険がないことをしっかりと示すのが大切です。そのためには、たとえば他社の導入実績や、サービスの信頼性、業界内での順位やシェアなどを訴求するのが効果的です。

「政治タイプ」のお客様に動いてもらうためのポイント

政治タイプのお客様と商談するとき、お客様の中で何をリスクと捉えているかを把握したいところですが、政治タイプのお客様は、自分の意見を積極的に話さない傾向があります。

商談の中でもほとんどの時間が様子見で、説明の途中で「どう思われますか？」と聞いても、「いえ、大丈夫です。このまま進めてください」といったように、自分の意見はなかなか表明してくれません。

対策としては、たとえば、枕詞を使って「あくまで、この場での個人的なご意見で構いませんので」のように、相手が気を使わないような言葉を添えて意見を伺いましょう。

「政治タイプ」は社内の上位役職者の意向を気にします。ホームページなどの公開情報から、お客様の会社の経営陣がどのような意見を持っているかをあらかじめつかんでおくと、提案も進めやすくな

るでしょう。

　たとえば、「当社はこれからこの領域に力を入れていきます」といったメッセージが公開情報に示されていれば、「今回の提案は、御社の社長がこれから注力されたいとおっしゃっている方針とも合致しているんです」と訴求することが可能です。

　また、自社のサービスが、有名な会社でも導入されているようであれば、その点も実績として示しましょう。「政治タイプ」のお客様にとって、実績は大きな安心材料となります。

　政治タイプのお客様に購買の意思決定をしてもらうには、購買に対しての裏づけがしっかりと提示でき、お客様自身の評価につながることを示すのが重要です。

「政治タイプ」のお客様への対策

　政治タイプのお客様は、自らの評価に影響するリスクを感じたときに「検討しますの仮面」をつける傾向があります。

　本節の最後に、政治タイプの見極め方と対策をまとめておきます。

政治タイプの口ぐせ

- 「○○さんは〜と言っている」←第三者の発言を引用する
- 「社長の考えでは」「世の中では」←第三者（立場のある人）の意見を重視する
- 「このまま進めてください」←意見や感想を求められても、その場での表明を避ける
- 「ランキングでは」「シェアは」←世の中の順位に敏感である

- 「リスクが高い」「やめておいたほうがいい」←リスクを取ることに後ろ向き

政治タイプの特徴
- 複数の人がいるときは、発言の順番が遅め
- 決断を先延ばししようとする
- 役職の高い人物にことさら配慮する
- 言質を取られることを避ける
- リスクをおさえるための段取りを組む

政治タイプが動くツボ
- 「みんな」の意見と同じだと動きやすい
- 「権威」があると動きやすい

政治タイプにやってはいけないこと
- こちらのペースで早急に結論をせまる
- 相手の所属組織を代表した意見を求める
- リスクに対する不安を感じさせる
- 相手の評価が下がる危険を感じさせる
- 感情で揺さぶる

政治タイプに対して危険なフレーズ
- 「今、お返事いただきたいのですが」
- 「やってみないとわかりませんのでとりあえず」
- 「実績はないのですが」
- 「たとえ社長に反対されても」

・「こういった試みは初めてですが」

「政治タイプ」は、自分の意見や主張を強く打ち出すことなく、「人がどう思っているか」や「リスクが低いかどうか」を重視します。自分なりの判断基準を明確にせず、人の意見で判断しがちです。

　安心感の材料をしっかりとそろえることが、お客様にとっての助け舟となります。

11

「ご検討状況はいかがですか？」の単純リマインドより「カスタマイズメール」を送る

最善を尽くしても「検討しますのでお待ちください」と言われたら

　ここまで、「検討しますの仮面」に対して、どのように助け舟を出すとお客様が動いてくれやすいかをお伝えしてきました。

　それでもなお、「検討しますのでお待ちください」とシャットアウトされてしまったらどうするかについて、本節で触れておきたいと思います。

　お客様は、クロージングされると「まだ考えがまとまっていないうちに返答するのは怖い」という心理から「とりあえずお待ちください」と言いがちです。では、「検討しますのでお待ちください」とシャットアウトしてくるお客様は、時間が経過していくと、どのような心理になるでしょうか。

　クロージングへの返答を保留したまま時間が経過すると、以前に提案を受けた件は次第に忘れかけてきます。ただ、頭の片隅には「そういえば、あの件、まだ返事していないな。どうしよう……」と、気になっているはずです。先日に提案を受けた内容は、だいぶ記憶も怪しくなってきていますから、今さら思い出してあれこれ考

時間経過に伴うお客様の心理と反応

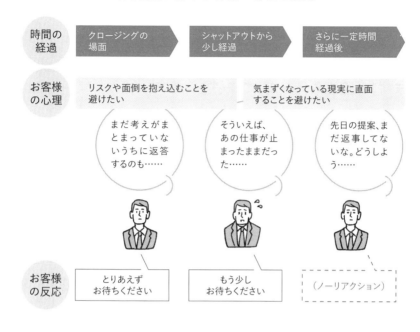

えるのも気が重たい。そのような状態です。

　そんなお客様に対して「ご検討状況はいかがでしょうか？」という単純なリマインドは効果があるでしょうか。

　お客様のほうでも、「何か気まずいな」とは思いつつ、忙しいふりをしてなんとかやり過ごそうとするはずです。

　それに対して、返事がないからといって、「ご検討状況はいかがですか？」という単純リマインドを繰り返してしまうと、お客様には「こっちも忙しいのに」という、マイナス感情が湧き起こるでしょう。

　こうなってしまうと、受注まで持っていくのは至難の業です。

まず「お役立ちメール」で様子を見る

　ストレートなリマインドに対してお返事がもらえればいいのですが、最大のリスクは「メールへの返信もない、電話にも出てもらえない」という状況が続いてしまうことです。

　いったんこうなってしまうと、こちらとしてもさらなるリマインドはしづらいというのが心情でしょう。

　「お客様から検討します」と言われてしまい、少し時間が経過したらどうするべきか？　ここで鍵を握るのは「お役立ちメール」です。

　単純なリマインドには返信しないお客様も、「役に立つ」と思った情報にはリアクションを示す傾向があります。次ページのグラフをご覧ください。

　お客様が「役に立つ」と思ってさえくれたら、返信が来る確率はグッと上がります。そこで、お客様にとって（読み飛ばさずに目を通す）意味を持つ情報を件名に入れるようにしましょう。

　いろいろなやり方はありますが、一つの例を挙げます。たとえば、「●●様が9月28日におっしゃっていた『XXX』の件」のように、お名前、日付、商談の会話に出てきたキーワードを件名に入れるのです。

　単なる簡潔リマインドはスルーされやすいものです。そして、時間が経てば経つほど、お客様が提案に対して回答するインセンティブは落ちていきます。

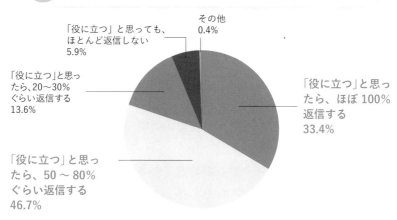

「情報が役に立つ」と感じたら、
約8割のお客様が「50%以上の確率で」返信をする

Q あなたが営業担当者からお役立ち情報を受け取って、「これは役に立つな」と
感じたら、必ず返信しますか。最も近いものをお選びください。

その他
0.4%

「役に立つ」と思っても、
ほとんど返信しない
5.9%

「役に立つ」と思っ
たら、20〜30%
ぐらい返信する
13.6%

「役に立つ」と思っ
たら、ほぼ100%
返信する
33.4%

「役に立つ」と思っ
たら、50〜80%
ぐらい返信する
46.7%

(n=10303)

出所：TORiX株式会社実施、マクロミルパネル利用のインターネット調査（2022年5月）
「会社の予算で何かを購買したことがある」経験者による回答

そこで、「9月28日のMTGで、●●様が"年内にクイックヒッ
トの成果が欲しい"とおっしゃっていました。成果が年内に報告さ
れるには、逆算すると、10月中旬には施策開始の必要があるかと
……」のように、提案への回答を急ぐメリットの文脈を明らかにし、
件名に反映させるのです。

ただ、件名を工夫する以前に、単なるリマインドをすでに数回し
てしまい、スルーされた状態になってからかなりの時間が経過して
いる場合、ここから挽回するにはどうしたらよいでしょうか。

目安としては、商談の会話に出てきたキーワードを出しても、お
客様が忘れてしまっているぐらい時間が経っている状況です。

このようなケースでおすすめしているのは、一見すると関係ない
トピックについて情報提供するという「別件での価値訴求」です。
お客様の記憶からほとんど抜け落ちているぐらい時間が経っていた
ら、今度は逆に「まったくの別件」として、お役立ち情報のメール
を送ります。

　いったん直接的なリマインドは諦め、話題にも出さず、別件での
お役立ちを続けましょう。
　以前に提案した件と切り離したお役立ちメールなら、純粋な貢献
の行動になりますから、お客様としてもマイナスの感情は起こりに
くいでしょう。

　そして、「お役立ちメール」にお客様のポジティブな反応があっ
た場合、「情報がお役に立てて何よりです。ところで……」という
ように展開し、案件を復活させるのです。
　以前の記憶が怪しくなっているお客様との案件では、これが「連
絡する口実」という助け舟になるのです。

　では、どのようなお役立ちメールだと喜ばれるのかについて、お
客様1万人調査の結果からご紹介していきます。
　第4章「忙しさの仮面」のところでもご紹介した設問、「あなた
が営業担当者から受け取るお役立ち情報として嬉しいものは何です
か。嬉しい順番に、1位から3位までお答えください」について、
回答者の会社の規模を「1～300人」「301～1000人」「1001人以
上」と3段階に分けているのが次ページのグラフです。
　本章では、大企業のお客様に見られる傾向についてすでに解説し

企業規模が大きくなるほど、
お役立ち情報として「事例」や「レポート」を求められる

Q あなたが営業担当者から受け取るお役立ち情報として嬉しいものは何ですか。
嬉しい順番に、1位から3位までお答えください。

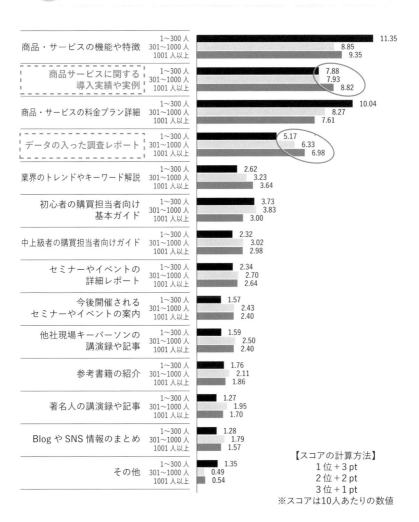

	1~300人	301~1000人	1001人以上
商品・サービスの機能や特徴	11.35	8.85	9.35
商品サービスに関する導入実績や実例	7.88	7.93	8.82
商品・サービスの料金プラン詳細	10.04	8.27	7.61
データの入った調査レポート	5.17	6.33	6.98
業界のトレンドやキーワード解説	2.62	3.23	3.64
初心者の購買担当者向け基本ガイド	3.73	3.83	3.00
中上級者の購買担当者向けガイド	2.32	3.02	2.98
セミナーやイベントの詳細レポート	2.34	2.70	2.64
今後開催されるセミナーやイベントの案内	1.57	2.43	2.40
他社現場キーパーソンの講演録や記事	1.59	2.50	2.40
参考書籍の紹介	1.76	2.11	1.86
著名人の講演録や記事	1.27	1.95	1.70
Blog や SNS 情報のまとめ	1.28	1.79	1.57
その他	1.35	0.49	0.54

【スコアの計算方法】
1位＋3pt
2位＋2pt
3位＋1pt
※スコアは10人あたりの数値

出所：TORiX株式会社実施、マクロミルパネル利用のインターネット調査（2022年5月）
「会社の予算で何かを購買したことがある」経験者による回答

（n=10303）

ていますので、その観点から「喜ばれるお役立ち情報」を見てみましょう。

　会社の規模が大きくなればなるほど、「導入実績や実例」「データの入った調査レポート」が喜ばれることがわかります。

「どの情報が響くか」については、お客様の会社の規模や相手のタイプ（論理・感情・政治）によっても変わってきます。

　メールに目を通し、役に立つ情報であると思ってもらえれば一定の確率で返信が来るので、もしお役立ちメールに返信が来ない場合は、件名と内容をいろいろと変えて試してみましょう。

それでも返信が来ないときの最終手段

　さて、ここでは「連絡を遮断し、リマインドにも応えない状況が続いている」お客様に対して、最終手段として取れるアクションをお伝えします。

　まず、連絡を遮断し、リマインドにも応えないお客様によくありがちなのは、何らかの大きな社内状況の変化が起こり、下記3つのいずれか（あるいはすべて）が起こっているということです。

①社内状況の変化によってかなり忙しくなった
②その忙しさを説明することが面倒くさい
③検討の優先順位が落ちたことを伝えるのが心苦しい

　①は、お客様からすれば「こっちはそれどころじゃなくて、ものすごく忙しいんだ！」という心理があります。

たいてい、その忙しさが発生した理由は突発的な（かつ、お客様ご本人にコントロールできない）要因であることが多いでしょう。「すでに、お客様は忙しさによってストレス指数が相当上がっている」という事実を認識しておく必要があります。

　②の「忙しくなった事情」を社外の人物へ丁寧に説明するのは骨が折れます。社内状況については社外に出せること・出せないことがある（たいていは出せない情報が多い）ので、それを社外の営業担当者にわかりやすく説明するのは相当にエネルギーがかかるものです。

　状況を説明するメール1本書くのも憂鬱になるレベルでしょう。

　③については、「これまでいい感じに進んでいた」案件であるほど、検討が暗礁に乗り上げたことを営業担当者に伝えるのは心苦しくなるものです。

　誰でも相手をがっかりさせたくないものです。お客様心理を考えても、営業担当者が悲しむ顔は見たくないでしょう。だから、ついつい、営業担当者への連絡がおっくうになります。

　お客様からの返信が来ない場合、①〜③への想像をせずに「早くお返事いただけないと困ります」というクロージングをしてしまうと、プレッシャーが逆効果になります。

　まず、メールで伝えるべきは、①社内状況の変化を理解していますというメッセージです。

- （お客様が悪いわけではなく）外的／会社の要因によって、急激

な変化が起こったのですよね
- お客様がそれによって忙しくなっているのですよね
- 検討ステータスもおそらく以前とは前提が変わっているのでしょう

　さらに、この3つの要素を含んだ文章をお送りし、それを読んでいただいた後のタイミングで電話しましょう。

- 私は個人的に、XX様と一緒にお仕事したいです（感情）
- それに、この提案は御社に〜のメリットがあります（論理）
- そこで、XX様にご負担やご迷惑がかからないよう配慮しながら、社内文脈上ご無理のない形で、プランを練り直します（政治）

　上記のメールを送ったうえで、それでも電話に出ていただけないときは、あなたの上司に依頼して「先般より、当社の●●（←自分）がご負担をかけてしまっており、誠に恐縮です」というメールをお客様に送ってもらうのがおすすめです。
　そこまですると、お客様も「スルーはさすがに申し訳ないな」と思い、少なくとも、上司のメールに対しては返信が来ることがあります。
　以上のプロセスが、「リマインドにも反応のない状態が続いている」お客様に対する、最終手段の「助け舟」です。

12

お客様が気持ちよく決められる
クロージングとは

お客様は「前回の商談を踏まえたレスポンス」を
高く評価する

　お客様が「検討しますの仮面」をかぶって決断しない背景には、そもそも判断基準が決めづらかったり、関係者が複雑で多岐にわたっていたり、さまざまな要因があります。

　本章の最後に、お客様が気持ちよく「イエス」とお返事をしやすくなる助け舟としてのクロージングを解説します。

　購買の意思決定は、お客様にとって大きな決断です。決して少なくない金額を投資するわけですし、今まで買ったことのない商品・サービスの場合もあります。

　初めての発注では特に、いろいろな不安や懸念がよぎります。「急いで決めてください」というのも酷な話です。

　その中でも、お客様が気持ちよく「イエス」と購買を決めたくなるようなクロージングとは、どのようなものなのでしょうか。

　次ページのグラフは、お客様1万人調査で「まだ取引のない会社から提案を受けた場合、営業担当者によるプレゼン後のセリフとして魅力的に感じるものはどれですか。魅力的なものから順番に1位

「**レスポンスを示すこと**」が
最強のクロージング

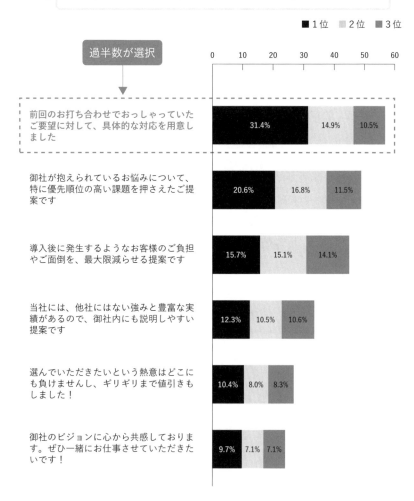

 Q まだ取引のない会社から提案を受けた場合、
営業担当者によるプレゼン後のセリフとして魅力的に感じるものはどれですか。
魅力的なものから順番に 1 位から 3 位を選んでください。

■ 1位　□ 2位　■ 3位

過半数が選択

前回のお打ち合わせでおっしゃっていた
ご要望に対して、具体的な対応を用意しま
した　31.4%　14.9%　10.5%

御社が抱えられているお悩みについて、
特に優先順位の高い課題を押さえたご提案
です　20.6%　16.8%　11.5%

導入後に発生するようなお客様のご負担
やご面倒を、最大限減らせる提案です　15.7%　15.1%　14.1%

当社には、他社にはない強みと豊富な実
績があるので、御社内にも説明しやすい
提案です　12.3%　10.5%　10.6%

選んでいただきたいという熱意はどこに
も負けませんし、ギリギリまで値引きも
しました！　10.4%　8.0%　8.3%

御社のビジョンに心から共感しておりま
す。ぜひ一緒にお仕事させていただきた
いです！　9.7%　7.1%　7.1%

（n=10303）

出所：TORiX株式会社実施、マクロミルパネル利用のインターネット調査（2022年 5 月）
「会社の予算で何かを購買したことがある」経験者による回答

から3位を選んでください」と質問した結果です。

　最も多くの回答を集めたのは、「前回のお打ち合わせでおっしゃっていたご要望に対して、具体的な対応を用意しました」でした。1位から3位までを合計すると、6割近くのお客様がこの選択肢を選んだことになります。

　実は私は、この調査を設計した当初、この選択肢に最も多くの回答が集まるとは予想していませんでした。別の選択肢がいちばんの支持を集めると踏んでいたのです。

　その選択肢とは、2番目に回答を集めた「御社が抱えられているお悩みについて、特に優先順位の高い課題を押さえたご提案です」です。

　購買する立場からしてみれば、悩みの中でも特に優先順位の高い課題を押さえてもらえるのはとても魅力的ではないかと考えていたのですが、ふたを開けてみれば、お客様が最も魅力的に感じたのは「レスポンス」に関するメッセージだったのです。

　本書を通じて、レスポンスの重要性は繰り返しお伝えしてきました。しかし、クロージングにおいてもここまでの威力を発揮するとは、正直、調査を設計した私自身、驚きました。

　では、3番目に回答を集めた項目以下も見ていきましょう。

　3番目は「導入後に発生するようなお客様のご負担やご面倒を、最大限減らせる提案です」、4番目は「当社には、他社にはない強みと豊富な実績があるので、御社内にも説明しやすい提案です」でした。

設問設計時にこの２つの選択肢を入れた意図は「受け入れられやすさへの訴求」がどれほど支持を得るかを見たかったからなのですが、それぞれ３番目、４番目に止まった形です。

　５番目は「選んでいただきたいという熱意はどこにも負けませんし、ギリギリまで値引きもしました！」、６番目は「御社のビジョンに心から共感しております。ぜひ一緒にお仕事させていただきたいです！」でした。
　この２つはいわば、営業個人の決意表明のようなものですが、お客様にはさほど響かなかったようです。
　営業の熱意は、日々のレスポンスの早さや質を通して伝わるのがベストであり、口に出して熱弁したところで受注率には直結しにくいのです。

　以上、お客様１万人調査の結果を踏まえると、レスポンスは、お客様が「検討しますの仮面」を外して「要望に応えてくれるのなら（発注を）決めよう」と踏ん切りをつけやすくする、強力な「助け舟」になります。

お客様の発言を深掘りして、反論に対処する

　たとえ営業が出した提案がどんなに素晴らしいものでも、お客様としては、一度見ただけで「これがベストの提案だ」と確信することは難しいものです。
　そのため営業としては、お客様と「高速ラリー」を繰り返し、「お客様と二人三脚で企画を作り上げる」という姿勢が求められま

す。早く的確なレスポンスは、高速ラリーにおいてこの上ない武器となるのです。

　一方、難しいのは、お客様から「すぐに応えられない要望」が来たり、「買うことに対する抵抗」を表明されるケースです。
　そんなときは、「レスポンスで決めに行く」ことが難しいため、要望や抵抗の裏側にはどのような目的があるのか、背景をつかむ力も営業には求められます。
　特に、お客様が買うことへの抵抗を示してくると、営業としてはつい「説得」してしまいがちですが、人は他人から説得されるのを好まないという心の性質があります。

　そこで、営業の提案に対して、お客様が異論・反論を伝えてくるなど、買うことに対する抵抗が見えたときのアプローチについて解説します。
　お客様の異論・反論への対処法として押さえておくべきことは、

• 「認知的不協和理論」への理解
• 手順を間違えずに「深掘り」すること

　この2つです。
　人はどうして合意／反対／保留するのか？　の構造を知り、気持ちよく合意に至るコミュニケーションを、お客様とともに作っていくことが重要です。

　たとえば「食べすぎに注意」と思っていても、目の前に好きな食

べ物があったら「ダイエットは明日から」と自分を正当化する心の動きについては、第2章の「購買者の仮面をつける理由」のところでも解説しました。

「食べるのを我慢」「目の前に美味しそうな食べ物がある」のように、相反する認知を2つ抱える（認知的不協和）と、食べるという「自分が選んだ行動」を正当化する方向に落ち着きやすいのです。

同様に、商談の場で「すぐ買う」か、「すぐ買わずにもう少し考える」かを迷ったお客様は「もう少し考えよう」と、判断を保留する自分の行動を正当化する方向に向かいやすくなります。

たとえば「買っても使いこなせるか不安」と言うお客様がいたとします。

そんなお客様に対して真正面から「大丈夫です！　ご安心ください。他のお客様では、こうやって、無事に使いこなせていますよ」と即座に提示するだけでは、お客様は「この営業は当社のことをわかっていないから、そんな安直に言ってくるのだろう。ここは慎重にならねば……」と思い、「検討します」の仮面をかぶります。

すなわち、説得してくる（自分の行動に異を唱える）営業を否定し、決断を保留する自分を正当化するということです。

そこで、いきなりお客様を論破（説得）するのではなく、まずは深掘りから入ってみましょう。「使いこなせるかどうか不安」というお客様に対して、「もう少し詳しくお伺いできますか？」と聞いてみるのです。

これによって、営業は「お客様を説得する存在」ではなく「お客様を理解しようと寄り添う存在」として一歩目を踏み出せます。

反論への深掘りは「手順」が重要

　多くの営業は、焦って「気になること（＝ネガティブな要因）」から先に解消しようとし、説得モードになりやすいです。ネガティブな要因だけに話題が集中すると、お客様も気分が下がってしまいます。

　そこで、ネガティブな要因をいったん聞き出したら、そこに対して反対方向から説得を試みるより前に、話を戻し、お客様がポジティブに感じている部分をじっくりと掘り下げましょう。

営業　　使いこなせるかどうかの不安についてお伺いしましたが、実際、機能面についてはどうお感じなのでしょうか？
お客様　機能はすごくいいと思っているんですよ
営業　　「機能はすごくいい」とおっしゃいますと？

　お客様が魅力を感じていそうなポイントを見つけたら、「と、おっしゃいますと？」といった切り口で深掘りをしていくのです。
　このようにポジティブ側のコメントを深掘りし、**まずはお客様が何に魅力を感じているのかを深く理解**しましょう。

　ここで重要なのは、わかったつもりにならず、落ち着いてお客様に対して丁寧に耳を傾けることです。
　このプロセスを丁寧に行うと、「買いたくないお客様を説得する」のではなく、「心の底では買いたいと思っているお客様を支援する」という構造になります。

次に大事なのは、「お客様の認識を変えていただくうえで、特にどこを深掘りするか」です。

　第6章「とにかく安くの仮面」でも解説しましたが、働きかけるべきはお客様の判断軸です。お客様に対して自社が訴求できるポイントの優先順位を上げてもらいましょう。

　そのためには、「お客様の判断軸の中でも、自社が訴求できるもの」（先ほどの例で言えば、お客様が魅力を感じている機能）についての会話時間を増やしていくことが必要です。

　このように進めていくと、「買いたくないお客様を無理に説得する」のではなく、「買いたい気持ちを持っているお客様に寄り添って支援する」という展開になります。

　そこまで土台を築いてから、「ちゅうちょする理由」を解消（先ほどの例における「使いこなすのが不安」）していけばよいのです。

　ということで、「お客様の異論・反論にどう対処するか」について解説しました。

• 「認知的不協和理論」への理解
• 手順を間違えずに「深掘り」すること

　お客様が買うことへ抵抗を示した瞬間に焦って説得しようとするのではなく、丁寧に深掘りすることが、お客様に対する「助け舟」になるのです。

クロージングにおいて「想定外」を作らない

　ビジネス書を読むと、「プレゼンや提案の際にはゴールを決めて臨むべし」と書いてあることがよくあります。確かにゴールをはっきりさせることは重要ですが、ゴールが明確になっているだけでは十分な準備とは言えません。

　プレゼンの成否を分けるのは、「実は競合の提案が進んでいた」「お客様の社内状況が変わった」など、事前に「起こってほしくないこと」を洗い出したうえで、対策を考えられているかどうかです。想定外を回避することで、OK をもらえる確率が格段に上がります。

　事前に「起こってほしくないことへの対策」を洗い出している営業は、提案内容と段取りに確信があるので、余裕があります。

　お客様のお役に立てると心の底から信じているので、相手の意見にも耳を傾け、じっくりと話を聞いたうえで、「やっぱりこれがおすすめですよ」と力強く提案することができます。それができるのは、考え尽くしたうえでのベストだとわかっているからこそです。

　一方、提案内容と段取りに自信がない営業は、「突っ込まれたくない」「準備してきたストーリーから脱線したくない」「質問や反論はできるだけ受けたくない」と思っています。

　そのため、知らず知らずのうちに、お客様に発言の機会を与えず、「まくし立てる」ようなプレゼンになってしまいがちです。結果として、強引な提案になることもあります。

「この提案を採用すべき理由」は、どの営業も一生懸命考えます。

しかし、「もしもお客様の立場だとして、この提案を受けたら、どんな疑問や反論が浮かぶだろうか？　それはなぜだろうか？」ということについては、準備が不足しがちです。

提案内容を作った営業は、「これをやるべきだ」と心の中で正当化し、そこで思考停止しやすくなります。

お客様は判断に迷い、疑問や反論も思い浮かぶものです。お客様へのクロージングにあたっては、事前にゴールを考えるだけでなく、「起こってほしくないこと」を徹底的にシミュレーションしておくことも重要です。

そうすれば、いざ異論・反論がきたとしても、落ち着いて「もう少し詳しく伺えますか？」と深掘りすることができます。

100点満点の提案が難しいことは、お客様もわかっています。だからこそ、自社都合のロジックで押し切るよりも、買い手の視点で一緒に考えてくれる営業が重宝されます。

「検討しますの仮面」の裏にある素顔（＝本音）は「一時しのぎの現実逃避をしたい」というものであり、「買いたくない」ではありません。

商談の最後に、決めきれないお客様を無理やり力で押し切るのではなく、裏にある意図や思いをしっかりと汲み取り、それに対する「レスポンス」をすることで、気持ちよく買っていただくための「助け舟」を出しましょう。

第 7 章 ま と め

「検討しますの仮面」をつけたお客様は、営業からのクロージングに対して、「とりあえず社内で検討しますのでお待ちください」と言ってきます。提案を見たときに多少の不満があってもその場では言ってくれず、後になって「実は……」のように営業に切り出すのです。

「検討しますの仮面」の裏にある素顔（本音）は、「**一時しのぎの現実逃避をしたい**」です。冷静な判断の結果「ここは保留しておこう」となるのではなく、「あれこれ考えたり、営業に何かを伝えたりするのが面倒くさい」という心理から、とっさに「検討します」と言っているというのが実情です。

「とにかく安くの仮面」を外す鍵は「**前進のための助け舟を出す**」です。「潜在的な不満を解消する」「タイミングを見計らってコンタクトする」「価値の根拠を示す」といったことにより、決断を先延ばしにするのではなく営業とやりとりを続ける選択をしてもらうのです。

　しかし、ここで多くの営業が陥りがちなポイントがあります。
「検討しますのでお待ちください」というセリフから、「もうチャンスはないだろう」と諦め、「**言われた通りに待つ**」ということをしてしまうのです。
　実際には、本当に可能性がない案件は 13.7% しかありません。残りの 86.3% は「何らかのアクションが必要な状況」な

のです。

　また、お待ちくださいと言われたお客様に対して、しばらく経ってから「ご検討状況はいかがですか」という単調なリマインドをするものの、返事が来ずにやきもきし、困ってしまう営業の声も多く聞くので注意しましょう。

「検討しますの仮面」を外してもらうための武器としてはこのようなものがあります。

【「検討しますの仮面」を外すためのキーワード】

- 「気になる点はありませんか？」の前に商談終盤の10ヶ条
- 予算化の道筋を捉える4階層コミュニケーション
- なぜこの金額なのかを説明する価格の妥当性ロジック
- キーパーソンへたどり着くために押さえる関係者の全体像
- 3つのサブメッセージを備える、決めきれない決裁者対策
- 多数の関係者における合意をしやすくする大企業対策
- お客様の特性を理解した、論理・感情・政治の3タイプ
- 単純リマインドをせずにカスタマイズメール
- お客様が気持ちよく決めたくなる「レスポンスでクロージング」
- 深掘りの手順が重要な、反論への対処法

おわりに

改めて、本書でお伝えしたいメッセージはこの3つです。

①営業における急所とは、「購買者の仮面」の裏にある素顔（＝本音）である
②急所を外した努力（仮面をつけたままのお客様にあれこれとがんばる）は報われにくい
③急所を捉えて「仮面を外してもらう」ための武器を身につけると、努力の効率が大きく上がる

　この「武器」について、次ページに図解で整理してみました。本書のまとめとして、あなたのお役に立てればと思います。

「 営 業 の 科 学 」 ま と め

第1章	第2章	「ガンバリズムの罠」にはまらないよう

		表面的な行動	仮面の裏にある素顔(本音)	仮面を外す「鍵」	注意すべきこと
第3章	はぐらかしの仮面	はぐらかして教えない	教えることの不利益を心配	質問の引き出しを増やす	⇨ 3-1 関係構築の呪縛
					⇨ 3-7 わかったつもり
第4章	忙しさの仮面	忙しさを理由にシャットアウト	レベルの低い営業に時間を使いたくない	価値の根拠を示す	⇨ 4-1 真面目で誠実
					⇨ 4-5 御用聞き
第5章	いきなりの仮面	突然の見積もり依頼	話が早い営業を頼りたい	「高速ラリー」に持ち込む	⇨ 5-1 いきなり提案内容で勝負
					⇨ 5-5 電話NGへの思い込み
第6章	とにかく安くの仮面	理不尽な価格交渉	判断基準がわからない	価格以外の判断基準を作る	⇨ 6-1 値引きクロージング
					⇨ 6-8 見積もりサプライズ
第7章	検討しますの仮面	意思決定せず持ち帰る	一時しのぎの現実逃避をしたい	前進のための「助け舟」を出す	⇨ 7-1 言われた通りに待つ
					⇨ 2-11 ご検討状況はいかがですか

本書の メインメッセージ	① 営業における急所とは、「購買者の仮面」の裏にある素顔（＝本音）である ② 急所を外した努力（仮面をつけたままのお客様にあれこれとがんばる）は報われにくい ③ 急所を捉えて「仮面を外してもらう」ための武器を身につけると、努力の効率が大きく上がる

注意しながら、「購買者の仮面」を外していく

仮面を外すための武器				
⇨ 3-1 BANTCH	⇨ 3-2 枕詞	⇨ 3-3 深掘り	⇨ 3-4 特定質問	⇨ 3-5 核心質問
⇨ 3-6 課題解決質問	⇨ 3-7 無知の知	⇨ 3-8 接戦状況を問う 質問		
⇨ 4-2 課題解決	⇨ 4-2 費用対効果	⇨ 4-3 クイックレスポンス	⇨ 4-3 事前準備の段取り	⇨ 4-4 文脈に合わせた 商品紹介
⇨ 4-6 お役立ち情報	⇨ 4-6 5つのC	⇨ 4-7 関係構築の順番		
⇨ 5-2 返信1日、 解決2日	⇨ 5-3 コンタクトの 頻度	⇨ 5-4 5日以内の 仮提案	⇨ 5-5 10分電話 商談	⇨ 5-6 ハイブリッド 営業
⇨ 5-7 ラリーの往復				
⇨ 6-2 課題理解から 費用対効果へ	⇨ 6-2 3つの観点で 要件整理	⇨ 6-3 4種類の 費用対効果	⇨ 6-4 接戦の決定場面 を問う質問	⇨ 6-5 見積もり提示前に 決める
⇨ 6-6 予算額への お客様心理	⇨ 6-7 判断基準の ディスカッション	⇨ 6-8 テスト クロージング		
⇨ 7-2 商談終盤の10ヶ 条	⇨ 7-3 4階層コミュニケ ーション	⇨ 7-3 価格の妥当性 ロジック	⇨ 7-4 関係者の全体像	⇨ 7-5 決めきれない決裁 者対策
⇨ 7-6 大企業対策	⇨ 7-7～7-10 論理・感情・政治 の3タイプ	⇨ 7-11 カスタマイズメール	⇨ 7-12 レスポンスでクロ ージング	⇨ 7-12 反論への対処法

最後に、私がこの本を書いた動機についてお伝えさせてください。

　第1章の冒頭では「営業の皆さん、まずはがんばることをやめましょう」と、刺激の強いメッセージを書きました。繰り返し本文で強調している通り、私は「がんばること」それ自体を非難する意図はまったくありません。仕事で成果をあげるために、努力はとても大事なことです。

　真に気をつけるべきは、「誤った方向に努力しているのに気づかないまま、努力それ自体が目的化してしまう」ことです。

　本書は、「がんばることを否定する本」ではなく、「がんばりが実るための応援歌」になりたいと思って書きました。

　私自身、「がんばること」について、色々な想いがあります。

　私は幼少期から、とにかく「自分に自信がない」という悩みを持っていました。

　まず、対人恐怖症と言っても過言ではないほどの人見知りで、小学校では、隣の席の子とまともに会話ができませんでした。話すとすぐに恥ずかしくなり、顔が真っ赤になってしまうのです。

　私が通っていた小学校では、お昼の給食時間になると、6人1組で島形式に机を並べて食べていたのですが、この時間が苦痛でした。

　すぐ顔を赤くしてしまう私に対して、同じグループの子達は、突然話しかけてきて「何秒で顔を真っ赤にさせられるか」というゲームをやっていました。

　また、私は運動がとても苦手で、小学校3年生から入っていた地

域の野球チームでは万年補欠でした。

　同級生が（私を含めて）９人いたのですが、６年生のとき、自分以外の８人がレギュラーで、私は最上級生の立場で後輩と一緒にいつもベンチを温めていました。

　試合が終わった帰り道、友達のお母さんが送ってくれる車の中で、グラウンドの土にまみれた同級生のユニフォームと比べて、自分の真っ白なユニフォームが恥ずかしく、ひたすら居心地が悪かったのを今でも覚えています。

　そんな私が中学校に入学したとき、「学校の決まりとして、どれか一つの部活には入らないといけない」「人と話せないから文化部は難しい」「運動神経に自信がないからスポーツが怖い」ということで、心理的に追い詰められました。

　当時、自分がやったことのある競技はまったくできる自信がありませんでしたが、未体験の「軟式テニス部」を見つけ、一縷の望みをかけて仮入部に行きました。

　そこで、衝撃的な出来事が起こりました。

　軟式テニスの仮入部では、新入生が順番にボールを打たせてもらったのですが、野球チームで一緒だった運動神経抜群の友人たちが、揃いも揃って「あさっての方向」にボールを飛ばしているのです。

　もちろん、私も同様にあさっての方向にボールを飛ばしていたのですが、「他の人と同レベルに並ぶことができた自分」をこんなにも鮮明に感じたのは初めてでした。

　それまで「自分に自信がない」ことに悩んでいた私にとって、

「これだったら、がんばればなんとかなるかもしれない」と、希望が湧いてきたのです。

　正式入部して一念発起した私は、数少ない（平常心で会話ができる）友人の一人と、部活の朝練よりさらに早い時間から早朝練習を始めました。

　とにかく練習量でカバーしようと思ったわけです。

　一日も休まず早朝練習を続けた努力が実り、中学校2年生のとき、（小さな市ではありますが）市内大会で準優勝することができました。これは、私にとって、非常に大きな成功体験でした。

　「努力は裏切らない」、そう確信できたのです。

　小学校の頃、野球の試合に出られなかった自分は、当時を思えばいつものチーム練習へ参加するだけで、その他に何の努力もしていませんでした。しかし、中学生から始めたテニスでは、コツコツ努力をすることにより、目覚ましい結果が出ました。

　これで自信がついた私は、高校生になったとき、10年間悩み続けた対人恐怖症を克服しようと、飛び込み営業のアルバイトを始めました。

　恥ずかしくて隣の席の子とすら話せなかった自分を変えたいと強く思ったのです。

　この年齢になって、「人生で初めてのアルバイトが完全成果報酬・歩合制の飛び込み営業なんです」と話すと、よく人からびっくりされます。

　ずっと抱えていたコンプレックス解消のために始めた飛び込み営業のアルバイトでしたが、実際やってみると、工夫と改善をするの

がとにかく面白くなりました。

　飛び込み営業でお店を訪問すると、ほとんどのところでは敬遠され、シャットアウトされます。

　でもそれは、目の前の営業（私）が本当に嫌いだから断るのではなく、ただ、忙しいのを邪魔されたくないから条件反射で「飛び込み営業お断り」と言っているだけなのです。

　そこで私なりに、「最初の 30 秒間でシャットアウトされず、どうやったら話を聞いてもらえるか」を試行錯誤して色々と工夫してみました。

　私にとって幸運だったのは、自分に自信がない時期が長かったので「うまくできなくて当たり前」のマインドセットがあり、結果がなかなか出なくてもショックを受けなかったことです。

　あとは、テニスの練習と同じように、圧倒的に行動量を増やせば成果が出るはずだと信じていました。

　はたして、この飛び込み営業のアルバイトでは、1 時間あたり3000 円以上を稼げるようになりました。初めてアルバイトをする高校生としては悪くない金額だと思います。

　私はますます「がんばれば結果がついてくる」ということに確信を深めました。この信念は、後に 25 歳で初めての起業をするとき、自分を強く支えてくれました。

　ここから先の話は、本書の「はじめに」で書いた通りです。
「がんばること」がもはや人生の土台になっていた私にとって、「方向を間違えた努力がもたらす恐ろしさ」は痛みを伴う教訓でしたが、大きな学びでした。

「がんばれば結果がついてくる」というのは、自分自身に対する叱咤激励としては効果を発揮するのですが、**他人に対してこのメッセージを使うと、とても危険だということ**を実感したのです。

　何よりも衝撃的なのは、「みんなが売れる営業組織」になるように、自分としてはできることをすべてがんばってきたつもりが、実は組織の成長にストップをかけていたいちばんの原因が「私の誤った指導」だったということです。

　私自身の拙いマネジメントが原因で、当時のメンバーにはとても苦労をかけてしまいました。

　しかし、幸いなことにメンバーに恵まれ、「みんなが売れる営業組織へと成長する」プロセスを体験することができました。感謝してもしきれません。

　この本は、「ガンバリズムの罠」にどっぷりとハマっていた当時の自分へ語りかけるつもりで書きました。

　本書は、多くの方々のお力添えなしには完成しませんでしたので、執筆にあたりご協力をいただいた方々に、お礼の言葉をここでお伝えさせてください。

　まずは、私にとっていちばん大切な家族へ。

　いつも支え続けてくれている妻に、真っ先に感謝の気持ちを届けたいと思います。そして、この本を書いている途中に愛すべき息子が無事に生まれてきてくれました。家族揃って笑顔で過ごす毎日が、幸せの土台であり、常に立ち戻る原点です。

TORiX 株式会社のメンバーとビジネスパートナーの皆様へ。世の中の「皆が売れる営業チーム作り」を共にさせていただきありがとうございます。皆さんと一緒に仕事をする日々があってこそ、この本に具体的な事例を織り交ぜて書くことができました。

　日々のプロセスを伴走させていただいている、お取引先の皆様へ。
　素顔の皆様との、本音・率直なやり取りから、当社としても毎日たくさんの刺激をいただいており、やりがいのある仕事の機会をくださっていることに、改めてお礼申し上げます。

　本書の原稿を吟味するにあたり、赤司真希子さん、雨宮百子さん、中田雅之さん、前田浩弥さんとディスカッションを重ねさせていただきました。また、グラフの作成や内容の検証において、東方綾子さん、中村伊吹さん、森崎沙友子さん、M.K. さん（ご本人希望によりイニシャル記載）にお力を貸していただきました。
　そして、編集者であるかんき出版の金山哲也さんには、執筆のお声がけを頂戴し、構成に始まり内容の表現に至るまで、プロフェッショナルとして数々の貴重なフィードバックをいただきました。
　本当にありがとうございます。

　末筆となりますが、あなたの「がんばり」が報われ、営業の「むずかしさ」が「おもしろさ」へと変わるための、そんなきっかけに本書がなれたら嬉しく思います。
　最後までお読みいただき、心より感謝申し上げます。

高橋浩一

おわりに

【著者紹介】

高橋浩一（たかはし・こういち）

●──TORiX株式会社 代表取締役

●──東京大学経済学部卒業。外資系戦略コンサルティング会社を経て25歳で起業、企業研修のアルー株式会社に創業参画（取締役副社長）。事業と組織を統括する立場として、創業から6年で70名までの成長を牽引。同社の上場に向けた事業基盤と組織体制を作る。

●──2011年にTORiX株式会社を設立し、代表取締役に就任。これまで4万人以上の営業強化支援に携わる。

●──コンペ8年間無敗の経験を基に、2019年『無敗営業「3つの質問」と「4つの力」』、2020年に続編となる『無敗営業 チーム戦略 オンラインとリアル ハイブリッドで勝つ』（ともに日経BP）を出版 、シリーズ累計9万部突破。

●──2021年『なぜか声がかかる人の習慣』（日本経済新聞出版）、『気持ちよく人を動かす ～共感とロジックで合意を生み出すコミュニケーションの技術～』（クロスメディア・パブリッシング）、2022年『質問しだいで仕事がうまくいくって本当ですか？ 無敗営業マンの「瞬間」問題解決法』（KADOKAWA）、2023年『「口ベタ」でもなぜか伝わる 東大の話し方』（ダイヤモンド社）を出版。

●──年間200回以上の講演や研修に登壇する傍ら、「無敗営業オンラインサロン」を主宰し、運営している。

TORiX株式会社HP　https://www.torix-corp.com

えいぎょう　かがく
営業の科学
どりょく　こんきょ　しどう　いっそう
セールスにはびこるムダな努力・根拠なき指導を一掃する

2024年4月9日　　第1刷発行
2024年5月16日　　第3刷発行

著　者──高橋　浩一
発行者──齊藤　龍男
発行所──株式会社かんき出版
　　　　　東京都千代田区麹町4-1-4 西脇ビル　〒102-0083
　　　　　電話　営業部：03(3262)8011㈹　編集部：03(3262)8012㈹
　　　　　FAX　03(3234)4421　　　　　　振替　00100-2-62304
　　　　　https://kanki-pub.co.jp/

印刷所──図書印刷株式会社